A ERA DAS CRISES

neoliberalismo, o colapso da democracia
e a pandemia

CONTRACORRENTE

Alfredo Saad Filho

A ERA DAS CRISES

neoliberalismo, o colapso da democracia e a pandemia

SÃO PAULO

2023

CONTRACORRENTE

Alameda Itu, 852 | 1º andar |
CEP 01421 002
www.loja-editoracontracorrente.com.br
contato@editoracontracorrente.com.br

EDITORES
Camila Almeida Janela Valim
Gustavo Marinho de Carvalho
Rafael Valim
Walfrido Warde
Silvio Almeida

EQUIPE EDITORIAL
COORDENAÇÃO DE PROJETO: Juliana Daglio
PREPARAÇÃO DE TEXTO E REVISÃO: Amanda Dorth
REVISÃO TÉCNICA: Ayla Cardoso e Douglas Magalhães
DIAGRAMAÇÃO: Gisely Fernandes
CAPA: Marina Avila

EQUIPE DE APOIO
Fabiana Celli
Carla Vasconcelos
Regina Gomes
Nathalia Oliveira

Dados Internacionais de Catalogação na Publicação (CIP)
(Câmara Brasileira do Livro, SP, Brasil)

Saad Filho, Alfredo
A era das crises : neoliberalismo, o colapso
da democracia e a pandemia / Alfredo Saad Filho. --
São Paulo, SP : Editora Contracorrente, 2023.

Bibliografia.
ISBN 978-65-5396-113-5

1. Crise econômica - Aspectos sociais
2. Democracia 3. Neoliberalismo I. Título.

23-154732 CDD-320.51

Índices para catálogo sistemático:

1. Neoliberalismo : Ciência política 320.51
Tábata Alves da Silva - Bibliotecária - CRB-8/9253

@editoracontracorrente
Editora Contracorrente
@ContraEditora

À memória dos meus amigos que partiram cedo demais.

Para minhas crianças, luz em tempos sombrios.

AGRADECIMENTOS

Sou grato ao Transnational Institute (TNI) e ao Departamento de Desenvolvimento Internacional do King's College London por cofinanciarem o trabalho de pesquisa para este livro. Nicolás Águila é coautor dos capítulos IX e XI.

Nicole Herscovici traduziu o texto para o português.

SUMÁRIO

LISTA DE ABREVIAÇÕES

BJP: Partido do Povo Indiano

BLM: Black Lives Matter

CDC: Centros de Controle e Prevenção de Doenças dos Estados Unidos da América

CFG: Crise Financeira Global

COVAX: Acesso Global às Vacinas da Covid-19

COVID-19: Doença causada pelo novo coronavírus (Sars-CoV-2)

CPJ: Capital portador de juros

EAs: Economias avançadas capitalistas

EDs: Economias em desenvolvimento

EPI: Equipamento de Proteção Individual

EUA: Estados Unidos da América

F&As: Fusões e Aquisições

FMI: Fundo Monetário Internacional

OCDE: Organização para a Cooperação e Desenvolvimento Econômico

OMC: Organização Mundial do Comércio

OMS: Organização Mundial da Saúde

OTAN: Organização do Tratado do Atlântico Norte

PASOK: Movimento Socialista Pan-Helênico

PIB: Produto Interno Bruto

QE: Quantitative easing

SAGE: Grupo de Conselho Científico para Emergências

NHS: Serviço Nacional de Saúde do Reino Unido

SRAG ou SARS: Síndrome Respiratória Aguda Grave

SUS: Sistema Universal de Saúde do Brasil

UE: União Europeia

UTI: Unidade de Tratamento Intensivo

INTRODUÇÃO[1]

A pandemia da COVID-19 foi a pior emergência de saúde pública global desde a gripe "espanhola", que submergiu o mundo depois da Primeira Guerra Mundial: uma catástrofe após um pesadelo. O número de mortes decorrentes da COVID-19 é pequeno se comparado com as 50 milhões de vítimas da gripe em um mundo com população inferior a 2 bilhões de habitantes. Não obstante, a pandemia produziu inúmeras tragédias, traumatizou os sobreviventes e desencadeou a contração econômica mais acentuada da história do capitalismo.

Este livro examina, através da perspectiva da economia política marxista, três crises sobrepostas na atual "era do neoliberalismo": as crises na economia global (estagnação insidiosa, colapsos periódicos e volatilidade devida às finanças), na política contemporânea (o declínio da democracia, a ascensão do autoritarismo e de novas formas de fascismo), e na saúde humana (evidenciada pela pandemia da COVID-19). Por questões de espaço, tempo e *expertise*, o livro não aborda outras crises do neoliberalismo, como as do sistema de produção de alimentos, da água, dos antibióticos e do meio ambiente.[2] Este livro reúne duas vertentes de minha pesquisa anterior:

1 Este livro foi finalizado em maio de 2021.

2 Eu examino algumas implicações das mudanças climáticas e alternativas de políticas públicas progressistas em: SAAD FILHO,

sobre o neoliberalismo e as implicações da Crise Financeira Global (CFG), e sobre a crise da democracia e o surgimento de formas abertamente despóticas de governança.[3] Elas fornecem o contexto para uma interpretação original da pandemia da COVID-19 e suas prováveis implicações.

A crise econômica no neoliberalismo global está intimamente relacionada à escalada da crise da democracia e à tendência (desigual) rumo ao autoritarismo em muitos países. Essa tendência não pode

---

Alfredo. *Progressive Policies for Economic Development*: Economic Diversification and Social Inclusion after Climate Change. Londres: Routledge, 2021.

3 Ver, por exemplo, Ayers e Saad Filho (AYERS, Alison; SAAD FILHO, Alfredo. "Democracy Against Neoliberalism: Paradoxes, Limitations, Transcendence". *Critical Sociology*, vol. 41, nº 4-5, 2015; 2020), Boffo, Saad Filho e Fine (BOFFO, Marco; SAAD FILHO, Alfredo; FINE, Ben. "Neoliberal Capitalism: the Authoritarian Turn". *In*: PANITCH, Leo; ALBO, Gregory (Coord.). *Socialist Register*, 2019), Fine e Saad Filho (FINE, Ben; SAAD FILHO, Alfredo. "Thirteen Things You Need to Know About Neoliberalism". *Critical Sociology*, vol. 43, nº 4-5, 2017) e Saad Filho (SAAD FILHO, Alfredo. "Marxian and Keynesian Critiques of Neoliberalism". *Socialist Register*, 2008; SAAD FILHO, Alfredo. "Crisis in Neoliberalism or Crisis of Neoliberalism?" *Socialist Register*, 2011; SAAD FILHO, Alfredo. "Neoliberalism". *In*: BRENNAN, D. M.; KRISTJANSON-GURAL, D.; MULDER, C.; OLSEN, E. (Coord.). *The Routledge Handbook of Marxian Economics*. Londres: Routledge, 2017; SAAD FILHO, Alfredo. *Value and Crisis*: Essays on Labour, Money and Contemporary Capitalism. Leiden: Brill e Chicago: Haymarket, 2019; SAAD FILHO, Alfredo. "Coronavirus, crisis, and the end of Neoliberalism". *Socialist Project – The Bullet*, 17 abr. 2020. Disponível em: https://socialistproject.ca/2020/04/coronavirus-crisis-and-the-end-of-neoliberalism/#more. Acessado em: 23.03.2023; SAAD FILHO, Alfredo. "From COVID-19 to the end of Neoliberalism". *Critical Sociology*, vol. 46, nº 4-5, 2020; SAAD FILHO, Alfredo. "How is the Pandemic Going for You? Trump, Johnson and Bolsonaro in the Swamp". *Progress in Political Economy*, 23 jul. 2020. Disponível em: https://www.ppesydney.net/how-is-the-pandemic-going-for-you-trump-johnson-and-bolsonaro-in-the-swamp/. Acessado em: 23.03.2023; SAAD FILHO, Alfredo. *Growth and Change in Neoliberal Capitalism*: Essays in the Political Economy of Late Development. Leiden: Brill, 2021).

ser reduzida a um deslize epifenomenal ou a uma série de enganos autocorrigíveis rumo a projetos insustentáveis liderados por políticos egocêntricos, ladrões ou megalomaníacos, que inevitavelmente fracassarão, e assim, eventualmente, o mundo voltará ao "normal". Isso é improvável. A ascensão de modos de governança abertamente autoritários deriva de uma política neoliberal de gestão de crises centrada na manipulação de ressentimentos setoriais (excludentes), cuja finalidade é fortalecer o sistema de acumulação por meio de conflitos permanentes, repressão, altas taxas de exploração dentro e entre países, e de descarada espoliação. As divisões sociais subjacentes têm sido contidas, canalizadas e desviadas pelo nacionalismo, racismo e a violência – muitas vezes revestidos por formas políticas autoritárias, populistas e de direita. Esses processos tornaram-se evidentes com a unção de Narendra Modi como Primeiro Ministro da Índia, em 2014; o voto pelo *Brexit* no Reino Unido e a eleição de Donald Trump nos EUA, em 2016; e, dois anos depois, a eleição de Jair Bolsonaro no Brasil. Desdobramentos semelhantes ocorreram, dentre outros lugares, na Áustria, Filipinas, Hungria, Itália, Polônia e Turquia.

Essa interpretação das tensões no neoliberalismo global é enquadrada por três paradoxos: (a) o *paradoxo econômico*, pelo qual a conquista sem precedentes de condições favoráveis para a acumulação foi seguida pelo surpreendente declínio das taxas de crescimento do PIB e a deteriora do padrão de emprego; (b) o *paradoxo político*, de que a consolidação da democracia neoliberal ossificou as instituições do Estado e degradou as estruturas de representação política, reduzindo a capacidade do Estado de resolver conflitos de interesse e minando a própria democracia, e (c) o *paradoxo do autoritarismo*, de que as crises econômicas e políticas do neoliberalismo fomentaram a personalização da política e o surgimento de líderes autoritários "espetaculares", cujas políticas minam a sua própria base de apoio.

As interações entre essas crises e paradoxos abrirão espaços para novas formas de fascismo. Nesse ínterim, o neoliberalismo se tornou cada vez mais dependente da coerção e da violência. Isso inclui a implantação de programas de "austeridade fiscal" apoiados por medidas punitivas contra os mais pobres, desprivilegiados, negligenciados e os mais difíceis de serem alcançados, servidos e providos pelo Estado; ataques contra qualquer forma de representação coletiva (e, por consequência, a judicialização do intercurso social), e a crescente repressão contra todas as formas de dissidência, desde o linchamento pela mídia até a vitimização, interceptação de comunicações e perseguição pela polícia, militares ou por serviços de segurança, e assim por diante. A escalada da repressão torna mais difícil de se conseguir mudanças sistêmicas, mas também torna o sistema de acumulação menos adaptável. Mostra-se, a seguir, que, ao se tornar a forma econômica, política, institucional e ideacional dominante em nosso tempo, o neoliberalismo também se tornou frágil: é forte, mas também sujeito a falhas catastróficas, já que repousa sobre um terreno instável.

A pandemia da COVID-19 atingiu um mundo já tensionado pelos paradoxos e crises descritos acima. Uma vez que a pandemia surgiu em um contexto de crescentes desigualdades, deteriora do desempenho econômico e desintegração da democracia, e na medida em que impôs tensões adicionais ao sistema de acumulação, a investigação desse desastre sanitário pode destacar importantes características, pontos fortes, contradições e vulnerabilidades do neoliberalismo global. A pandemia provavelmente também deve intensificar as tendências de crise no neoliberalismo, com implicações prejudiciais ao desempenho econômico, ao bem-estar, à igualdade e às liberdades pessoais. Por fim, a pandemia terá consequências adversas para a legitimidade do neoliberalismo; por exemplo, políticas neoliberais "clássicas", como a privatização, mercantilização, financeirização e a liberalização do comércio e das finanças, mostraram-se ineficazes ou contraproducentes; as noções de solidariedade social e distribuição ganharam força e os sistemas políticos (neoliberais) estabelecidos perderam legitimidade. As crises do neoliberalismo podem contaminar o próprio capitalismo, pois esse modo de produção pouco tem a oferecer aos jovens, aos precários, aos marginalizados e aos pobres.

A crescente consciência desses limites pode abrir espaços para novas formas de atividade política de esquerda.

A pandemia teve implicações profundas sobre a reprodução social e a vida cotidiana, que vão desde a súbita desarticulação da extração e da circulação da mais-valia por causa do coronavírus e dos *lockdowns* implementados para contê-lo, à intervenção estatal sem precedentes para garantir a ordem social e as relações de exploração, até mudanças nos espaços urbanos devido ao declínio das zonas comerciais, a ascensão das compras *online* e as transformações do trabalho de escritório[4] e do setor de serviços de maneira geral. Inesperadamente, se constatou que a produtividade dos trabalhadores deslocados era mais ou menos a mesma que no escritório tradicional: quando a pandemia aconteceu, as tecnologias necessárias para se trabalhar de casa já estavam disponíveis, mesmo que poucos empregadores as tivessem adotado; em qualquer caso, o trabalho remoto não era tido como confiável. Agora que as empresas perceberam que podem reduzir drasticamente os custos devidos ao espaço do escritório, muitas vão querer abatê-los permanentemente, com implicações significativas para a economia e para a vida da comunidade.

Ao nível global, os países enfrentaram a pandemia de maneiras distintas, com resultados surpreendentemente diferentes. Um grupo heterogêneo de países, regiões e províncias foi relativamente bem-sucedido em diferentes fases da pandemia, entre eles a China, Cuba, Gana, o estado de Kerala na Índia, Nova Zelândia, Senegal, Singapura, Taiwan e Vietnã. Outros testemunharam falhas políticas extraordinárias que culminaram em dezenas de milhares de mortes

---

4 No original, utiliza-se o termo *office work*, que poderia ser traduzido também como trabalho administrativo. Contudo, optou-se por manter a tradução literal, embora menos comum, para enfatizar a *localidade* do trabalho – que não necessariamente é em um escritório propriamente dito, mas que é feito um local de trabalho específico, em contraste com o *home office*, que passou a ser difundido no período pandêmico (N. T.).

evitáveis, por exemplo, o Brasil, Equador, EUA, Hungria, Índia, Itália, Reino Unido, Suécia e Turquia.

Em termos gerais, as economias mais intransigentemente neoliberais mostraram-se de imediato incapazes até mesmo de garantir máscaras faciais e equipamentos de proteção individual (EPI) para seus profissionais de saúde, sem falar de ventiladores para manter viva sua população hospitalizada. Esses países também foram incapazes de gerar respostas políticas coerentes à pandemia. Em vez disso, vários governos se apegaram a políticas (mais ou menos explícitas) de "imunidade de rebanho" – uma abordagem repleta de conotações darwinistas sociais. Seus povos pagaram um preço alto por essa escolha política. Segue-se que as crises sanitária e econômica foram o resultado do desmantelamento anterior das capacidades do Estado, da subestimação chocante da ameaça representada pelo coronavírus, de decisões políticas cruéis e de falhas de implementação espantosas – erros pelos quais reputações devem ser destruídas como parte de um acerto de contas sistêmico.[5] Por sua vez, onde a ideologia neoliberal era menos influente e as "reformas" do Estado, indústria e saúde eram menos avançadas, as noções de cidadania comum tendiam a ser mais proeminentes, os Estados de Bem-Estar permaneceram mais fortes e os sistemas de saúde eram mais abrangentes e resilientes. Esses Estados também tendiam a ter mais espaço para a formulação de políticas públicas e a implantação de políticas melhor coordenadas. Muitos deles conseguiram suprimir o coronavírus e retomar a vida "normal" com maior rapidez e com muito menos vítimas; no entanto, as falhas na contenção da pandemia em outros lugares forçaram os Estados "bem-sucedidos"

---

5 Para o caso do Reino Unido, típico em muitos aspectos, ver Grey e MacAskill (GREY, Stephen; MACASKILL, Andrew. "Johnson listened to his scientists about coronavirus – but they were slow to sound the alarm". *Reuters*, 07 abr. 2020. Disponível em: https://www.reuters.com/article/us-health-coronavirus-britain-path-speci-idUSKBN21P1VF. Acessado em: 23.03.2023).

a se manter isolados do mundo por longos períodos para evitar a importação de novos casos ou novas variantes de COVID-19.

Em suma, a pandemia testou a estabilidade[6] dos países, das economias e dos sistemas políticos de maneira inédita, mas a crise sanitária não desencadeará necessariamente mudanças positivas no neoliberalismo global; em vez disso, a pandemia provavelmente fortalecerá o sistema de acumulação dominante no curto prazo, apesar de suas limitações, contradições e perversidades. Não obstante, a pandemia também pode impulsionar mobilizações poderosas para democratizar a economia e a sociedade. As lutas em torno do significado, do alcance e da profundidade da democracia provavelmente se tornarão cada vez mais proeminentes, devido à sua urgência e relevância para nossa capacidade de enfrentar as crises que estão por vir, especialmente aquelas relativas às mudanças climáticas e à "transição verde".

Este livro inclui 4 partes e 11 capítulos. A Parte I delineia o arcabouço teórico. O capítulo I descreve a interpretação do neoliberalismo e da financeirização nesse livro, e o capítulo II analisa as forças que podem explicar o baixo desempenho, a instabilidade e as crises no capitalismo contemporâneo. A Parte II examina a relação entre o neoliberalismo e a democracia: o capítulo III analisa as formas políticas do neoliberalismo e o capítulo IV discute a crescente crise da democracia neoliberal. A Parte III se volta para a COVID-19, argumentando que trata-se de uma pandemia com características neoliberais. O capítulo V analisa as evidências em torno da crise sanitária e o capítulo VI descreve as implicações da pandemia para a política econômica, para as políticas públicas e para a ideologia. A Parte IV concentra-se nos estudos de caso. O capítulo VII examina o impacto da pandemia nos Norte e Sul Globais, e os capítulos VIII-XI

6 No original, utiliza-se o termo *stress-tested*, o que sublinha o caráter extremo do teste que a pandemia representou para os países, as economias e os sistemas políticos – possivelmente levando-os próximo a seus respectivos pontos de ruptura (N. T.).

examinam, respectivamente, os casos do Reino Unido, EUA, Brasil e Índia (o "Quarteto da Calamidade"). O capítulo final conclui este estudo. Evidentemente, o trabalho cruza diferentes níveis de análise, à medida que passa de um exame altamente abstrato do sistema de acumulação para estudos específicos de cada país.

O livro argumenta que a pandemia é tanto um sintoma das contradições e falhas do neoliberalismo quanto uma denúncia do próprio capitalismo. No entanto, não há garantias de que a crise sanitária ou as crises da política e da economia transformarão o sistema de acumulação. O neoliberalismo foi presumido ou mesmo proclamado morto diversas vezes; por exemplo, após as eleições de Bill Clinton, Barack Obama, Donald Trump e Joe Biden; após a crise do Leste Asiático; durante a "Onda Rosa" na América Latina; seguidas pela CFG e, agora, na esteira da COVID-19. A cada uma dessas vezes, o neoliberalismo conseguiu derrotar, absorver ou transformar seus inimigos, rivais e alternativas, ao mesmo tempo em que triunfou sobre os reveses temporários por meio do hábil uso da pressão ideológica, dos recursos públicos, da repressão e da adaptação. Desta vez, novamente, o neoliberalismo só mudará se for confrontado por pressões avassaladoras.

Nitidamente, a crise econômica não poderá ser resolvida dentro do neoliberalismo, pois ele mesmo a criou, e a degeneração da democracia deve ser enfrentada por amplas alianças: a construção de alternativas ao sistema de acumulação exige a integração das demandas econômicas e políticas em um ambicioso programa de expansão da democracia econômica e política. Também se tornou evidente que as pandemias devem ser enfrentadas por meio de políticas abrangentes e coordenadas, e através da mobilização das capacidades estatais, apoiadas por ambiciosas políticas industriais, econômicas e sociais, para apoiar a saúde pública. Se essas lições forem aprendidas, podemos estar em uma posição mais forte para enfrentar as crises ainda mais dramáticas que afetarão nossa espécie nos próximos anos. Nosso futuro está, literalmente, em jogo.

PARTE I

NEOLIBERALISMO, FINANCEIRIZAÇÃO E CRISE

CAPÍTULO I

NEOLIBERALISMO, FINANCEIRIZAÇÃO E SUAS CONSEQUÊNCIAS

Este capítulo delineia o arcabouço teórico e os principais conceitos que sustentam a análise das três crises abordadas neste livro, com enfoque nos conceitos intimamente relacionados de neoliberalismo, financeirização e sistema de acumulação. Um sistema de acumulação é a configuração ou instanciação do modo de produção capitalista em determinadas circunstâncias históricas; o neoliberalismo é o sistema de acumulação dominante em todo o mundo, em contraste com o liberalismo "clássico" antes da Primeira Guerra Mundial e o keynesianismo, após a Segunda Guerra Mundial. O neoliberalismo é sustentado pela financeirização, isto é, pelo papel dominante das finanças na produção, ideologia, prática política e reprodução social. A financeirização conduziu a reestruturação da economia global desde os anos 1970 em diversas dimensões, incluindo novas tecnologias de produção, padrões de comércio, distribuição e modos de trabalho; novas estruturas sociais, ideologias e processos de representação política e novas formas de governo. Os desdobramentos desse processo têm sido complexos e desiguais, tanto nacional quanto globalmente, mas geralmente incluem uma prosperidade notável para as camadas superiores da sociedade, acompanhada pela criação de padrões de pobreza e desigualdade que são típicos da atual era do neoliberalismo.

1.1 Neoliberalismo e financeirização

O neoliberalismo tem sido entendido de diferentes maneiras na literatura.[7] Em particular: (a) o neoliberalismo como projeto político de direita contra os trabalhadores e os pobres, que foi dramaticamente imposto por vários governos a partir da ditadura de Augusto Pinochet no Chile, seguido por Margaret Thatcher no Reino Unido, Ronald Reagan nos EUA, e muitos outros ao redor do mundo; (b) o neoliberalismo como um conjunto de políticas públicas e práticas inspiradas no chamado Consenso de Washington, geralmente buscando "reduzir o Estado" e causando danos incalculáveis aos pobres; (c) o neoliberalismo como um conjunto, mais ou menos coerente, de ideias e ideologias associadas aos intelectuais austríacos e monetaristas, especialmente Friederich von Hayek, Ludwig von Mises, Milton Friedman e o "pensamento coletivo neoliberal" liderado pela Sociedade Mont Pèlerin, e a uma série de *think tanks*, organizações não governamentais, departamentos universitários, organizações internacionais, lobbies e meios de comunicação; (d) a partir de uma perspectiva foucaultiana, o neoliberalismo como uma tecnologia do eu [*self*] que promove uma subjetividade específica, uma mentalidade empreendedora e um modo de (auto)governança; e (e) o neoliberalismo como a fase contemporânea, estágio, configuração ou modo de existência do capitalismo, caracterizado pela financeirização da produção e da reprodução social.

---

7 FINE, Ben; SAAD FILHO, Alfredo. "Thirteen Things You Need to Know About Neoliberalism". *Critical Sociology*, vol. 43, nº 4-5, 2017; SAAD FILHO, Alfredo. "Neoliberalism". *In*: BRENNAN, D. M.; KRISTJANSON-GURAL, D.; MULDER, C.; OLSEN, E. (Coord.). *The Routledge Handbook of Marxian Economics*. Londres: Routledge, 2017.

Embora essas abordagens do neoliberalismo, em grande medida, se sobreponham e sejam mutuamente complementares ao invés de contraditórias, a última é a abordagem adotada aqui, uma vez que reconhece que o neoliberalismo não diz respeito apenas, ou mesmo principalmente, a mudanças de ideias, políticas econômicas ou relações de poder. Em vez disso, o neoliberalismo é uma totalidade que abrange a economia, os modos de trabalho, a alocação de recursos e as formas de integração internacional; o sistema político, as relações e forças de classe e os modos de representação de interesses; a estrutura social, as relações de propriedade e as formas de exploração e dominação social; e as regras, instituições, ideologias, subjetividades e modos de comportamento dominantes.[8] Nesse sentido, o neoliberalismo é um *sistema de acumulação*. Através das várias características e aspectos do neoliberalismo, o poder estatal foi mobilizado para impor uma recomposição, orientada pelo setor financeiro, do domínio do capital sob o pretexto ideológico da "não intervenção" e da "promoção dos mercados".

Historicamente, o neoliberalismo emergiu na América Latina em meados da década de 1970 e, mais significativamente para nossos propósitos, alguns anos depois no Reino Unido e nos EUA, em resposta às crises de reprodução capitalista no final do *boom* do pós-guerra, especialmente a desarticulação do consenso keynesiano-social-democrata nas economias avançadas capitalistas (EAs) do Norte Global, da paralisia do desenvolvimentismo nas economias em desenvolvimento (EDs) do Sul Global e, posteriormente, da implosão da alternativa soviética.[9] O novo sistema de acumulação se espalhou

8 Para uma análise geral sobre, ver Boffo, Saad Filho e Fine (BOFFO, Marco; SAAD FILHO, Alfredo; FINE, Ben. "Neoliberal Capitalism: the Authoritarian Turn". *In*: PANITCH, Leo; ALBO, Gregory (Coord.). *Socialist register 2019*: a world turned upside down? Londres: Merlin Books, 2019) e Dardot e Laval (DARDOT, Pierre; LAVAL, Christian. *The new way of the world*: on neoliberal society. Londres: Verso, 2013).

9 "Sul Global" é utilizado para se referir ao que costumava ser chamado de "periferia" ou "Terceiro Mundo": grosso modo, o mundo sem

no Norte Global por meio do Atlantismo,[10] e no Sul Global e no antigo Bloco Soviético através das reformas políticas associadas ao Consenso de Washington, que geralmente eram impulsionadas por crises de balanço de pagamentos seguidas de "condicionalidades" impostas pelo Fundo Monetário Internacional (FMI) e pelo Banco Mundial.

A característica mais distintiva do neoliberalismo é a financeirização da produção, do comércio e da reprodução social. Assim como o neoliberalismo, o termo financeirização foi entendido de diversas maneiras, que incluem:

> (...) a expansão fenomenal de ativos financeiros em relação à atividade real; (...) a proliferação de tipos de ativos, desde derivativos a mercados futuros com uma explosão correspondente de siglas; a expansão absoluta e relativa do investimento especulativo em oposição ou em detrimento do investimento real; uma mudança no equilíbrio dos imperativos produtivos para os financeiros dentro do setor privado, sejam eles financeiros ou não; crescente desigualdade de renda decorrente de (...) recompensas financeiras; *booms* liderados pelo consumo com base na oferta de crédito; a penetração das finanças em cada vez mais áreas da vida econômica e social, como pensões,

---

os EUA, Canadá, Europa Ocidental, Escandinávia, Japão, Austrália e Nova Zelândia. Estes últimos são chamados de "Norte Global", "Oeste" ou "Economias Avançadas". Os debates sobre a classificação estão além do escopo deste artigo. (SAAD FILHO, Alfredo. "Monetary Policy in the Neoliberal Transition: a Political Economy Review of Keynesianism, Monetarism and Inflation Targeting". *In*: ALBRITTON, Robert; JESSOP, Bob; WESTRA, Richard (Coord.). *Political Economy and Global Capitalism*. Londres: Anthem Press, 2007; SAAD FILHO, Alfredo; MORAIS, Lecio. *Brazil*: Neoliberalism Versus Democracy. Londres: Pluto, 2018).

10 O termo *atlantismo* diz respeito à doutrina política que postula a priorização da cooperação – política, econômica e militar – entre a Europa Ocidental, os EUA e o Canadá – tendo como sua encarnação a Organização do Tratado do Atlântico Norte (OTAN) (N. T.).

> educação, saúde e fornecimento de infraestrutura econômica e social; [e] o surgimento de uma cultura neoliberal de confiança nos mercados e no capital privado e o correspondente anti-estatismo, apesar do fato das recompensas para as finanças privadas (...) derivaram do próprio financiamento estatal. A financeirização também está associada ao papel contínuo do dólar americano como moeda mundial.

Historicamente,

> independentemente de como a financeirização é definida, suas consequências foram percebidas como: reduções nos níveis gerais e na eficácia do investimento real, à medida que os instrumentos e atividades financeiras se expandem às suas custas, mesmo que o investimento excessivo ocorra em determinados setores em determinados momentos; (...) priorizando a geração de valor para os acionistas, ou valor financeiro, sobre outros valores econômicos e sociais; pressionando as políticas no sentido do conservadorismo e da comercialização em todos os aspectos; estendendo a influência das finanças de forma mais ampla, tanto direta quanto indiretamente, sobre as políticas econômica e social; colocando mais aspectos da vida econômica e social em risco de volatilidade devido à instabilidade financeira e, inversamente, colocando a economia e a vida social em risco de crise por gatilhos em mercados específicos (...) Assim, apesar de a financeirização ser uma única palavra, ela está ligada a uma ampla variedade de variadas formas e efeitos das finanças.[11]

Uma interpretação sistêmica da financeirização pode partir da subordinação da reprodução econômica e social à acumulação do

11 ASHMAN, Sam; FINE, Ben. "Neo-liberalism, varieties of capitalism, and the shifting contours of South Africa's financial system". *Transformation*, vol. 81, nº 2, 2013, pp. 156/157 (tradução nossa).

que Karl Marx chamou de capital portador de juros (CPJ).[12] CPJ é uma categoria geral para capitais que buscam valorização através do circuito truncado M-M' (dinheiro que se valoriza sem a intermediação da produção, com a diferença entre M' e M sendo chamada de juros, ao invés do termo mais geral "lucro"). Na prática, o CPJ inclui não apenas o capital dos bancos, fundos de pensão, fundos mútuos, fundos de *hedge*, corretores de ações, das seguradoras e assim por diante, mas também o braço financeiro do capital industrial. Por exemplo, grandes fabricantes de automóveis, redes de supermercados, fabricantes de eletrônicos, dentre outros, têm divisões financeiras que visam facilitar as vendas e também o lucro do investimento financeiro, ao invés de financiar a produção diretamente.

A partir de uma perspectiva histórica, a financeirização foi a principal força motriz da reestruturação da economia global desde

---

12 Ver, por exemplo, Ashman e Fine (ASHMAN, Sam; FINE, Ben. "Neoliberalism, varieties of capitalism, and the shifting contours of South Africa's financial system". *Transformation*, vol. 81, nº 2, 2013), Christophers e Fine (CHRISTOPHERS, Brett; FINE, Ben. "The Value of Financialization and the Financialization of Value". *In*: MADER, Philip; MERTENS, Daniel; VAN DER ZWAN, Natascha (Coord.). *The Routledge International Handbook of Financialization*. Londres: Routledge, 2019), Fine (FINE, Ben. "Financialisation from a Marxist Perspective". *International Journal of Political Economy*, vol. 42, nº 4, 2013; 2014) e Fine e Saad Filho (FINE, Ben; SAAD FILHO, Alfredo. "Thirteen Things You Need to Know About Neoliberalism". *Critical Sociology*, vol. 43, nº 4-5, 2017). Para uma revisão histórica ver Gowan (GOWAN, Peter. *The Global Gamble*: Washington's Faustian Bid for World Dominance. Londres: Verso, 1999), Panitch e Gindin (PANITCH, Leo; GINDIN, Sam. *The Making of Global Capitalism*: the Political Economy of American Empire. Londres: Verso, 2012), Rude (RUDE, Christopher. "The role of financial discipline in Imperial strategy". *In*: PANITCH, L.; KONINGS, M. (Coord.). *American Empire and the Political Economy of Global Finance*. Londres: Palgrave Macmillan, 2005) e Saad Filho (SAAD FILHO, Alfredo. "Monetary Policy in the Neoliberal Transition: a Political Economy Review of Keynesianism, Monetarism and Inflation Targeting". *In*: ALBRITTON, Robert; JESSOP, Bob; WESTRA, Richard (Coord.). *Political Economy and Global Capitalism*. Londres: Anthem Press, 2007).

os anos 1970, e desempenhou um papel central na restauração do império estadunidense após as derrotas militares no Vietnã e no Irã e da crise do dólar nos anos 1970.[13] Tipicamente, em economias financeirizadas, o CPJ (em vez de, por exemplo, instituições do setor público, como era o caso nos sistemas de acumulação anteriores) controla as principais fontes de capital na produção, no comércio doméstico, nas trocas internacionais e no financiamento do Estado, assim como a alocação intertemporal, intersetorial e internacional de recursos. Essas últimas incluem o nível e a composição da produção, do investimento, do consumo e dos gastos públicos, bem como os processos transfronteiriços de produção e acumulação. Essas formas de alocação de recursos tendem a ser regulamentadas de forma descentralizada ("em função do mercado") por conglomerados globais e organizações internacionais centradas nos EUA, desde JPMorgan Chase e Bank of America ao Departamento do Tesouro dos EUA, o Banco Mundial e o FMI.[14]

A financeirização não distorce o "capitalismo puro", nem expressa um "golpe do setor financeiro" contra o capital produtivo;[15] da mesma forma, as finanças não são meramente uma superestrutura parasita que drena os lucros industriais ou suga a renda dos trabalhadores. Em vez disso, na era do neoliberalismo, *as finanças são hegemônicas* porque o CPJ comanda a atividade econômica e a reprodução do capital como um todo, permeia todas as formas de

---

13 PANITCH, Leo; GINDIN, Sam. *The Making of Global Capitalism*: the Political Economy of American Empire. Londres: Verso, 2012; *Socialist Register*, 2004; 2005.

14 PANITCH, Leo; GINDIN, Sam. *The Making of Global Capitalism*: the Political Economy of American Empire. Londres: Verso, 2012; PANITCH, Leo; GINDIN, Sam; ALBO, Greg. *In and out of crisis*: the global financial meltdown and left alternatives. Oakland: PM Press, 2010.

15 Para uma visão contrastante, ver Duménil e Lévy (DUMÉNIL, Gérard; LÉVY, Dominique. *The Crisis of Neoliberalism*. Cambridge: Harvard University Press, 2011).

relações sociais e impulsiona a formulação de políticas: em resumo, o neoliberalismo é sustentado pela financeirização de maneiras múltiplas e sobrepostas.

A ampla gama, alcance e influência, e a grande disponibilidade de recursos do CPJ têm auxiliado a expansão das instituições financeiras e das finanças em um processo cumulativo que ocorre, principalmente, por meio da criação de novos títulos e do crescimento explosivo dos mercados onde eles podem ser negociados. Por exemplo, os "mercados de derivativos de moeda e *swaps* de taxas de juros cresceram de quase nada em 1990 para cerca de três vezes o PIB global em 2006".[16] Esses desdobramentos fomentaram uma esfera semi-autônoma de especulação que apoia a apropriação pelo CPJ de uma parcela crescente da mais-valia produzida. A título de exemplo, "os lucros das empresas financeiras [nos EUA] saltaram de menos de 5% dos lucros corporativos totais, descontados os impostos, em 1982 para 41% em 2007".[17] Essa participação diminuiu imediatamente após a CFG, mas logo voltou a 30%.[18]

Mesmo antes da CFG, a noção convencional de que as finanças mobilizam e alocam recursos de forma eficiente e trazem ganhos de crescimento, produtividade e bem-estar para a economia como um todo era insustentável por três motivos. Primeiramente, a liberalização dos mercados financeiros domésticos e dos movimentos

---

16 HARVEY, David. "Interview: Exploring the Logic of Capital". *Socialist Review*, 07 abr. 2009. Disponível em: https://socialistworker.co.uk/socialist-review-archive/interview-david-harvey-exploring-logic-capital/. Acessado em: 08.05.2023 (tradução nossa); para dados e análises atualizadas, consulte o Trade and Development Report da UNCTAD. (UNCTAD é sigla para Conferência das Nações Unidas sobre Comércio e Desenvolvimento (N.T.).

17 WOLF, Martin. "Is America the new Russia?" *Financial Times*, 14 abr. 2009. Disponível em: https://www.ft.com/content/09f8c996-2930-11de-bc5e-00144feabdc0. Acessado em: 24.03.2023 (tradução nossa).

18 KLEIN, Naomi. *This Changes Everything*: Capitalism vs. the Climate. Nova York: Simon and Schuster, 2015.

internacionais de capital não conseguiu desencadear um crescimento acelerado na maioria dos países: na verdade, o crescimento econômico tendeu a fraquejar desde a transição para o neoliberalismo. Por outro lado, as experiências de rápido crescimento não tiveram qualquer relação com as alterações nos regulamentos financeiros e, em geral, não foram impulsionadas pela expansão do CPJ.[19] Em segundo lugar, como o CPJ é diretamente improdutivo, seus lucros são, necessariamente, transferências do setor empresarial não-financeiro e dos trabalhadores. Por conseguinte, o crescimento das finanças só pode beneficiar a economia se promover a criação de mais valor do que as próprias finanças absorvem, o que, evidentemente, não tem sido o caso, uma vez que as economias capitalistas têm tendido a desacelerar (ver abaixo). Em terceiro lugar, como o setor financeiro é o melhor remunerado da economia, a sua expansão em um contexto de desaceleração do crescimento econômico certamente contribuiu para a polarização dos rendimentos (ver abaixo).

Uma interpretação alternativa parece mais plausível: a financeirização aumentou o tamanho e os lucros do CPJ, ajudou a transnacionalizar as operações dos grandes conglomerados industriais e financeiros, e apoiou o neoliberalismo global através da ameaça perpétua de fuga de capitais se as políticas econômicas e sociais divergissem dos interesses de curto prazo dos operadores do mercado financeiro. Simultaneamente, a busca por ganhos financeiros tende a obstruir as atividades produtivas e promover a concentração de renda e riqueza dentro e entre os países, prejudicando a lucratividade agregada, a estabilidade macroeconômica e o crescimento econômico de longo prazo. Esses resultados adversos foram compensados, em parte, por extrações intensificadas dos trabalhadores, dos países mais pobres e da natureza. Assim, o neoliberalismo torna-se um

---

19 COMMISSION ON GROWTH AND DEVELOPMENT – CGD. *The Growth Report*: Strategies for Sustained Growth and Inclusive Development. World Bank Group, 2008. Disponível em: https://openknowledge.worldbank.org/handle/10986/6507. Acessado em: 22.03.2023.

sistema de acumulação cada vez mais dependente de imposições parasitárias em oposição ao investimento apoiando o crescimento da produtividade.

1.2 "Globalização" e a reestruturação da produção

A abordagem do neoliberalismo neste capítulo, como um estágio do capitalismo impulsionado pela financeirização, informa uma compreensão específica da economia política contemporânea, que destaca as transformações nos padrões de crescimento, investimento, produção, emprego, finanças e consumo. Em suma, o neoliberalismo e a financeirização sustentam a transnacionalização da produção e a liberalização do comércio, das finanças e dos fluxos de capital – geralmente sintetizados no termo "globalização". Esses processos foram apoiados por mudanças bancárias, regulatórias e legislativas que promovem as modalidades de produção (globalizada e financeirizada) típicas da atual "era do neoliberalismo".

Essas forças reestruturaram os sistemas nacionais de produção em um nível mais alto de produtividade, ao menos no nível das firmas individuais. Elas promoveram novas tecnologias, processos de trabalho e relações de emprego, e geraram novos produtos, formas de produção e modos de troca baseados na integração internacional de circuitos do capital no nível das empresas individuais – isto é, a integração microeconômica do capital, em contraste com a anterior integração macroeconômica das nações através do comércio baseado em relações coloniais ou em trocas de produtos acabados. Essas transformações foram acompanhadas pela estagnação dos salários reais e pelo crescimento exponencial de todas as formas de finanças, dívida e capital fictício, com implicações significativas para o consumo e as formas de reprodução social e de vida comunitária. Esses processos também contribuíram para reforçar a integração entre as elites, ao passo que as classes trabalhadoras foram reestruturadas globalmente. Os trabalhadores também foram divididos e destituídos de poder em decorrência das mudanças que acompanharam as transições para o neoliberalismo no campo das políticas públicas, práticas, ideologias, tecnologias e das leis.

Como consequência da reestruturação e realocação das principais cadeias de valor e da (intimamente relacionada) implementação de políticas industriais e de desenvolvimento típicas do neoliberalismo, alguns países conseguiram sustentar taxas de crescimento econômico impressionantes sob o neoliberalismo, com primazia para o Nordeste e Sudeste Asiáticos; mais recentemente, a China se tornou o centro mundial de montagem para exportação. Isso está longe de, e na verdade é o oposto de, sugerir que o neoliberalismo promove o crescimento econômico em países que seguem as políticas "certas" ou induz a uma tranquila "convergência global". Ao contrário, o neoliberalismo cria novos padrões de desenvolvimento desigual e combinado, em que a imensa prosperidade dentro e entre países beneficia estratos sociais específicos (muitas vezes identificados como oligarcas ou elites – financeiras ou outras –, o 1% ou 0,01% do topo da distribuição de renda), e coexiste com novos padrões de pobreza e sua reprodução em áreas onde ela já prevalecia.

1.3 Ideologias, políticas públicas e reprodução social

Ideologicamente, o neoliberalismo e suas consequências desiguais foram justificados por um discurso baseado em dois princípios. No domínio econômico, pelo princípio da "competitividade", seguida de seus corolários "eficiência de mercado" e "controle da inflação", conforme são apresentados nas abordagens neoclássica, austríaca ou monetarista. Deste ponto de vista, os mercados financeiro e cambial oferecem o modelo não só para o funcionamento de todos os setores da economia (independentemente das diferenças entre os mercados de títulos do Tesouro e os de petróleo, habitação ou calçados), mas, também, para os comportamentos individuais sob o neoliberalismo. Por sua vez, no domínio político, o princípio-chave é o da "democracia", no sentido superficial de competição entre tonalidades de neoliberalismo em um mercado político regulado pela lei e policiado pela mídia.[20] "Competitividade" e "democracia" alicerçam a visão neoliberal da "boa sociedade", orientam as normas de conduta que sustentam o sistema de acumulação, e tornaram-se princípios do "senso comum" de nossa época.

As concepções neoliberais de competitividade e democracia decorrem de uma noção específica dos sujeitos neoliberais e suas subjetividades, e de um modo típico de governança da esfera pública. Nesta visão de mundo, espera-se que todos os agentes econômicos – incluindo aqui consumidores, trabalhadores, capitalistas, gerentes, financistas e o próprio Estado – se comportem de formas compatíveis com a maximização do valor presente líquido de seus ativos, através de práticas de empreendedorismo, do (auto)investimento e da atração de potenciais clientes e investidores. Essa concepção individualista de si e da sociedade é incompatível com a noção de interesses coletivos, de demandas por direitos comuns ou de padrões mínimos de bem-estar. Assim, os sujeitos neoliberais não têm garantia de segurança, proteção, sustento ou sequer sobrevivência. Consequentemente, as proteções de bem-estar promulgadas sob os sistemas de acumulação anteriores devem ser removidas, e a noção de uma sociedade de cidadãos baseada em alguma noção do "bem público" deve ser substituída por uma coleção neoliberal de empresas e *homo economicus* maximizadores. Isso é completamente incompatível com a ideia de um *demos* com direito a exercer a sua soberania coletiva (ver capítulo III).[21]

---

20 AYERS, Alison; SAAD FILHO, Alfredo. "Democracy Against Neoliberalism: Paradoxes, Limitations, Transcendence". *Critical Sociology*, vol. 41, nº 4-5, 2015.

21 AYERS, Alison; SAAD FILHO, Alfredo. "The twilight of formal democracy: contradictions of accumulation and the political crisis of neoliberalism". *Journal of Australian Political Economy*, vol. 86, 2020.

O Estado desempenha um papel central em todos os domínios do neoliberalismo: é ele que deve conduzir a transição a partir do sistema de acumulação anterior, construir o novo quadro jurídico, institucional e político (financeirizado e globalizado), e legitimar esta transição. Isso é feito mediante reivindicações de eficiência superior do mercado, e da repetição interminável do mantra de que "as finanças públicas estão em um momento precário", levando à conclusão de que há um imperativo para privatizar e comercializar os serviços públicos, reduzir o Estado de Bem-Estar, impor benefícios condicionais,[22] impor indicadores de desempenho típicos do setor privado às instituições públicas, reprimir a oposição e, paradoxalmente, diminuir os impostos, especialmente sobre os ricos. Desse modo, as políticas públicas desmantelaram as capacidades estatais e os serviços públicos, reformaram as instituições públicas para servir ao capital em geral e às finanças em particular, e transformaram as ideologias e modalidades de reprodução social.

Historicamente, as formas de disciplina social associadas ao neoliberalismo foram impostas por meio de cinco canais. Primeiro, a expansão do capitalismo (neoliberal) nas EAs e em toda a Europa Oriental, Ásia, África Subsaariana e América Latina levou à incorporação de centenas de milhões de trabalhadores a circuitos transnacionais de acumulação. Esses processos impuseram uma competição muito maior entre os capitais, diferentes países e trabalhadores baseados em todos os lugares e, com isso, os disciplinaram.

Segundo, uma onda de inovações tecnológicas, a reestruturação da produção e a criação de novos padrões de emprego, em conjunto com as restrições aos salários, subsídios, transferências, benefícios, direitos e outras proteções não-mercantis que haviam sido

---

22 Esses tipos de benefícios, no original *means-tested benefits*, são condicionados à comprovação de que o beneficiário atende às condições necessárias, mais especificamente de renda, para receber o benefício social. Esse tipo de benefício contrasta com as políticas sociais universais, por exemplo (N. T.).

introduzidas sob os regimes keynesianos, desenvolvimentistas e de estilo-soviético (ver acima). Elas levaram ao desemprego em massa, comprimiram os salários, e difundiram, ao redor do mundo, padrões de trabalho informais, de meio período, "flexíveis" e instáveis, com baixos níveis de qualificação e com rápida rotatividade.

O terceiro canal se dá por meio de políticas fiscais e monetárias contracionistas, que foram diretamente responsáveis pelo declínio de longo prazo do investimento real, do crescimento da produtividade e do carescimento do produto nacional.

O quarto canal consiste na reestruturação das instituições públicas, das ideologias, e das políticas e práticas públicas, a fim de consolidar um modo de governança que sustente o novo sistema de acumulação e proteja os processos de mercado da maioria das formas de *accountability* frente aos cidadãos.[23]

Quinto, a financeirização transformou as estruturas e processos de reprodução social. Na maioria dos países, especialmente nas economias avançadas anglo-saxãs, os trabalhadores desprovidos de ativos[24] tendem a se enredar[25] em circuitos financeiros através de suas contas bancárias, cheque especial, cartões de crédito, hipotecas, pensões, apólices de seguros e pagamentos para a educação, saúde e outras áreas de provisão social, além de roupas, férias, benfeitorias e até despesas diárias. Essas despesas eram frequentemente financiadas por crédito "fácil" ou por saques de recursos tendo como garantia

---

23 DARDOT, Pierre; LAVAL, Christian. *The new way of the world*: on neoliberal society. Londres: Verso, 2013.

24 Aqui deve-se notar a referência ao conceito de *asset poverty*, que se distingue de uma mera pobreza em termos de renda. A pobreza de ativos consiste na insuficiência de patrimônio líquido, como a poupança, o que impede a acumulação de riqueza, aumenta a insegurança material e cria barreiras para que se possa sair da pobreza (N. T.).

25 No original, utiliza-se o termo *enmeshed*, o que conota não apenas um envolvimento nos circuitos financeiros, mas também uma grande dificuldade de se escapar deles (N. T.).

suas casas, já hipotecadas, no contexto de um mercado imobiliário em franca expansão, atraindo, desta forma, as famílias da classe trabalhadora para a lógica especulativa da inflação dos preços dos ativos.[26] Esses processos se refletiram no topo da distribuição de renda, no crescimento da demanda dos ricos por crédito pessoal ou (dependendo das circunstâncias individuais) por novas oportunidades para fazer investimentos financeiros. Em todos os casos, as instituições financeiras ganharam espaço para vender serviços às famílias e para negociar novos papéis. Isso se difundiu especialmente no contexto macroeconômico de baixas taxas de juros entre o início dos anos 1990 e meados dos anos 2000.

Assim, sob o neoliberalismo, diferentes formas de dívida se tornaram instrumentos poderosos de integração social, e também um meio de compensar os trabalhadores pela estagnação de suas rendas reais, a diminuição da oferta de "bons empregos" e a redução da disponibilidade de habitação social, benefícios de aposentadoria, educação, saúde e assim por diante (ver abaixo). As transições ao neoliberalismo também foram acompanhadas, frequentemente, por exortações ao consumo. Sob essas circunstâncias, muitos trabalhadores efetivamente transformaram suas casas, pensões e seus futuros salários em caixas eletrônicos, para que pudessem simular estarem ganhando salários mais altos.[27] As inevitáveis pressões

---

26 Ver Krippner (KRIPPNER, Greta. "The financialization of the American economy". *Socio-Economic Review*, vol. 3, 2005; KRIPPNER, Greta. *Capitalizing on Crisis*: the Political Origins of the Rise of Finance. Cambridge: Harvard University Press, 2011), Montgomerie (MONTGOMERIE, Johnna. "The Pursuit of (Past) Happiness? Middle-class Indebtedness and American Financialisation". *New Political Economy*, vol. 14, nº 1, 2009) e Panitch e Gindin (PANITCH, Leo; GINDIN, Sam. *The Making of Global Capitalism*: the Political Economy of American Empire. Londres: Verso, 2012).

27 Isso foi especialmente importante nos EUA e no Reino Unido. Na Itália, o crédito pessoal é menos difundido e os trabalhadores "precários" mais jovens tendem a depender dos salários dos pais, pensões e – eventualmente – ativos por meio de herança. Evidentemente, tanto o acúmulo

pelo pagamento das prestações dos empréstimos e a ameaça de perder suas casas, carros e reputações levaram muitos devedores a aceitarem formas rígidas de disciplina de trabalho, incluindo longas jornadas e vários empregos simultâneos com contratos informais ou temporários e direitos trabalhistas precários, em condições cada vez mais estressantes.

O crédito ao consumo não foi apenas uma forma de compensação pelos baixos salários, uma modalidade de integração e subordinação da classe trabalhadora, ou uma fonte de lucros. Para os governos dos EUA e do Reino Unido, o crédito foi também um instrumento fundamental da política macroeconômica, porque a regulação dos fluxos de empréstimos hipotecários e ao consumidor através de mudanças nas taxas de juros ajudou a manter a estabilidade econômica e social em economias com baixos déficits fiscais e baixos salários. Especificamente, cada vez que as economias dos EUA e do Reino Unido desaceleravam (por exemplo, no final da década de 1990, após a bolha da internet no início dos anos 2000, e após o atentado de 11 de setembro), seus bancos centrais, buscando estabilizar a demanda agregada, baixavam as taxas de juros para encorajar o refinanciamento dos créditos hipotecários e o acúmulo de dívidas pessoais não garantidas. Este mecanismo de política econômica foi temporariamente bem-sucedido; por exemplo, o US Bureau of Economic Analysis (BEA)[28]

> estimou que as extrações de *home equity* [através de novas hipotecas em casas com valor cada vez mais alto, devido à bolha especulativa] levaram a uma taxa de crescimento adicional do PIB de 1,5% por ano entre 2002 e 2007. Sem isso, os

---

de dívidas pessoais quanto a dependência da renda ou dos ativos dos pais podem ser apenas temporários.

28 Essa agência integra o Departamento de Comércio dos EUA e produz estatísticas oficiais sobre a economia estadunidense. Cf: https://www.bea.gov/. (N. T.).

> EUA não teriam crescido mais rápido do que a supostamente esclerosada Zona do Euro.[29]

Essas políticas foram assimiladas a um "keynesianismo dos preços dos ativos"[30] porque, até certo ponto, os déficits privados substituíram os déficits públicos como o principal instrumento de estabilização macroeconômica.

A reestruturação da produção, do emprego, dos modos de trabalho e da vida social e comunitária delineadas acima teve profundas implicações para a reprodução social em geral, e para a composição, modo de existência, cultura e solidariedades da classe trabalhadora. Esses desdobramentos podem ser descritos como a *financeirização da reprodução social*, a qual sustentou um aumento significativo da taxa de exploração através da extração de mais-valia absoluta e relativa – em conjunto com a reestruturação produtiva e as mudanças institucionais que se seguiram à transição para o neoliberalismo.

Seu impacto pode ser medido pela queda na participação dos salários na renda nacional na maioria dos países neoliberais. Por exemplo, o rendimento médio real dos 90% mais pobres nos EUA caiu 9% entre 1973 e 2002. Em contraste, a renda do 1% mais rico aumentou 101%, e a do 0,1% mais rico aumentou 227%. Do mesmo modo, enquanto em 1991 o 1% mais rico possuía 39% da riqueza empresarial, em 2003 sua participação havia aumentado para 58%.[31]

---

29 MARAZZI, Christian. *The Violence of Financial Capitalism*. Los Angeles: Semiotext(e), 2010 (tradução nossa).

30 BRENNER, Robert. *Interview on the Current Crisis*. Disponível em: www.hani.co.kr/arti/society/societygeneral/335869.html. Acessado em: 15.05.2023.

31 MCNALLY, David. "From financial crisis to world-slump: accumulation, financialisation, and the global slowdown". *Historical Materialism*, vol. 17, nº 2, 2009.

De forma mais geral, o *World Inequality Report*[32] mostra que, desde os anos 1980, o 1% dos que possuem os maiores rendimentos obtiveram duas vezes mais crescimento na renda global do que os 50% dos indivíduos mais pobres.[33] Essas tendências desigualadoras ajudam a explicar a recuperação da taxa de lucro na maioria dos países neoliberais desde o início dos anos 1980, apesar da falta de demanda subjacente.[34]

1.4 Os "perdedores econômicos"

Foi mostrado acima que o neoliberalismo, a financeirização e a globalização têm sido associados à reestruturação econômica em larga escala, incluindo a internacionalização dos sistemas de produção, incluindo os processos de trabalho, as tecnologias, os produtos e os insumos, com grandes implicações para a especialização internacional, os padrões de emprego e consumo, e as formas de reprodução social e de vida comunitária. Essas mudanças tiveram profundas consequências para a composição e o modo de existência da classe trabalhadora. Especificamente, elas tenderam a criar uma série de "perdedores" econômicos concentrados na classe trabalhadora qualificada, e que se irradiou para incluir os trabalhadores informais, as classes médias tradicionais e muitos outros estratos, incluindo gerentes, pequenos e médios capitalistas

32 O *World Inequality Report*, criado em 2011, organiza uma base de dados sobre a evolução histórica da distribuição de renda e riqueza ao redor do mundo. Cf: https://wid.world/. (N. T.).

33 ALVAREDO, Facundo; CHANCEL, Lucas; PIKETTY, Thomas; SAEZ, Emmanuel; ZUCMAN, Gabriel. *World Inequality Report, 2018*. Disponível em: https://wir2018.wid.world/. Acessado em: 20.03.2023.

34 BOFFO, Marco; SAAD FILHO, Alfredo; FINE, Ben. "Neoliberal Capitalism: the Authoritarian Turn". *In*: PANITCH, Leo; ALBO, Gregory (Coord.). *Socialist register 2019*: a world turned upside down? Londres: Merlin Books, 2019; SAAD FILHO, Alfredo. "Crisis in Neoliberalism or Crisis of Neoliberalism?" *Socialist Register*, 2011.

e agricultores familiares, à medida que as suas condições de vida e trabalho também deterioraram.

Milhões de empregos qualificados e estáveis e cargos gerenciais foram eliminados, especialmente nas EAs, à medida que categorias inteiras foram atingidas pelas novas tecnologias (globalizadas) ou sofreram com grandes transferências de postos de trabalho para o exterior; nesse ínterim, as oportunidades de emprego no setor público diminuíram com as privatizações em massa e o "encolhimento" neoliberal das instituições estatais. A maioria dos trabalhadores e profissionais do setor formal testemunhou uma deteriora em seus salários, condições e proteções sociais, e seus padrões de emprego e trabalho tenderam a se tornar cada vez mais precários e desqualificados. Também sofreram graves perdas os trabalhadores informais, cujas perspectivas de transferência ao setor formal diminuíram drasticamente, e os aposentados, frequentemente alvo das reformas neoliberais. Pressões semelhantes foram sentidas por uma classe média empobrecida, vulnerável, endividada e cada vez mais ansiosa; quase todos tiveram que suportar o estresse da insegurança, do excesso de trabalho e do declínio da renda a longo prazo.[35]

Na maioria das economias neoliberais, incluindo alguns dos países mais ricos do mundo, estratos sociais até então privilegiados viram-se lamentando sua incapacidade de satisfazer as aspirações materiais exigidas pela cultura consumista do neoliberalismo. Eles também foram incapazes de deixar como legado melhores condições materiais para seus filhos, quebrando um contrato intergeracional de melhoria contínua ("nós nos sacrificamos para que nossos filhos vivam melhor do que nós") que ajudou a legitimar as dificuldades impostas pelo capitalismo desde o século XVIII.[36] Inevitavelmente,

---

35 WACQUANT, Loïc. *Punishing the Poor*: the Neoliberal Government of Social Insecurity. Durham: Duke University Press, 2009.

36 BOFFO, Marco; SAAD FILHO, Alfredo; FINE, Ben. "Neoliberal Capitalism: the Authoritarian Turn". *In*: PANITCH, Leo; ALBO, Gregory (Coord.). *Socialist register 2019*: a world turned upside down?

os "perdedores" tendem a ser marginalizados politicamente, uma vez que estão estruturalmente separados, desorganizados, ideologicamente perplexos e, por consequência, são incapazes de expressar seus ressentimentos por meio do sistema político imposto pelo próprio neoliberalismo (ver capítulos III-IV).

Londres: Merlin Books, 2019; BOYLE, David. *Broke*: Who Killed the Middle Classes? Londres: Fourth Estate, 2013; ROEDIGER, David. *The Sinking Middle Class*: a Political History. Nova York: OR Books, 2020.

CAPÍTULO II

INSTABILIDADE ECONÔMICA E CRISES SOB O NEOLIBERALISMO

Este capítulo examina o *paradoxo econômico do neoliberalismo*: apesar do neoliberalismo global gozar das condições mais favoráveis para a acumulação em várias gerações, as EAs neoliberais não foram capazes de capitalizá-las. A consequência tem sido a desaceleração cumulativa de suas taxas de crescimento do PIB, com implicações adversas para a distribuição, o emprego, o bem-estar social e as condições de vida dos pobres em algumas das economias mais ricas do mundo. O capítulo analisa esses desdobramentos e as decorrentes tendências de crise, com foco na CFG e suas consequências.

2.1 O paradoxo econômico do neoliberalismo

O neoliberalismo e a financeirização tanto criaram quanto se beneficiaram de condições favoráveis sem precedentes para a acumulação, que levaram a uma recuperação notável da taxa de lucro nas EAs, frente à baixa lucratividade que prevaleceu no início dos anos 1980 (ver capítulo I). Essas condições favoráveis incluem a vitória do Ocidente na Guerra Fria; a disseminação do capitalismo em todo o mundo e a "globalização" da produção, que levaram a uma expansão dramática da força de trabalho global; a liberalização do comércio, das finanças e dos fluxos internacionais de capital; a provisão de extraordinárias formas de apoio à acumulação por Estados em relações de concorrência mútua; a redução de impostos, transferências de renda e provisão de bem-estar social na maioria dos países; a destruição da maioria dos movimentos e governos nacionalistas no Sul Global; o declínio das fontes tradicionais de resistência às formas anteriores do capitalismo (sindicatos, movimentos camponeses, partidos de esquerda e movimentos sociais) e a hegemonia ideológica de um (fictício mas vociferante) capitalismo de "livre mercado". Esses fatores fomentaram formas intensificadas de exploração da força de trabalho através de extrações financeiras, mudanças nas leis, reestruturação produtiva, introdução de novas tecnologias e meios de comunicação, compressão de salários e expansão de formas precárias de trabalho, culminando na chamada "economia de bicos" [*gig economy*], assim como pesadas exigências impostas à periferia por meio do comércio desigual, extraordinárias formas de extração e espoliação, e a pilhagem sem precedentes da natureza.

Apesar de repetidas garantias de que as reformas neoliberais trariam crescimento econômico mais rápido, estabilidade macroeconômica e prosperidade para todos, as taxas de investimento e de crescimento do PIB tenderam a cair, especialmente nas EAs. Ao redor do mundo, os episódios de crescimento sob o neoliberalismo tornaram-se cada vez mais dependentes de bolhas financeiras. Estas, contudo, sempre entram em colapso, com implicações destrutivas para a acumulação, a distribuição e a reprodução social – e a contenção dessas crises invariavelmente demanda ampla e altamente custosa intervenção estatal. Os exemplos incluem a crise da dívida externa no início da década de 1980; a crise das *Savings and Loans* nos EUA nos anos 1980; a mania de fusões e aquisições e as bolhas e quebras do mercado de ações na década de 1980 e no final dos anos 1990; a crise japonesa e o subsequente fraco desempenho do país desde o final da década de 1980; as crises na Argentina, no

Brasil, Leste Asiático, México, Rússia e em outros países de renda média no final do século XX; e as bolhas da internet, de crédito, financeiras e habitacionais no início dos anos 2000, culminando na CFG e no desastre na Zona do Euro (ver abaixo).

À luz disso, é possível identificar o *paradoxo econômico do neoliberalismo*: a provisão de condições extraordinariamente favoráveis para a acumulação tem sido acompanhada por uma espantosa incapacidade de capitalizar essas mesmas condições.[37] Ao invés de prosperar a partir das circunstâncias extremamente propícias que o próprio neoliberalismo ajudou a impor, a acumulação tem sido prejudicada por uma desaceleração persistente do crescimento, aumento da volatilidade e declínio do investimento real, e pelo aumento da desigualdade e deteriora cumulativa do mercado de trabalho. Em outras palavras, o sistema de acumulação tornou-se cada vez mais incapaz de suscitar o crescimento da produtividade, embora esta seja a mais importante característica redentora do capitalismo. Em vez disso, o neoliberalismo depende cada vez mais abertamente da exploração e da pilhagem.

O paradoxo econômico deriva da financeirização da economia, que criou estruturas extremamente complexas e crescentemente frágeis de títulos financeiros sobre a renda e a riqueza reais (os quais Marx[38] chamou de "capital fictício"). *O crescimento econômico sob o neoliberalismo é geralmente impulsionado pela acumulação de capital fictício*, isto é, pela busca especulativa de ganhos puramente financeiros. Essa modalidade de crescimento tende a desencorajar as atividades produtivas e a alimentar bolhas de ativos apenas vagamente relacionadas à reestruturação produtiva, e que favorecem a apropriação de lucros pelos proprietários de títulos em papel. Ao

---

37 BOFFO, Marco; SAAD FILHO, Alfredo; FINE, Ben. "Neoliberal Capitalism: the Authoritarian Turn". *In*: PANITCH, Leo; ALBO, Gregory (Coord.). *Socialist register 2019*: a world turned upside down? Londres: Merlin Books, 2019.

38 MARX, Karl. *O Capital*, volume 3. Harmondsworth: Penguin, 1981.

fim e ao cabo, a acumulação financeirizada mina a capacidade da economia de gerar novos valores e reduz os lucros essenciais para atender a esses compromissos financeiros: esta é uma contradição fundamental do neoliberalismo.

Essa modalidade de acumulação financeirizada está intimamente associada a outras clivagens no neoliberalismo. Elas incluem o aprofundamento das desigualdades de renda, riqueza e poder; disparidades de gênero, "raça", tipos de empregos e a provisão de saúde, educação, transporte, habitação e outras necessidades básicas; novas tecnologias e a globalização da produção, que impulsionaram a desvalorização do emprego e a desqualificação e expulsão da força de trabalho; relações disfuncionais entre as finanças, a indústria, a agricultura e os serviços; vulnerabilidades crescentes no balanço de pagamentos; o desmantelamento sistemático dos sistemas de provisão anteriores, assim como a capacidade do Estado de formular e implementar políticas públicas e coordenar e monitorar a atividade econômica, além de um incessante impulso para esvaziar o Estado de bem-estar social.

Em suma, à medida que a acumulação e a reprodução social se financeirizaram sob o neoliberalismo, as crises econômicas também se financeirizaram: hoje, as crises são normalmente decorrentes da *superprodução de capital fictício* e tendem a ser desencadeadas pelo colapso de estruturas altamente complexas de títulos de propriedade sobre a renda e a riqueza. Essas crises centradas na superacumulação de capital fictício contrastam fortemente com as crises de desproporção e superprodução de mercadorias, que eram típicas dos estágios anteriores do capitalismo.

Os efeitos da desaceleração econômica no neoliberalismo sobre o bem-estar social, e a estagnação macroeconômica aparentemente inexorável da maioria das EAs neoliberais foram parcialmente compensados, no topo da distribuição de riqueza, por formas intensificadas de exploração da natureza e dos países e das pessoas mais pobres (ver acima). É muito diferente, porém, na base da distribuição, aonde as privações pré-existentes tendem a se intensificar, enquanto novas formas de pobreza emergem em conexão com novos padrões de trabalho, remuneração, consumo e dívida, e novas tecnologias, modos de comunicação e acesso a serviços públicos e comodidades básicas. Essas circunstâncias deterioradas foram acompanhadas por uma insidiosa crise de legitimidade do neoliberalismo. Em resposta, os governos neoliberais tendem a confiar em instrumentos cada vez mais autoritários para garantir a sua hegemonia, o que levou a uma acentuada degradação da democracia política (ver capítulo IV).

2.2 A crise financeira global

A CFG foi uma consequência direta da financeirização da acumulação e da extensa reestruturação da vida econômica e social sob o neoliberalismo. Em contraste com as crises financeiras anteriores, a CFG não começou por causa de um frenesi especulativo em torno de *commodities* primárias (como o petróleo ou o ouro) ou bens de luxo (como tulipas, obras de arte ou imóveis nobres), nem pela superestimação dos lucros de novos campos de investimento (como as bolhas do Mar do Sul[39] ou da internet). Em vez disso, a CFG foi tipicamente uma crise neoliberal: ela foi causada pela superacumulação de capital fictício criado por um sistema financeiro globalizado, e desencadeada pela inadimplência de hipotecas impagáveis das famílias mais pobres dos EUA, que haviam sido reembaladas em novos tipos de ativos financeiros, que foram negociados através de canais que nem existiam apenas alguns anos antes.[40] Em nível global, a circulação de títulos de capital fictício ajudou a encobrir os déficits

---

39 Bolha especulativa ocorrida em 1720 na Grã-Bretanha decorrente do *boom* de compra de ações da Companhia dos Mares do Sul [*South Sea Company*] (N. T.).

40 SAAD FILHO, Alfredo. "Crisis in Neoliberalism or Crisis of Neoliberalism?" *Socialist Register*, 2011; TETT, Gillian. *Fool's Gold*: how Unrestrained Greed Corrupted a Dream. Londres: Little, Brown & Co, 2009.

em conta corrente nas EAs mais financeirizadas, especialmente os EUA e o Reino Unido, ao mesmo tempo em que gerou lucros para o setor financeiro.

Esses carrosséis exigiam um apetite – dos bancos, das famílias e dos Estados – cada vez maior por crédito, para fornecer uma saída aos ativos complexos que estavam sendo injetados na sociedade por instituições financeiras altamente lucrativas, porém completamente irresponsáveis. No início dos anos 2000, esse arranjo era viável apenas enquanto os preços das casas continuassem subindo, uma vez que eles alimentavam as hipotecas, o refinanciamento de créditos imobiliários e os saques de recursos que tinham como garantia imóveis já hipotecados anteriormente – nos quais, por sua vez, as famílias dependiam cada vez mais para sustentar seu próprio consumo (e, portanto, a economia como um todo), assim como apoiavam as emaranhadas relações entre os EUA, a China e o resto do mundo. Cientes das fragilidades desse arranjo, as autoridades econômicas nos EUA e no Reino Unido fizeram tudo o que puderam para amparar o aumento cumulativo dos preços do capital fictício e das residências, incluindo incentivos para empréstimos predatórios [*subprime*] nos EUA, a especulação imobiliária[41] no Reino Unido, e regimes fiscais privilegiados para a especulação financeira em ambos os países. A vulnerabilidade dessa estratégia era que o sucesso das políticas macroeconômicas durante a chamada "Grande Moderação" (aproximadamente, entre o final dos anos 1980 e meados dos anos 2000) levaria inevitavelmente à desconexão entre, por um lado, os preços das casas, as dívidas hipotecárias e os empréstimos ao consumidor e, por outro lado, os salários estagnados a partir

41 Do original, *buy-to-let*, trata-se da prática de compra de propriedade imobiliária, não com a finalidade de o proprietário morar nela, mas com a intenção de geração de renda através de aluguéis; alternativamente, os proprietários poderiam ganhar simplesmente através da valorização dos seus imóveis, com a realização dos lucros no momento da revenda (N. T.).

dos quais os pagamentos devem ser feitos (por exemplo, 40% das famílias mais pobres do Reino Unido já tinham um fluxo de caixa negativo em 2007).[42]

Esse arranjo macroeconômico tornou-se cada vez mais frágil; por exemplo, ele não poderia ser sustentado se houvesse uma contração da liquidez ou endurecimento das condições para o acúmulo de dívidas. Nesse ínterim, o subsídio proporcionado por produtos e crédito baratos provenientes de países mais pobres em favor das economias dos EUA e do Reino Unido sustentou a noção de que a reestruturação da acumulação orientada pelas finanças tinha sido bem-sucedida, e que as EAs mais neoliberais (anglo-saxãs) tinham uma *performance* econômica melhor, enquanto as economias mais relutantes (por exemplo, a França, Alemanha, Itália e o Japão). Esse raciocínio ajudou a legitimar o neoliberalismo e a disfarçar o fato de que os "casos de sucesso" dependiam de um modelo insustentável de crescimento liderado por dívidas e apoiado por baixas taxas de juros e taxas de câmbio desalinhadas. Nesse sentido, a CFG expôs as limitações da financeirização como o motor da acumulação.[43]

Esta interpretação sistêmica da CFG com foco no neoliberalismo e na financeirização contrasta com outras visões heterodoxas

---

42 SAAD FILHO, Alfredo. "Crisis in Neoliberalism or Crisis of Neoliberalism?" *Socialist Register*, 2011.

43 Ver, por exemplo, Evans (EVANS, Trevor. "The crisis of finance-led capitalism in the United States of America". *Working Paper No. 51*. Berlim: Institute for International Political Economy, 2015), McNally (MCNALLY, David. *Global Slump*: the Economics and Politics of Crisis and Resistance. Oakland: PM Press, 2011), Mirowski (MIROWSKI, Philip. *Never let a serious crisis go to waste*: how neoliberalism survived the financial meltdown. Londres: Verso, 2013), Panitch, Gindin e Albo (PANITCH, Leo; GINDIN, Sam; ALBO, Greg. *In and out of crisis*: the global financial meltdown and left alternatives. Oakland: PM Press, 2010), e Saad Filho (SAAD FILHO, Alfredo. "Marxian and Keynesian Critiques of Neoliberalism". *Socialist Register*, 2008; SAAD FILHO, Alfredo. "Crisis in Neoliberalism or Crisis of Neoliberalism?" *Socialist Register*, 2011).

que se concentram estritamente no declínio do investimento real por causa dos retornos mais fáceis e elevados oferecidos pela especulação financeira, na erosão da demanda efetiva devido aos baixos salários e ao crescente fardo do endividamento familiar, ou nas implicações adversas da desindustrialização decorrente da reestruturação da manufatura global e da realocação de capacidade produtiva para o Leste Asiático em geral, e para a China em particular. Embora sejam inegáveis, esses processos não operaram de forma isolada, nem causaram diretamente a CFG ou suas formas de manifestação. Muito pelo contrário: a CFG foi sintomática das principais características do neoliberalismo, especialmente o empobrecimento dos trabalhadores e a centralidade das finanças para a reprodução econômica e social, enquanto as políticas adotadas na esteira da crise revelaram o domínio – tanto ideológico quanto político – das finanças (ver abaixo).

Historicamente, o *locus* e as reverberações da CFG mudaram com o tempo. A princípio, a crise concentrou-se nas EAs, com os EUA na vanguarda, e seu impacto imediato destruiu até 45% da riqueza global,[44] além de provocar a retomada generalizada dos imóveis residenciais, o colapso da produção e o aumento do desemprego. Em seguida, o epicentro da crise deslocou-se para a periferia da Zona do Euro, com o drama grego sendo o seu símbolo mais poderoso. Por fim, a crise envolveu os países de renda média, com exemplos marcantes na Argentina, Brasil, China e Turquia.

Em contraste com os casos anteriores de disfunção econômica, o *boom* especulativo e o colapso do mercado não podem ser atribuídos a salários e benefícios "excessivos", nos moldes das visões neoclássica, keynesiana ou de *profit-squeeze* "radical". No passado, essas interpretações ajudaram a legitimar a transferência do fardo do ajuste para os trabalhadores e os pobres. Desta vez,

---

44 SAAD FILHO, Alfredo. "Crisis in Neoliberalism or Crisis of Neoliberalism?" *Socialist Register*, 2011, p. 249.

como a mobilização da classe trabalhadora esteve quase totalmente ausente e os salários reais estiveram estagnados por muitos anos, as explicações para a crise têm que se concentrar nas relações intercapitalistas em geral, e na financeirização em particular. No entanto, mesmo que as finanças e seus excessos fossem obviamente culpados, o *mainstream* não perdeu tempo em argumentar que o mercado financeiro deveria ser resgatado para evitar um impacto ainda pior sobre o restante da sociedade.

2.3 A economia global depois da crise

Na esteira da CFG, algumas das maiores instituições financeiras do mundo receberam apoio ilimitado de seus governos através de políticas monetárias ultra-frouxas, simbolizadas por de taxa de juros zero, socorros emergenciais, compras de ativos financeiros inúteis e ondas sucessivas de *quantitative easing* (QE).[45] Essas operações de resgate escandalosamente caras visavam salvar os maiores bancos do mundo das consequências de sua própria irresponsabilidade. Afirmava-se que isso era de interesse geral, presumivelmente para evitar desdobramentos piores ainda caso as instituições financeiras ameaçadas quebrassem. Na realidade, as formas inéditas de intervenção estatal nos EUA, Japão, Reino Unido e na Zona do Euro revelaram a hegemonia contínua das finanças, que esses Estados buscaram salvar à custa de todo o resto.[46] As EDs, especialmente o Brasil, a China, Coréia do Sul e Tailândia, implementaram diferentes formas de intervenção estatal baseadas principalmente na política fiscal, mas igualmente repugnantes às ideologias apoiando o neoliberalismo.

45 Trata-se da política monetária em que o Banco Central adquire títulos de dívida de longo prazo, a fim de impulsionar a oferta de moeda na economia e proporcionar maior liquidez aos bancos (N. T.).

46 DAVIDSON, Neil. "Crisis neoliberalism and regimes of permanent exception". *Critical Sociology*, vol. 43, nº 4-5, 2017; MCNALLY, David. *Global Slump*: the Economics and Politics of Crisis and Resistance. Oakland: PM Press, 2011.

A dimensão e a difusão da CFG inicialmente esmagaram as respostas políticas e as formas de cooperação internacional que foram implementadas para tentar conter a crise e limitar seus efeitos. Essas limitações refletiram as conexões entre os diferentes tipos de instituições financeiras, e a complexidade das estruturas de ativos construídas sob a financeirização. Elas criaram sérias dificuldades para identificar as raízes do problema e chegar a um acordo sobre o que resgatar, como, por quais critérios, para que fins e a quais custos, e quais políticas complementares seriam necessárias.

Apesar dessas dificuldades, as políticas adotadas após a CFG acabaram por estabilizar a economia global e restaurar a lucratividade das finanças. No entanto, as causas do cataclismo permaneceram intocadas, enquanto as políticas implantadas após a CFG criaram novas vulnerabilidades. Em particular, as taxas de juros zero e o QE reduziram os riscos financeiros sistêmicos, mas também levaram ao acúmulo de dívidas e criaram novas bolhas de ativos, especialmente no Sul Global. A título de ilustração, entre o início da CFG e 2015, a dívida total das empresas financeiras aumentou US$ 12 trilhões; a dívida do setor público aumentou US$ 25 trilhões (dos quais mais de US$ 20 trilhões em 8 países da OCDE), e o passivo das famílias aumentou US$ 7 trilhões.[47] Além disso, praticamente todos os ganhos obtidos na recuperação econômica foram capturados pelos estratos de renda superiores: por exemplo, nos EUA, todo o crescimento da renda em 2009-2013 foi para os 10% das famílias mais ricas, enquanto a renda dos 90% mais pobres caiu.[48]

---

47 DOBBS, Richard *et al.* "Debt and (not much) deleveraging". *McKinsey Global Institute Report*, fev. 2015. Disponível em: https://www.mckinsey.com/featured-insights/employment-and-growth/debt-and-not-much-deleveraging. Acessado em: 22.03.2023.

48 TCHERNEVA, Pavlina. "When a rising tide sinks most boats: trends in U.S. income inequality". *Policy Note 2015/4*, Levy Economics Institute, mar. 2015, p. 3.

No rescaldo da CFG, a "austeridade fiscal" foi apresentada como essencial para estabilizar as contas públicas, dado o custo extraordinário do salvamento das finanças. Contudo, a "austeridade" serviu, na realidade, para fazer avançar a agenda neoliberal em uma frente mais ampla por meio de impostos mais altos e regressivos, menores transferências de renda e a mercantilização expandida da reprodução social.[49] Políticas severas de "austeridade" também serviram para evitar o argumento de que, uma vez que as finanças poderiam ser resgatadas pela intervenção estatal, talvez um apoio semelhante pudesse ser oferecido à habitação, saúde, transporte e outros setores diretamente relevantes para a maioria da população. A "austeridade fiscal" pode, então, ser chamada de "socialismo para os ricos e capitalismo para os outros", justificada por argumentos ideológicos mesquinhos de que a intervenção estatal é essencial para proteger o mercado livre em geral, e as finanças em particular, apesar de sua responsabilidade pela própria crise. Entretanto, se dizia que a operação de resgate não deveria beneficiar os pobres diretamente, e deveria ser financiada por cortes no bem-estar social e pelo desmantelamento das capacidades do Estado, desencadeando destruições ainda maiores de sociabilidade e novas ondas de (re)engenharia social.[50] As relações entre a financeirização, a desaceleração do crescimento,

---

49 ALBO, Greg; FANELLI, Carlo. "Austerity Against Democracy: An Authoritarian Phase of Neoliberalism?" *Socialist Project*, 2014. Disponível em: https://socialistproject.ca/content/uploads/2014/08/AusterityAgainstDemocracy.pdf. Acessado em: 28.03.2023.

50 "No curto prazo, defender o capitalismo significa, paradoxalmente, intervenção estatal. Há um sentimento justificável de indignação entre os eleitores e empresários (e na verdade os liberais econômicos) de que US$ 2,5 trilhões do dinheiro dos contribuintes agora precisam ser gastos em uma indústria altamente remunerada. Mas o resgate global é pragmático, e não ideológico. Quando François Mitterrand nacionalizou os bancos da França em 1981, ele o fez porque achava que o Estado os administraria melhor. Desta vez, os governos estão comprando bancos (ou ações deles) porque acreditam, com razão, que o capital público é necessário para manter o fluxo de crédito" (THE ECONOMIST. "Capitalism at bay". *The Economist*, 18 out. 2008. Disponível em:

a estagnação do salário real, a piora das perspectivas de emprego, os cortes na previdência social e nos serviços públicos e o aumento da desigualdade foram ignoradas.[51]

A estratégia de contenção após a CFG foi seguida por novas formas de acomodação entre o Estado, as finanças e a indústria com, por exemplo, Estados neoliberais flertando abertamente com as políticas industriais e com o fornecimento de infraestrutura pública para justificar o despejo de dinheiro, empréstimos, capital fictício e contratos lucrativos sobre o setor privado. Não obstante, após uma década de recuperação econômica limitada, está claro que essas respostas não proporcionaram uma renovação do desempenho econômico na escala vivenciada durante a década de 1990 e, muito menos, durante o *boom* do pós-guerra. Em vez disso, nos anos seguintes à CFG, a economia global resvalou para o que ficou conhecido como a "Grande Estagnação", que viria a ser interrompida apenas pela implosão econômica resultante da COVID-19 (ver capítulo VI).[52]

---

https://www.economist.com/node/12429544. Acessado em: 22.03.2023 (tradução nossa).

51 ROBERTS, Micahel. *The Long Depression*. Londres: Haymarket Books, 2016; ROBERTS, Micahel. "The Virus, Capitalism, and the Long Depression: Interview with Michael Roberts". *Spectre Journal*, 24 mar. 2020. Disponível em: https://spectrejournal.com/the-virus-capitalism-and-the-long-depression/. Acessado em: 28.03.2023.

52 Ver Eichengreen (EICHENGREEN, Barry. "Secular stagnation: the long view". *American Economic Review*, vol. 105, nº 5, 2015), Gordon (GORDON, Robert J. "Secular Stagnation: a Supply-Side View". *American Economic Review*, vol. 105, nº 5, 2015), Summers (SUMMERS, Lawrence H. "Demand Side Secular Stagnation". *American Economic Review*, vol. 105, nº 5, 2015; SUMMERS, Lawrence H. "The Age of Secular Stagnation. What it is and what to do about it". *Foreign Affairs*, mar./abr. 2016. Disponível em: https://www.foreignaffairs.com/articles/united-states/2016-02-15/age-secular-stagnation. Acessado em: 24.03.2023) e Teulings e Baldwin (TEULINGS, Coen; BALDWIN, Richard (Coord.). *Secular stagnation*: facts, causes and cures. Londres: CEPR Press, 2014. Disponível em: https://voxeu.org/content/secular-stagnation-facts-causes-and-cures. Acessado em: 24.03.2023); para uma visão heterodoxa desse conceito, ver Backhouse

Em suma, a CFG demonstrou que, em primeiro lugar, o neoliberalismo criou fortes tendências para a maior financeirização e concentração de renda quando a economia cresce, quando ela se contrai, *e também* quando ela se recupera. Em segundo lugar, os mercados de capitais se comprovaram ser inúteis para gerar empregos, desenvolvimento tecnológico, habitação, saúde, educação ou aposentadorias razoáveis. Eles também são extremamente caros para a sociedade, a provisão é injusta, e podem gerar extrema instabilidade econômica. Esses desafios não foram enfrentados na década seguinte à CFG, levando a consequências persistentes em termos de baixo crescimento do PIB, investimento declinante e redução da criação de empregos, juntamente com o acúmulo de dívidas, com implicações prejudiciais para as capacidades do setor público.

Esses desdobramentos limitados e limitantes sugerem que o neoliberalismo não tem como oferecer alternativas ao modelo econômico baseado em altos níveis de endividamento pessoal e elevados lucros financeiros, seja porque são centrais para o sistema de acumulação, ou porque a liquidação das dívidas domésticas e corporativas exigiria melhorias na distribuição de renda e na oferta pública de habitação, educação, saúde e benefícios de aposentadoria. Eles seriam muito disruptivos para serem tolerados. Em vez de mudar de curso, no rescaldo da CFG, os Estados neoliberais tenderam a implantar níveis crescentes de repressão para impor políticas de "austeridade fiscal", validadas por meio de discursos e práticas de formas seletivas, e mais ou menos disfarçadas, de nacionalismo e racismo.[53] Em todos os casos, o objetivo era fazer com que os pobres

---

e Boianovsky (BACKHOUSE, Roger; BOIANOVSKY, Mauro. "Secular stagnation: the history of a macroeconomic heresy". *European Journal of the History of Economic Thought*, vol. 23, nº 6, 2016).

53 Na União Europeia, os casos da Croácia, Hungria e Polônia oferecem exemplos marcantes dessa tendência (ver FABRY, Adam. *The Political Economy of Hungary*: from State Capitalism to Authoritarian Neoliberalism. Cham: Palgrave Pivot, 2019; STUBBS, Paul; LENDVAI-BAINTON, Noémi. "Authoritarian Neoliberalism, Radical

pagassem pela crise financeira. Em suma, o neoliberalismo não foi capaz de resolver a crise de acumulação após a CFG, e ele continua sem uma estratégia clara para restaurar o dinamismo econômico ou para melhorar as condições de vida da grande maioria.

Conservatism and Social Policy within the European Union: Croatia, Hungary and Poland". *Development and Change*, vol. 51, nº 2, 2019; ver também BERBEROGLU, Berch (Coord.). *The global rise of authoritarianism in the 21st century*: crisis of neoliberal globalization and the nationalist response. Abingdon: Routledge, 2021 para uma visão global).

PARTE II

NEOLIBERALISMO E DEMOCRACIA

CAPÍTULO III

FORMAS POLÍTICAS DO NEOLIBERALISMO

Esse capítulo enfoca as formas políticas associadas ao neoliberalismo. Ele demonstra que as transições ao neoliberalismo se deram através de diferentes caminhos, mas, até os anos 1990, uma forma especificamente neoliberal de democracia tinha se tornado a forma política típica do sistema de acumulação. A análise das principais características, contradições e limitações da democracia neoliberal indica o *paradoxo político do neoliberalismo*: o triunfo da democracia neoliberal minou a própria democracia, e fez com que o sistema político e as instituições do Estado neoliberal deixassem de responder às demandas e expectativas de amplos estratos da população. Essa limitação criou vulnerabilidades políticas que ajudam a explicar a ascensão do autoritarismo após a CFG.

3.1 Transições ao neoliberalismo

As experiências neoliberais tendem a passar por três fases que, inevitavelmente, são mais lógicas do que cronológicas, e que variam conforme o país e a região, e as circunstâncias econômicas, políticas e históricas. Apesar da margem de variação, essas fases podem ser divididas historicamente pela crise do Leste Asiático em meados dos anos 1990, e pela CFG.[54]

A primeira fase (de "transição" ou de "choque") do neoliberalismo surge, invariavelmente, em oposição ao sistema de acumulação anterior (a social-democracia keynesiana nas EAs, o desenvolvimentismo no Sul Global, o socialismo de estilo soviético no antigo Bloco Oriental, ou qualquer outro). Essas transições sempre requerem intervenções estatais agressivas a fim de impor uma "terapia de choque" econômica, promover os interesses do capital privado e a integração transnacional da produção e das finanças, conter os trabalhadores e desorganizar a esquerda, com total descaso pelas consequências sociais, econômicas ou distributivas, ou sobre o emprego, o balanço de pagamentos ou quaisquer outras. Esta fase também requer a re-regulação da economia de acordo com as diretrizes neoliberais, e a construção de um novo quadro institucional que alicerce a reprodução do sistema de acumulação. Quatro desdobramentos de longo prazo tendem a se seguir: o aumento da fatia do capital na renda nacional em detrimento do trabalho; o empobrecimento relativo, ou mesmo absoluto, da classe trabalhadora e seu endividamento crescente; a transformação das políticas públicas e a reorganização do próprio Estado sob os "princípios do mercado"; e a conversão dos principais partidos políticos (especialmente os liberais, centristas e social-democratas) ao neoliberalismo, acompanhada pelo colapso dos partidos de esquerda associados a (diferentes formas de) socialismo.[55]

As primeiras transições para o que viria a ser reconhecido como neoliberalismo se deram nas ditaduras militares no Cone Sul da

---

54 BOFFO, Marco; SAAD FILHO, Alfredo; FINE, Ben. "Neoliberal Capitalism: the Authoritarian Turn". *In*: PANITCH, Leo; ALBO, Gregory (Coord.). *Socialist register 2019*: a world turned upside down? Londres: Merlin Books, 2019.

55 DAVIDSON, Neil. "Crisis neoliberalism and regimes of permanent exception". *Critical Sociology*, vol. 43, nº 4-5, 2017; PECK, Jamie; TICKELL, Adam. "Neoliberalizing Space". *Antipode*, vol. 34, nº 3, 2002.

América Latina nos anos 1970, especialmente na Argentina, Chile e Uruguai. Elas foram seguidas por transições nas antigas democracias formais, como o Reino Unido (através do thatcherismo) e os EUA (reaganismo). Na sequência, o neoliberalismo foi imposto em toda a América Latina e na África subsaariana através de programas de ajuste estrutural, e em no Bloco Oriental pelas transições para o capitalismo. Essa primeira fase do neoliberalismo se encerrou com a imposição de políticas de estabilização pelo FMI na esteira da crise do Leste Asiático, em meados da década de 1990, marcando a transição naquela região.

A segunda fase ("madura") do neoliberalismo decorreu de meados da década de 1990 até a CFG. Politicamente, esse período foi associado à chamada "terceira via", sob a liderança de políticos "centristas" como Bill Clinton, Tony Blair e Gerhard Schröder. Esta fase trouxe a estabilização do novo sistema de acumulação, o aprofundamento e intensificação da financeirização da reprodução social, a consolidação das relações sociais impostas na fase anterior, a institucionalização das novas modalidades de integração internacional e a introdução de formas tipicamente neoliberais (limitadas, direcionadas e condicionais) de políticas sociais para administrar as disfunções, privações e consequências sociais adversas da transição, o que ficaria conhecido como o "neoliberalismo com uma face humana".[56] Por fim, uma forma limitada de democracia foi estabelecida como a forma política dominante do neoliberalismo (ver abaixo).

A fase madura também assistiu à estabilização ideológica do sistema de acumulação: o neoliberalismo evoluiu de uma realidade concreta (o mundo como ele *é*, após a imposição do novo sistema de acumulação na primeira fase) para o "senso comum" (o mundo como ele *deve ser*, na segunda fase); isto é, a aceitação generalizada

---

56 BOFFO, Marco; SAAD FILHO, Alfredo; FINE, Ben. "Neoliberal Capitalism: the Authoritarian Turn". *In*: PANITCH, Leo; ALBO, Gregory (Coord.). *Socialist register 2019*: a world turned upside down? Londres: Merlin Books, 2019.

de que "não há alternativa" ao neoliberalismo. Isso foi alcançado de diferentes maneiras, geralmente incluindo a promoção pelo Estado, o capital privado e a grande imprensa de uma subjetividade neoliberal centrada na "concorrência" e na "liberdade de iniciativa individual". Esta visão de mundo foi encapsulada na noção de "auto-responsabilidade" como a forma dominante de ideologia e racionalidade, que redefiniu as relações entre os indivíduos, a economia, a sociedade e o Estado. Todos foram pressionados a adotar um modo de vida empreendedor, e as relações sociais foram cada vez mais subordinadas a critérios econômicos estreitos.[57] A ideologia neoliberal foi destrutiva para a cultura e agência da classe trabalhadora, uma vez que privou os cidadãos de suas capacidades coletivas, valorizou o consumo acima de tudo, colocou o mérito do sucesso e o peso do fracasso nos indivíduos isolados, e incapacitou a agência coletiva ao sugerir que a resolução de todos os problemas sociais requer uma maior individualização, mercantilização e financeirização das relações sociais. Naquela altura, o espaço para a atividade política da esquerda tradicional já havia se restringido severamente, tanto porque a economia e a sociedade haviam mudado, como porque a maioria das pessoas ou não acreditava mais em valores de esquerda como a igualdade, a solidariedade e a distribuição, ou não acreditava que esses anseios fossem realistas.

3.2 Construindo democracias neoliberais

As primeiras transições para o neoliberalismo foram associadas a regimes políticos autoritários, especialmente ditaduras terroristas na América Latina, África Subsaariana e Turquia. Elas foram seguidas pela implantação de reformas neoliberais por meios constitucionais na maioria das EAs, especialmente nos EUA e no Reino Unido. As transições posteriores para o neoliberalismo tenderam a

57 FINE, Ben; SAAD FILHO, Alfredo. "Thirteen Things You Need to Know About Neoliberalism". *Critical Sociology*, vol. 43, nº 4-5, 2017.

ser contemporâneas a transições políticas para a democracia, por exemplo, na África do Sul, no Brasil, na Coréia do Sul e no Leste Europeu.

Independente do caminho da transição, o que pode ser chamado de "democracia neoliberal" se tornou a forma política típica (hegemônica, embora, obviamente, não única) do sistema de acumulação nos anos 1990.[58] Nessa altura, a maioria dos países neoliberais eram democráticos, ao menos em seu sentido formal (procedimental); a maioria dos países não-democráticos não eram neoliberais; e a maioria das transições para a democracia, seja a partir de ditadura militar, regime de partido único, autocracia ou socialismo no estilo soviético, foram articuladas com transições para o neoliberalismo.

A forma neoliberal da democracia é substancialmente diferente das limitadas democracias masculinizadas nos países "centrais" antes da Primeira Guerra Mundial, do pacto keynesiano-social-democrata nas EAs após a Segunda Guerra Mundial, ou de outras formas políticas democráticas que alcançaram proeminência no passado. As democracias neoliberais são limitadas de maneiras historicamente específicas. Normalmente, elas incluem o constitucionalismo, o Estado de Direito, ideais de "boa governança", uma concepção individualista de direitos humanos, pluralismo político e a escolha periódica de representantes políticos por meio de eleições multipartidárias, assim como uma "economia de mercado" e uma sociedade civil "independente". Nestes regimes, a comunidade política é entendida em termos de Estados-nação constituídos pelo Estado "neutro" neoliberal, uma esfera pública neoliberal e o indivíduo neoliberal ("eu"). Este modelo político incorpora uma concepção individualista, formalmente igualitária, capitalista, meliorista[59] e universalista do

58 AYERS, Alison; SAAD FILHO, Alfredo. "Democracy Against Neoliberalism: Paradoxes, Limitations, Transcendence". *Critical Sociology*, vol. 41, nº 4-5, 2015.

59 Doutrina filosófica segundo a qual há uma tendência de progresso do mundo através da intervenção humana (N. T.).

eu e da sociedade, sustentando uma democracia procedimental que é funcionalmente articulada com o neoliberalismo.

O processo político "normal" nas democracias neoliberais tendeu a se limitar a convocações periódicas às urnas para escolher entre tonalidades rivais de neoliberalismo – por exemplo, entre democratas centristas e republicanos *mainstream* nos EUA, conservadores moderados e trabalhistas blairistas no Reino Unido, democratas-cristãos sensatos e social-democratas ultra-complacentes na Alemanha, e entre centro-esquerda e centro-direita na Áustria, Canadá, França, Itália, Suécia e outros países. Trata-se, efetivamente, de mercados políticos regulados pela ideologia neoliberal, uma imprensa agressiva e plutocrática e uma estrutura legal rígida aplicada por um judiciário nominalmente "independente", mas fortemente comprometido com o neoliberalismo (ver abaixo). Nesses países, eleições regulares levariam à alternância no poder de partidos políticos aderindo a versões marginalmente distintas de neoliberalismo. Esses revezamentos ajudariam a calibrar o sistema de acumulação, incluindo seus processos centrais de extensão da lei do valor a todas esferas da reprodução social sob a hegemonia das finanças, aumento da comercialização da provisão social e da vida em comunidade, aprimoramento do fetichismo da mercadoria, aumento das desigualdades econômicas, e penetração do lucro em novas áreas das relações sociais.

Ainda que a oferta de versões ligeiramente diferentes do neoliberalismo aos eleitores seja importante, uma característica ainda mais significativa das democracias neoliberais é a separação entre os domínios econômico e político da vida social, e o isolamento quase hermético da formulação de políticas econômicas da "interferência" política da maioria, seja por meio de eleições ou de qualquer outra forma. Nas democracias neoliberais, apesar da aparência de abertura e flexibilidade, as escolhas substantivas sobre a provisão social, a composição da produção, a estrutura do emprego e a distribuição de renda são subtraídas do domínio da política e transferidas para instituições tecnocráticas reguladas pela lei e por outras instituições neoliberais. Portanto, as políticas públicas passam a ser determinadas, primordialmente, por processos burocráticos, lobbies e pressões institucionais "internas", em vez de serem definidas através de negociações, concessões mútuas e acordos entre representantes de forças sociais concorrentes.

Esse arranjo tende a excluir as questões econômicas do debate político, restringir a *accountability* das instituições públicas e consolidar a supremacia das finanças na reprodução econômica e social, o que limita drasticamente o escopo da própria democracia. Nas democracias neoliberais, as principais instituições econômicas são os Ministérios da Fazenda dominados por economistas neoliberais; os chamados Bancos Centrais "independentes" que estão a serviço das finanças e são incumbidos de controlar a inflação e resgatar as instituições financeiras irresponsáveis; regimes de metas de inflação montados para proteger os valores dos ativos financeiros; e departamentos do Tesouro limitados por regras de déficit fiscal máximo, exceto quando for necessário fornecer recursos ilimitados para o setor financeiro. Essas instituições são apoiadas por privatizações em massa destinadas a cercear as alavancas potenciais de influência pública sobre a alocação de recursos e o padrão de crescimento; regimes de taxas de câmbio flutuantes que obrigam os governos a seguir os caprichos dos operadores financeiros (os *traders*); a "autonomia" legal de uma ampla gama de órgãos públicos – inclusive agências reguladoras capturadas pelas corporações que, nominalmente, deveriam estar sob seu controle –, e o uso de referendos para contornar a democracia representativa, os quais parecem empoderar os indivíduos em detrimento dos interesses da "elite", mas que, na realidade, visam permitir que o poder econômico atropele as restrições legais e institucionais aos seus interesses.

Para além disso, a política econômica e social é imposta e monitorada por lobbies, associações empresariais, instituições financeiras transnacionalizadas, tratados e organizações internacionais (por exemplo, a Comissão Europeia, a OMC e assim por diante), pelo mercado de ações e pela grande mídia, cujas opiniões auto-interessadas podem mudar os valores dos ativos dramaticamente. Seus poderes são apoiados por um sistema judicial nominalmente independente e encarregado de fazer cumprir a jurisprudência que o próprio neoliberalismo impôs.[60] Nesse sentido, o neoliberalismo disciplina os principais agentes sociais, com os trabalhadores na vanguarda, mas essas estruturas institucionais também servem para disciplinar o capital, o Estado e até as próprias finanças, com uma crescente intolerância a qualquer forma de dissidência. Nesse ínterim, uma enxurrada de propaganda promoveu o consumo excessivo, muitas vezes financiado por empréstimos, como a essência da boa vida, enquanto o próprio Estado sinalizava que as coletividades baseadas nas classes não seriam mais reconhecidas e que os indivíduos com pouco dinheiro eram "fracassados" ou "criminosos", minando gravemente o que restava da coesão social.[61]

Olhando para a democracia neoliberal por outro ângulo, os Estados democráticos gozam de legitimidade política porque aparentam respeitar as leis e os direitos de cidadania. Os governos neoliberais têm usado sua legitimidade para validar a transferência para as finanças das funções estatais de alocação de recursos e resolução de conflitos, e para facilitar a concentração do poder político, econômico e midiático. Ao mesmo tempo, os Estados impuseram "reformas" que trancaram a sete chaves as instituições do neoliberalismo e tornaram difícil mudar o sistema de acumulação por meios constitucionais. Dada a difusão da ideologia neoliberal, esses

---

60 BROWN, Wwndy. *Undoing the Demos*: Neoliberalism's Stealth Revolution. Nova York: Zone Books, 2015; PURDY, Jedediah. "The Roberts Court v. America". *Democracy A Journal of Ideas*, nº 23, inverno 2012. Disponível em: https://democracyjournal.org/magazine/23/the-roberts-court-v-america/. Acessado em: 23.03.2023.

61 BOFFO, Marco; SAAD FILHO, Alfredo; FINE, Ben. "Neoliberal Capitalism: the Authoritarian Turn". *In*: PANITCH, Leo; ALBO, Gregory (Coord.). *Socialist register 2019*: a world turned upside down? Londres: Merlin Books, 2019; FINE, Ben; SAAD FILHO, Alfredo. "Thirteen Things You Need to Know About Neoliberalism". *Critical Sociology*, vol. 43, nº 4-5, 2017.

processos regressivos podem ser apresentados como consequências da universalização da democracia (o "fim da história", para Francis Fukuyama). Desse modo, a democracia política ajudou a garantir a legitimidade e a estabilidade institucional do neoliberalismo e da financeirização, como se eles expressassem o bem comum.[62] Como observou o ex-Presidente do Fed,[63] Alan Greenspan, "[a] economia global (...) requer a válvula de segurança do capitalismo: a democracia".[64]

As mudanças nas estruturas sociais, instituições e leis impulsionadas pela transição para o neoliberalismo, e a consolidação da democracia neoliberal conforme descritas acima, restringiram todas as formas de oposição ao neoliberalismo; elas também limitaram drasticamente o espaço para que Estados nominalmente democráticos concebessem políticas e encontrassem soluções negociadas para as contradições, conflitos e crises do neoliberalismo. Nesse ponto, *realmente* não havia alternativa ao neoliberalismo: a dominação ideológica e a rigidez institucional significavam que não havia alternativa de política econômica, e não havia necessidade de debater a reprodução material da sociedade.

A crescente incapacidade dos sistemas políticos neoliberais de lidar com demandas contraditórias e interesses conflitantes mostra que, mesmo que continuem formalmente inclusivas, as democracias neoliberais são fundamentalmente excludentes nos níveis da economia e da liberdade humana, e não são voltadas para a proteção dos interesses dos mais fracos, mesmo que eles sejam numerosos.

---

62 DARDOT, Pierre; LAVAL, Christian. *The new way of the world*: on neoliberal society. Londres: Verso, 2013, p. 6; KONINGS, Martijn. "From Hayek to Trump: the Logic of Neoliberal Democracy". *Socialist Register*, 2018.

63 Sigla de Federal Reserve Board, o banco central estadunidense (N. T.).

64 DAVIDSON, Neil. "Crisis neoliberalism and regimes of permanent exception". *Critical Sociology*, vol. 43, nº 4-5, 2017, p. 621 (tradução nossa).

Ao contrário, a democracia é substantivamente esvaziada sob o neoliberalismo, e serve principalmente para legitimar a pilhagem de recursos pelos ricos, e para perpetuar seu poder político. À medida em que a democracia neoliberal se consolida, uma dinâmica letal é acionada contra a solidariedade social e qualquer noção de igualdade de *status*, condição econômica, perspectivas, tratamento e proteção – muito embora a democracia seja, teoricamente, baseada nesses princípios.

Essas consequências degenerativas não decorrem meramente da "captura" dos Estados neoliberais por elites financeiras egoístas. Em vez disso, a impermeabilidade do domínio econômico e a concentração dos poderes econômico e político também derivam das estruturas materiais do sistema de acumulação e do imperativo da garantia da competitividade internacional conforme os parâmetros estabelecidos pelas finanças globais (i.e., a "comunidade internacional" capitaneada pelos EUA). Por exemplo, a integração internacional da produção e das finanças inevitavelmente restringem o espaço político disponível aos governos nacionais, porque a produção globalizada requer harmonia jurídica e política no plano internacional e um número crescente de tratados que, necessariamente, restringem o escopo de variação nos modos de reprodução econômica e social, com importantes repercussões políticas.

3.3 A democracia neoliberal e os "perdedores"

Foi mostrado acima que as mudanças econômicas, tecnológicas, institucionais e jurídicas sob o neoliberalismo transformaram os modos de trabalho e os padrões de reprodução da classe trabalhadora. Em resumo, a classe trabalhadora sob o neoliberalismo tende a ser mais segmentada, atomizada e internacionalizada do que nunca, com consequências para o emprego, a educação, a cultura, o consumo e, de maneira mais geral, para as formas de sociabilidade e o senso de coletividade baseados no compartilhamento de circunstâncias materiais semelhantes.

Essas mudanças materiais e ideológicas minam as instituições de representação da classe trabalhadora e suas formas tradicionais de intervenção na vida social através de partidos políticos, sindicatos, movimentos sociais, organizações comunitárias, clubes, etc. Essas instituições e suas regras, processos, demandas e modos de luta tornaram-se cada vez mais descoladas das experiências da classe trabalhadora, e gradualmente perderam sua base social e razão de ser. Com o declínio da força e da credibilidade dessas instituições, seus membros, apoiadores e eleitores se afastaram gradualmente dos processos políticos, o que reduziu ainda mais sua relevância, em um círculo vicioso. Com o tempo, as capacidades políticas da classe trabalhadora sob o neoliberalismo foram severamente enfraquecidas. Em suma, à medida que a classe trabalhadora e o grupo mais amplo de "perdedores" econômicos (ver capítulo I) foram socialmente decompostos, eles perderam sua identidade cultural e ideológica e tornou-se mais difícil articular suas preocupações, decepções, medos, ressentimentos, queixas, demandas e esperanças. Os "perdedores" tornaram-se politicamente desprotegidos, ao mesmo tempo que o sistema político tendia a se tornar cada vez mais rígido nas democracias neoliberais (ver capítulo IV).

Os sinais eram ameaçadores. Em todo o mundo, os partidos de centro-esquerda e centro-direita perderam membros e eleitores, e o comparecimento eleitoral diminuiu. À medida em que os principais partidos políticos convergiam em torno das políticas neoliberais, o desempoderamento dos "perdedores" se transformou em privação de direitos, alimentando uma crise de representação e minando a propaganda neoliberal em torno da "liberdade de escolha" no domínio político. Nessas circunstâncias tensas, a alienação e a raiva dos "perdedores" acabaram, paradoxalmente, alimentando o individualismo e reforçando o neoliberalismo.

Ao mesmo tempo, o discurso neoliberal tornou-se o senso comum da época atual – isto é, ele se tornou amplamente aceito e inquestionável na prática, porque assumiu o manto de reflexo direto e "óbvio" da realidade. Esse tipo de discurso foi incessantemente transmitido por uma grande mídia que reivindicava para si o papel duplo de ser o único canal legítimo de representação do interesse público, e de ser juiz e júri das demandas coletivas. Com o tempo, os problemas e as contradições sociais tendiam a ser interpretados através de um prisma combinando uma forma neoliberal de "senso comumb com uma economia neoclássica elementar, que representava conflitos sociais como meras disputas casuais entre pessoas "honestas" e "desonestas". Isso sugeria que as sociedades não eram divididas em termos de classe ou mesmo "raças" ou nações, mas, sim, entre "pessoas boas" e "pessoas más", com as últimas criando problemas por causa de sua natureza nefasta ou devido a suas escolhas racionais dados os incentivos perversos criados pelas políticas públicas.

Esse universo moral inclui rivalidades e conflitos éticos, mas carece de relações sistêmicas de exploração e de estruturas de reprodução da desigualdade. Em essência, "nosso" grupo de *insiders* honestos está cercado por um enxame de *outsiders* predadores, e "nossos" valores de honestidade, autossuficiência e trabalho duro estão sendo minados por políticos corruptos, vigaristas reivindicando benefícios indevidos, criminosos roubando "nossa" propriedade, imigrantes "nos" expulsando de "nossas" casas e hospitais, e países distantes roubando "nossos" empregos. Além disso, um Estado inchado, caro, ineficiente e corrupto concedeu privilégios indevidos a uma procissão interminável de intrusos oportunistas alegando diferentes formas de vitimização. Eles incluem os pobres, mulheres e minorias de todo tipo que reivindicam compensação por supostas desvantagens sofridas no passado; e variados grupos étnicos ou de imigrantes, refugiados e outros estranhos que procuram capturar "nossas" recompensas pelo "nosso" trabalho duro e, com unhas e dentes, buscam obter respeitabilidade social em detrimento do "nosso" papel tradicional. A agenda política deles é injustificadamente acomodada por Estados liberais politicamente corretos, às custas da justiça, "tradição", "cultura" e "interesse nacional". Parecia que, sob o neoliberalismo, era cada um por si – exceto pela percepção de que grupos minoritários estavam sendo amparados injustamente pelo Estado, ou estavam tomando, por meios desonestos, o que não lhes pertencia por direito.

Em outras palavras, os "perdedores" podem reconhecer os danos infligidos pelo neoliberalismo e frequentemente desconfiam da disfuncionalidade do sistema de acumulação, mas são orientados – por políticos, forças de direita e pela grande imprensa – a culpar os grupos na base da sociedade por seus problemas: se houver uma crise de provisão de saúde, educação ou moradia, deve ser culpa de pessoas ainda mais pobres do que "nós", que estão tirando o que "nos" pertence; se houver crises de desindustrialização, desemprego ou desqualificação, deve ser culpa de países mais pobres do que "nós", e assim por diante.

Essas interpretações do impacto do neoliberalismo são baseadas nas vulnerabilidades dos "perdedores" devido à erosão de seu senso de coletividade e capacidade de agência, e à degradação intimamente relacionada das culturas de classe e das capacidades políticas sob o neoliberalismo.[65] Nessas circunstâncias, em vez de serem canalizadas por meio das instituições e modos tradicionais de resolução de conflitos, as frustrações populares tendem a ser capturadas, interpretadas e expressas através da mídia de direita e de organizações políticas, movimentos e governos de extrema direita. Eles induziram os "perdedores" a culpar "os outros" pelos danos infligidos pelo neoliberalismo, com as supostas vítimas sendo representadas através de hierarquias culturais, raciais e religiosas. Estereotipicamente, nas EAs os "perdedores" são imaginados como famílias que trabalham duro, que são moralmente corretas, etnicamente privilegiadas, e chefiadas por trabalhadores (homens) de colarinho azul com longas raízes no solo nacional; ao passo que os "vencedores" oportunistas são retratados por meio de estereótipos culturais, religiosos e "raciais" que discriminam pobres, mulheres, imigrantes, pessoas negras, países mais pobres, religiões minoritárias e assim por diante, usando imagens com forte carga histórica. Essas

65 Um processo paralelo é descrito por Marx (1852).

imagens exigem pouca explicação: um codinome aqui, uma piada de mau gosto ali, e uma piscadela são suficientes. Todo mundo sabe quem está se aproveitando de "nós", e como "nós" estamos sendo roubados.

Era como se todas as frustrações decorrentes do capitalismo, do neoliberalismo, da financeirização, da globalização e do imperialismo pudessem ser explicadas pelo mau comportamento, desonestidade e corrupção de "outros" maquinadores, que são assistidos e estimulados por um Estado "liberal" hostil. Esses desafios e a ladainha de desgraças presumivelmente impostas aos "perdedores" ocultaram as contradições, desigualdades e formas de exploração sob o neoliberalismo em um nevoeiro de manchetes escandalosas. Nesse ínterim, as angústias dos "perdedores" eram ignoradas, e eles eram ridicularizados pela mídia e pelas instituições do Estado neoliberal. Tudo parecia estar de cabeça para baixo, com os não merecedores, persistentemente, furando a fila à frente dos "moralmente corretos", em nítido contraste com os "velhos tempos" quando as pessoas de bom caráter, disciplina forte e que compartilhavam de "nossos" valores podiam contar com empregos estáveis, rendimentos crescentes, perspectivas de promoção, aposentadorias generosas e, principalmente, reconhecimento social e auto-respeito. Essas vantagens evaporaram sob o neoliberalismo e os "perdedores" foram deixados para trás.

Seguindo as linhas individualistas e "éticas" descritas acima, a percepção do mau funcionamento do Estado e as distorções e perversidades das políticas públicas eram, inevitavelmente, atribuídas à corrupção "dos políticos", que pareciam ser motivados apenas pela ganância pessoal. Essa interpretação parecia ser razoável, já que o neoliberalismo engendra formas específicas de corrupção. Em particular, a capacidade estatal de formulação de políticas públicas foi desabilitada, o dinheiro foi ungido enquanto o único parâmetro de sucesso, a comercialização das relações sociais tornou-se um mantra, e foi institucionalizado o tráfico de influência entre a política, o serviço público, os lobistas e os representantes não eleitos, os negócios, as finanças e a mídia. Nesse meio tempo, a captura neoliberal do judiciário, a contração da esfera pública e a desmobilização do eleitorado facilitaram todos os tipos de irregularidades eleitorais e chicanas políticas, como a supressão de eleitores, a violação dos limites de gastos eleitorais, a interferência judicial nos processos e resultados eleitorais, e a pura fraude. Em última análise, um sistema político do tipo "pague para jogar" permitiu que os interesses monetários e corporativos comprassem políticos e eleições, acelerando a desmoralização da democracia tanto ideologicamente quanto na prática.[66]

Enquanto a corrupção é percebida como um solapamento do sistema econômico de cima para baixo, os pobres irresponsáveis e imigrantes o corroem de baixo para cima, e os países estrangeiros o atacam de fora. À medida que as deficiências sistêmicas do neoliberalismo são deslocadas para a desonestidade individual e nacional, as falhas do sistema de acumulação são ocultadas. Parecia que tudo ficaria bem se o sistema político fosse "limpo" e livre de trapaças.

Essas lógicas polarizadas (merecedores vs. não merecedores, maioria vs. minoria, *insiders* vs. *outsiders*, e assim por diante) alimentaram a individualização da vida sob o neoliberalismo e empurraram as narrativas políticas para o registro cultural em detrimento do econômico.[67] As subsequentes políticas nacionalistas, xenófobas e populistas obscurecem as dinâmicas de classe do neoliberalismo, com os debates ignorando a distribuição e estratégia econômica, e sendo dominados pela cultura, religião, nacionalismo e racismo. Em outras palavras, a "despolitização da economia leva à politização de tudo o mais".[68]

---

66 AYERS, Alison; SAAD FILHO, Alfredo. "The twilight of formal democracy: contradictions of accumulation and the political crisis of neoliberalism". *Journal of Australian Political Economy*, vol. 86, 2020.

67 CROUCH, Colin. "Post-Democracy and Populism". *The Political Quarterly*, vol. 90, 2019.

68 DAVIDSON, Neil; SAULL, Richard. "Neoliberalism and the far-right: a contradictory embrace". *Critical Sociology*, vol. 43, nº 4-5, 2017, p. 717 (tradução nossa).

Capturadas por essa pinça, as demandas dos trabalhadores e dos "perdedores" caminharam na direção de reivindicações pela restauração de privilégios, envoltas em um discurso "moral" que enfatiza as ideias do senso comum de justiça, mérito individual, igualdade de condições, direitos tradicionais, respeito à ordem, e o imperativo de honestidade na vida pública. Esse tipo de política é destrutivo de formas progressivas de identidade coletiva, e tende a gravitar para a direita, dado que enfoca demandas pela incorporação ao sistema de acumulação existente, o respeito às suas regras, e a repulsa às violações da ordem dominante.

Esses processos são nitidamente expressos na convergência de forças contra a corrupção, que é a única forma legítima de mobilização de massa dentro do neoliberalismo, e em apoio ao nacionalismo como a única forma permissível de identidade coletiva, mesmo quando ele desliza para o racismo. O *nacionalismo* e o *racismo*, baseados em identidades, valores, morais e antecedentes supostamente compartilhados, e baseados na exclusão do "outro", estruturam para os "perdedores" um senso comum a partir do qual podem articular suas experiências de forma coerente com a ideologia dominante e as narrativas sensacionalistas encontradas na grande mídia. O nacionalismo e o racismo também permitem que os perdedores reafirmem sua autoestima, a percepção de suas próprias virtudes "inatas", e suas presumidas ligações com os privilegiados – virtudes que o neoliberalismo nega rotineiramente – e recriem um senso de coletividade que foi destruído em outras esferas da vida social. É oferecida, então, uma oportunidade aos "perdedores" de responder àqueles danos reais e corrigir a sua suposta vitimização por estranhos apoiados por um Estado que perdeu o rumo, e um caminho para ganhar alguma coisa após anos de abuso por "outros" não merecedores.

3.4 O paradoxo político do neoliberalismo

A consolidação da democracia neoliberal, entre o início dos anos 1980 e meados dos anos 2000, reforçou o sistema de acumulação e reduziu o espaço para a oposição. Por outro lado, ela também criou forças que minam a legitimidade ideológica do neoliberalismo e fomentam a alienação em massa frente à reprodução política do sistema de acumulação.

Foi mostrado acima que o neoliberalismo degradou as capacidades estatais, esvaziou as estruturas de representação coletiva, reduziu o espaço para a negociação política e tornou as políticas públicas inflexíveis e hostis à maioria. Inevitavelmente, esses processos alimentaram a apatia e a anomia, corroeram a legitimidade da democracia política, e minaram a credibilidade dos partidos, líderes políticos e instituições tradicionais, tanto por causa de sua óbvia impotência quanto por causa da crescente percepção de corrupção em uma vida pública cada vez mais comercializada. Por sua vez, as limitações econômicas do neoliberalismo implicaram que as aspirações materiais validadas pela cultura neoliberal, fortemente orientada para o consumo, não poderiam ser satisfeitas para a grande maioria da população (ver acima).

Esses desdobramentos conflitaram com as ideologias do neoliberalismo. Essas ideologias são baseadas em noções de "direitos individuais", "liberdade de escolha" e "realização das ambições pessoais", sustentadas pela "redução" de um Estado que se distanciou das experiências dos "perdedores". Além disso, tornou-se cada vez mais óbvio que o neoliberalismo *efetivamente* se baseia na implementação, pelo Estado, de um modo financeirizado de reprodução social, acompanhado de uma profunda reestruturação econômica e social, a imposição de uma subjetividade individualista, e a repressão à oposição. A corrosão da política neoliberal foi intensificada pela explosão de ressentimentos e demandas mutuamente incompatíveis por "mudanças", refletindo a deterioração da posição de um grande número de pessoas em sociedades neoliberais maduras, especialmente após a CFG. Enquanto tentavam navegar essas águas agitadas, os Estados neoliberais foram compelidos a implantar combinações inconstantes e muitas vezes contraditórias de repressão política, "austeridade fiscal", políticas de estímulo à demanda, gestos conciliatórios, propaganda, nacionalismo agressivo e xenófobo, e assim por diante:

> [E]stados ao redor do mundo têm experienciado acentuadas crises de legitimidade que geram uma política desconcertante e aparentemente contraditória de gerenciamento de crise que aparece como esquizofrênica no sentido literal de elementos conflitantes ou inconsistentes.[69]

Dada a desarticulação da esquerda, essas circunstâncias voláteis promoveram o surgimento de forças anti-sistêmicas ligadas ao neoliberalismo, mas não comprometidas com a democracia neoliberal (ver abaixo). Gradualmente, a vida política derivou para o que Crouch[70] chamou de condição "pós-democrática", na qual as instituições democráticas persistem, porém esvaziadas de energia vital e relevância.

O *paradoxo político do neoliberalismo* é que a institucionalização e generalização da democracia neoliberal minou os fundamentos da própria democracia. Em última instância, esse paradoxo foi impulsionado pelas tensões inerentes na implantação de um sistema político *inclusivo* para apoiar um sistema de acumulação *excludente*. Essa contradição resultou na evacuação das estruturas institucionais de coletividade e de representação, e tornou aspectos essenciais da vida imunes à *accountability* democrática.

---

69 ROBINSON, William I. "Global capitalist crisis and twenty-first century fascism: beyond the Trump hype". *Science and Society*, vol. 83, nº 2, 2019, p. 176.

70 CROUCH, Colin. *Post-Democracy After the Crisis*. Cambridge: Polity Press, 2020.

CAPÍTULO IV

A CRISE DA DEMOCRACIA NEOLIBERAL

Este capítulo explora as limitações e as crises da democracia neoliberal após a CFG. Ele demonstra que, dadas as fragilidades políticas e institucionais da democracia neoliberal, os estresses causados pela crise econômica mais severa desde 1929 causaram fraturas profundas na sociedade, que não serão facilmente curadas. Essas tensões se agravaram com a decisão tomada por muitos governos das EAs de impor uma política de "austeridade fiscal" logo após a CFG. Neste contexto, as limitações das democracias neoliberais criaram condições favoráveis para a emergência de líderes políticos "espetaculares", associados a uma versão autoritária e radicalizada do neoliberalismo. A análise das circunstâncias por detrás da ascensão desses líderes, e das limitações a partir das quais eles operam, permite a identificação do *paradoxo do autoritarismo*, qual seja, que as limitações da democracia geram líderes "espetaculares", mas seus governos são intrinsecamente instáveis e abrem espaço para novas formas de fascismo.

4.1 O neoliberalismo após a CFG

A CFG marcou o fim da segunda fase ("madura") do neoliberalismo e o início da terceira fase, caracterizada pela necessidade de administrar as consequências da crise em um contexto de erosão da legitimidade do neoliberalismo. Tal erosão é consequência da percepção generalizada de que o neoliberalismo havia fracassado até mesmo em seus próprios termos: ele não foi capaz de sustentar um processo de acumulação rápido e estável, minou a democracia, concentrou renda e riqueza, impôs padrões indesejáveis de emprego e desencadeou uma catástrofe econômica sem precedentes, e com custos astronômicos. Também se tornou evidente que os sistemas políticos neoliberais tenderiam a responder a esses desafios de maneira perversa, primeiro protegendo o setor financeiro e os mais ricos e, depois, socializando os resultantes custos e perdas. Nessas circunstâncias, políticas de "austeridade fiscal" só poderiam ser implementadas por meio da intensificação da repressão e da introdução de novas formas de exclusão política e social.

A CFG foi resultado de décadas de reformas neoliberais e da expansão das desigualdades (ver capítulo II). A crise desencadeou tendências destrutivas, começando com a perda de milhões de empregos, casas e negócios, seguida por vários anos de "austeridade fiscal", justificada pela necessidade de pagar pelas políticas que salvaram o setor financeiro às custas do resto da sociedade. Para além da crise em si, a austeridade teve consequências devastadoras para os "perdedores", os trabalhadores como um todo e o setor público, uma vez que provocou reduções reais dos salários, cortes na previdência, novas ondas de engenharia social, desmantelamento ainda maior das capacidades estatais, e outra rodada de destruição da sociabilidade.

A incapacidade dos Estados neoliberais de responder às preocupações dos "perdedores" na esteira da CFG reforçou a percepção de perda da eficácia e da relevância das políticas, práticas, partidos políticos e líderes que eram considerados incontestáveis até então.

Rapidamente, todo um grupo de operadores proeminentes foi ejetado do poder e caiu no esquecimento: Hillary Clinton, Gordon Brown, David Cameron, Matteo Renzi, François Hollande, George Papandreou e muitos outros.

A perda de controle pelas elites políticas tradicionais abriu espaço para forças anti-sistêmicas polarizadas por líderes nacionalistas autoritários "espetaculares", e para uma nova geração de movimentos de extrema direita.[71] Como pano de fundo, já crescia a impressão de que as soluções para os problemas de amplos grupos sociais devem se encontrar fora da política convencional (porque é comprovadamente ineficaz), devem ser baseadas em campanhas intransigentes (porque é essencial pressionar com mais força para se obter respostas de um sistema político rígido), e que a agência política deve residir em "líderes" operando fora das instituições de representação (uma vez que essas instituições haviam se tornado ineficazes na prática).

Nesse ínterim, muitos partidos políticos tradicionais, especialmente os de tipo social-democrata, racharam, encolheram ou mesmo implodiram; por exemplo, o Partido Socialista Francês, vários partidos italianos de centro-esquerda, o Partido Social-Democrata Alemão e, dramaticamente, o partido socialista grego, PASOK, cujo colapso gerou o termo "Pasokificação". Enquanto a social-democracia foi esmagada e até devorada, os partidos conservadores tradicionais mostraram maior resiliência, em parte porque estão mais intimamente identificados com a ideologia dominante, e em parte porque a direita é mais adaptada ao ritual de adoção de programas enganosos e *slogans* nacionalistas vazios para vencer eleições. No entanto,

---

71 Para uma abordagem similar, ver Chamayou (CHAMAYOU, Grégoire. *La société ingouvernable*: une généalogie du libéralisme autoritaire. Paris: La fabrique, 2018), Kiely (KIELY, Ray. *The Neoliberal Paradox*. Cheltenham: Edward Elgar, 2018) e Slobodian (SLOBODIAN, Quinn. *Globalists*: the end of Empire and the Birth of Neoliberalism. Cambridge: Harvard University Press, 2018).

mesmo esses partidos foram compelidos a triangular em direção a programas cada vez mais excludentes, nacionalistas e estridentes, enquanto uma nova geração de partidos de extrema direita e movimentos neofascistas ameaçava seu eleitorado tradicional.[72] Dado o colapso anterior da extrema esquerda, esses processos levaram a um acentuado deslocamento do espectro político para a direita.

Nesse contexto, novos líderes e movimentos – às vezes inteiramente novos, mas, ocasionalmente, já espreitando às margens da vida política – ganharam novo apelo e plausibilidade ao se comprometerem a enfrentar o Estado neoliberal, as finanças, a globalização, as elites e os estrangeiros, a fim de apoiar os "perdedores" e transferir os custos da CFG para "Wall Street", as finanças e os ricos. Contudo, quando no poder, seus governos invariavelmente aprofundaram a financeirização, impuseram formas mais repressivas de neoliberalismo e buscaram, incessantemente, degradar a democracia. Em resumo, a ascensão de uma nova geração de líderes "espetaculares" é uma das consequências do esvaziamento das democracias tecnocráticas e excludentes que eram típicas do neoliberalismo maduro.

A desintegração das democracias neoliberais tornou-se dolorosamente óbvia durante a crise da Zona do Euro, quando, em alguns países periféricos, governos eleitos foram substituídos por supostos tecnocratas não-partidários (na verdade, operadores políticos experientes e profundamente comprometidos com o *status quo*), para garantir que as políticas decididas em Berlim e em Frankfurt fossem efetivamente implementadas (Chipre, Grécia, Itália).[73] Posteriormente,

---

72 HAUSERMANN, Silja *et al*. "Transformation of the left: the myth of voter losses to the radical right". *Friedrich Ebert Stiftung*, International Policy Analysis, Alemanha, jan. 2021. Disponível em: http://www.fes.de/cgi-bin/gbv.cgi?id=17385&ty=pdf. Acessado em: 23.03.2023.

73 BONEFELD, Werner. *The strong state and the free economy*. Londres: Rowman & Littlefield, 2017; NEDERGAARD, Peter; SNAITH, Holly. "'As I Drifted on a River I Could Not Control': The Unintended Ordoliberal Consequences of the Eurozone Crisis". *Journal of Common Market Studies*, vol. 53, nº 5, 2015; RYNER, Magnus. "Europe's

um governo eleito por sua abordagem não convencional foi forçado a abandonar seus eleitores (Grécia).

O mal-estar acabou atingindo os principais países da OTAN quando o *Brexit* venceu o referendo no Reino Unido em 23 de junho de 2016 e, no dia 9 de novembro, quando Donald Trump foi eleito Presidente dos EUA. Na França, Marine Le Pen chegou ao segundo turno das eleições presidenciais de 2017, vencidas por Emmanuel Macron, um político pouco convencional que liderava um novo partido político alinhado ao neoliberalismo. O populismo nativista prosperou na Áustria, na Escandinávia e na Suíça. Na periferia oriental da UE, políticos de extrema direita prosperaram com base em programas excludentes, xenófobos e racistas, centrados em atacar os mais fracos, especialmente após a crise dos refugiados em 2015. Estes foram componentes de um amplo processo pelo qual governos autoritários foram instalados em vários países por meios legais ou não, incluindo eleições mais ou menos "limpas" (Argentina, Chile, EUA, Filipinas, Hungria, Itália, Polônia e Reino Unido), abusos de prerrogativas constitucionais apoiados pelas forças de segurança (Índia, Rússia e Turquia), golpes judiciais-parlamentares (Bolívia, Brasil, Honduras e Paraguai) e golpes militares (Egito e Tailândia), com crescentes pressões sobre a Nicarágua e a Venezuela.

Por meio de seus entranhados discursos e práticas anti-esquerdistas e de seu apoio sem sentido a uma "terceira via" fantasma, os liberais e alguns setores da social-democracia falharam completamente em compreender o deslocamento dos "perdedores" em direção à direita. Com muita ansiedade e incredulidade, políticos tradicionais e seus acadêmicos de estimação frequentemente repreenderam aqueles que foram perdidos para a direita, supondo seu deslocamento se dever a deficiências cognitivas, falhas morais ou ambas, ao mesmo tempo em que se recusavam a admitir que esses indivíduos e comunidades

---

ordoliberal iron cage: critical political economy, the euro area crisis and its management". *Journal of European Public Policy*, vol. 22, nº 2, 2015.

estavam respondendo, ainda que perversamente, a suas experiências sob o neoliberalismo, ao impacto das crises econômicas e às políticas e mudanças regressivas impostas pelo sistema de acumulação:

> Depois de décadas em que os partidos da classe trabalhadora claramente representaram o capital com maior eficácia do que representaram o trabalho, trabalhadores ao redor do mundo se voltaram aos populistas nacionalistas. Apesar de todas as suas tendências protofascistas, pelo menos esses líderes são capazes de apelar, com sucesso, aos interesses da classe trabalhadora, mesmo que apenas retoricamente.[74]

No Reino Unido, por exemplo, a *intelligentsia* liberal ficou chocada e incrédula diante do plebiscito sobre o *Brexit*. Todavia, como Winlow *et al.*[75] registraram, esse resultado não surpreendeu ninguém com experiência recente da:

> realidade precária da velha classe trabalhadora (...) [das] atitudes endurecidas (...), [e das] feridas abertas e dolorosas daqueles setores da sociedade britânica que sofreram os piores efeitos da reestruturação neoliberal (...) [Q]uando você está atormentado por dívidas e quando seu emprego é instável e mal pago. Se você não sabe como vai pagar o aluguel no próximo mês, ou como vai sustentar sua família, o otimismo diminui e emoções mais sombrias vêm à tona.

A crise política no neoliberalismo e a ascensão de líderes "espetaculares" não é, portanto, nem uma aberração nem uma

74 LEVENSON, Zachary. "An organic crisis is upon us: when gramsci goes viral". *Spectre Journal*, 20 abr. 2020. Disponível em: https://spectrejournal.com/an-organic-crisis-is-upon-us/. Acessado em: 23.03.2023 (tradução nossa).

75 WINLOW, Simon; HALL, Steve; TREADWELL, James. *The Rise of the Right*: English Nationalism and the Transformation of Working-Class Politics. Bristol: Policy Press, 2017, p. 201 (tradução nossa).

anormalidade resultante da estupidez humana, que poderiam ser facilmente revertidas. Também não se trata apenas da eleição de Donald Trump (que recebeu milhões de votos a menos que seus oponentes, Hillary Clinton e Joe Biden), da vitória do *Brexit* (que ganhou na margem, e sem qualquer possibilidade de consenso sobre *o que aquele voto representava*), da eleição de Jair Bolsonaro no Brasil (cuja vitória se deveu tanto ao acaso quanto a um frenesi induzido pela grande imprensa contra o Partido dos Trabalhadores), ou da ascensão de líderes neoliberais autoritários em outros países. Conforme Achcar[76] acertadamente aponta:

> [P]or mais significativa que tenha sido a derrota de Donald Trump nas últimas eleições presidenciais dos EUA... [s]ua perda ocorreu não por causa do descontentamento de seus apoiadores, mas *apesar* de um enorme aumento em seus números (11 milhões de eleitores a mais [do que nas eleições passadas]) em um momento em que, ao contrário de 2016, não havia nenhuma ilusão possível sobre o que Trump representa e, por conseguinte, quase nenhuma ambiguidade em torno do sentido de se votar nele. Da mesma forma, em nível global, atualmente não há sinais de declínio do neofascismo: a contínua popularidade de figuras como Jair Bolsonaro (até muito recentemente, pelo menos), Narendra Modi ou Viktor Orbán não pressagia qualquer enfraquecimento da pandemia de extrema direita em um futuro previsível.

A crise da democracia neoliberal é o resultado de seu sucesso na fase anterior do neoliberalismo, um subproduto do fracasso da financeirização e da deslegitimação da ideologia neoliberal, e uma consequência da "austeridade", da intensificação da repressão e do

---

76 ACHCAR, Gilbert. "How Can We Revive Herd Immunity to Fascism?" *The Nation*, 19 dez. 2021. Disponível em: https://www.thenation.com/article/world/fascism-trump-neoliberalism-capitalism/. Acessado em: 20.03.2023.

surgimento de novas formas de exclusão na esteira da CFG. Trata-se, portanto, de uma crise sistêmica de grande importância para o sistema de acumulação, e que não poderá ser "resolvida" por meio de tentativas de restauração da democracia neoliberal através da "terceira via". Esse navio zarpou anos atrás.

4.2 Neoliberalismo autoritário

A forma política dominante na terceira fase do neoliberalismo é o *neoliberalismo autoritário*, isto é, a reprodução de um neoliberalismo fortemente financeirizado através de um regime político autoritário, dentro de um invólucro da democracia formal (procedimental).[77] Esta é uma forma de neoliberalismo que rompe parcialmente com seu arcabouço democrático e, em seu lugar, coloca em primeiro plano as tendências despóticas inerentes ao capitalismo. As políticas perseguidas por esses governos autoritários convergiram em torno de formas mais ou menos explicitamente repressivas e racistas de neoliberalismo, justificadas por combinações complexas de valores "nacionais", do imperativo da austeridade, e dos caprichos do "líder".

O neoliberalismo autoritário não é nem alternativa nem desvio da democracia neoliberal, e ele não surgiu através do deslocamento forçado da geração anterior de políticos neoliberais-democráticos respeitáveis por uma horda de autoritários que, por mera coincidência, são também neoliberais. Apesar do discurso anti-sistêmico de seus

---

77 Para abordagens similares, ver Bruff (BRUFF, Ian. "The Rise of Authoritarian Neoliberalism". *Rethinking Marxism*, vol. 26, nº 1, 2014; BRUFF, Ian. "Neoliberalism and authoritarianism". *In*: SPRINGER, Simon; BIRCH, Kean; MacLEAVY, Julie (Coord.). *Handbook of Neoliberalism*. Nova York: Routledge, 2016), Bruff e Tansel (BRUFF, Ian; TANSEL, Cemal Burak (Coord.). *Authoritarian Neoliberalism*: Philosophies, Practices, Contestations. Abingdon: Routledge, 2020), Hendrikse (HENDRIKSE, Reijer. "Neo-illiberalism". *Geoforum*, vol. 95, 2018) e Tansel (TANSEL, Cemal Burak (Coord.). *States of Discipline*: Authoritarian Neoliberalism and the Contested Reproduction of Capitalist Order. Londres: Rowman & Littlefield, 2017).

adeptos, a forma autoritária do sistema de acumulação pós-CFG é uma ramificação da democracia neoliberal: isto é, o neoliberalismo autoritário deriva das contradições da reestruturação *bem-sucedida* da produção, da reprodução social e das estruturas de representação sob o neoliberalismo. Seu objetivo é estabilizar essas economias, sociedades e sistemas políticos neoliberais por meio de formas coercitivas e repressivas de governo, dada a incapacidade do neoliberalismo de sustentar a prosperidade econômica.[78]

As características repressivas do neoliberalismo autoritário são evidentes na repressão severa da dissidência na maioria das EAs e EDs, e nas violações generalizadas da liberdade pessoal, da privacidade e do direito de expressão. Elas tornam-se também evidentes na expansão implacável dos complexos militares e das indústrias prisionais, com os EUA na linha de frente, acompanhados pelo policiamento difuso e, frequentemente, paramilitarizado; nos sistemas de vigilância intrusivos, no agressivo controle de multidões, no policiamento pesado de comunidades de minorias étnicas e jovens da classe trabalhadora, nas falsas guerras contra as drogas e o "terrorismo", e nas guerras propriamente ditas contra imigrantes e refugiados ousando cruzar fronteiras que derivam estar fechadas para eles. Esses desdobramentos foram apropriadamente caracterizados por Robinson[79] como "acumulação militarizada"

---

78 BOFFO, Marco; SAAD FILHO, Alfredo; FINE, Ben. "Neoliberal Capitalism: the Authoritarian Turn". *In*: PANITCH, Leo; ALBO, Gregory (Coord.). *Socialist register 2019*: a world turned upside down? Londres: Merlin Books, 2019; BRUFF, Ian. "The Rise of Authoritarian Neoliberalism". *Rethinking Marxism*, vol. 26, nº 1, 2014; DAVIDSON, Neil. "Crisis neoliberalism and regimes of permanent exception". *Critical Sociology*, vol. 43, nº 4-5, 2017; TANSEL, Cemal Burak (Coord.). *States of Discipline*: Authoritarian Neoliberalism and the Contested Reproduction of Capitalist Order. Londres: Rowman & Littlefield, 2017.

79 ROBINSON, William I. "Global capitalist crisis and twenty-first century fascism: beyond the Trump hype". *Science and Society*, vol. 83, nº 2, 2019.

ou "acumulação por repressão". Ainda assim, esses regimes autoritários geralmente permanecem acoplados a práticas formalmente democráticas, mantendo as eleições periódicas e uma aparência de pluralismo político, que tanto reflete seus poderes limitados quanto ajuda a validar tanto seu domínio quanto as políticas injustas que fomentam a acumulação neoliberal.[80]

O neoliberalismo autoritário é, assim, um fenômeno original. Ele não surgiu para proteger o capitalismo contra a insurgência da esquerda, ou em um período de baixa integração internacional da produção, como foi o caso do fascismo na década de 1930. Na realidade, o neoliberalismo autoritário é a forma política típica do neoliberalismo pós-CFG, a qual expressa a cooptação da fúria desorganizada dos "perdedores" nas democracias neoliberais esvaziadas e a implantação de uma política de ressentimento que divide a sociedade, ao mesmo tempo em que promove formas de coletividade baseadas em discursos nacionalistas, raciais e religiosos definidos pela ampla exclusão e discriminação. Essas formas regressivas de mobilização são postuladas dentro e contra um Estado que perdeu sua legitimidade como portador da coesão social ou de melhorias econômicas. Invariavelmente, o neoliberalismo autoritário constrói sua legitimidade atacando os mais fracos: os imigrantes, os refugiados, os pobres "não merecedores", o funcionalismo público, as mulheres, os LGBTs, e assim por diante, sob o pretexto de enfrentar a corrupção e os privilégios indevidos.

4.3 Líderes "espetaculares"

Os líderes "espetaculares" típicos do neoliberalismo autoritário são, quase sempre, homens. Eles invariavelmente se apresentam como fortes, parecem falar "honestamente" e apelam ao bom senso,

80 AYERS, Alison; SAAD FILHO, Alfredo. "The twilight of formal democracy: contradictions of accumulation and the political crisis of neoliberalism". *Journal of Australian Political Economy*, vol. 86, 2020.

embora, na realidade, sejam frequentemente grosseiros, arrogantes, egoístas, condescendentes e busquem se autopromover. Eles mentem descarada e compulsivamente, reivindicam méritos imerecidos, negam verdades evidentes, proclamam "fatos" inexistentes e insultam os que duvidam deles, aqueles que buscam verificar os fatos, os detentores de diferentes pontos de vista, os cientistas, e as mulheres. Eles são invariavelmente soberbos, imunes ao remorso e rápidos em declarar que tudo o que fazem é "o melhor do mundo" – mesmo quando seus esforços tenham saído pela culatra ou mesmo falhado miseravelmente. Eles escolhem calculadamente conflitos com a mídia, que trazem visibilidade para si, ainda que sob uma luz nada lisonjeira, mas que, paradoxalmente, tendem a consolidar a fidelidade de seus fãs. Esses líderes costumam exibir sintomas de transtorno de personalidade histriônica, se não psicopatia, e têm ambições autoritárias de quebrar e reconstruir o Estado e a Constituição – mesmo que, na maioria dos casos, essas instituições tenham garantido seus privilégios e facilitado seu caminho ao poder.

Os líderes espetaculares cultivam uma política de ressentimentos por meio da demagogia. Eles afirmam ter uma capacidade única de "fazer as coisas acontecerem" através da sua força de vontade e, frequentemente, por sua perspicácia empresarial supostamente incomparável. Eles declaram que estão com "o povo" e contra as "elites" indiferentes, as quais fingem rejeitar – apesar de suas próprias formações tipicamente privilegiadas, de seus caminhos fáceis para o poder e proeminência, e da lealdade política das elites tradicionais. Os líderes espetaculares também prometem empregar sua força de caráter e *status* como *outsiders* políticos para confrontar uma gama interminável de inimigos – os demais Estados, o setor financeiro, a globalização, as elites, os especialistas, os interesses arraigados, os políticos corruptos, os funcionários públicos preguiçosos, as instituições capturadas, os estrangeiros e assim por diante –, que supostamente atacam "nossa" nação e ferem "nosso" povo trabalhador, sofredor, mas moralmente puro. Na realidade, entretanto, aqueles líderes invariavelmente operam em conjunto com a extrema direita para atacar os mais fracos. Ao fazer isso, eles incitam *slogans* nacionalistas e guerras culturais para confundir o campo de batalha e garantir o apoio dos "perdedores", ao mesmo tempo em que desviam a atenção de sua incapacidade de trazer ganhos materiais a eles. Seus alvos favoritos incluem os imigrantes (nos EUA e no Reino Unido), os muçulmanos (na Índia), a esquerda (no Brasil), os países estrangeiros (nos EUA, no governo Trump: a China, o México, o Canadá e a Alemanha; e no Reino Unido, a União Europeia) e os refugiados (na UE, no Reino Unido e nos EUA). Apesar de seu discurso anti-sistêmico, quando chegam ao poder, os líderes autoritários invariavelmente implementam programas que intensificam o neoliberalismo e a financeirização (incluindo políticas regressivas de tributação, comércio, emprego, finanças, seguridade social, habitação e liberdades civis e políticas), restringindo as liberdades pessoais e concedendo cada vez mais privilégios à elite neoliberal, ao mesmo tempo que atacam todas as formas de oposição.

O neoliberalismo autoritário é dissimulador por natureza. Os líderes "espetaculares" não estão defendendo agendas econômicas, sociais ou políticas transformadoras visando romper com a ordem antiga, nem lutando pela libertação da nação de seus opressores ou promovendo uma forma mais avançada de capitalismo. Eles também não derivam seu poder de um equilíbrio de forças ou da convergência de interesses de classes antagônicas. Em vez disso, eles chegam ao poder político por meio de estratagemas astutos, de publicidade cara – muitas vezes baseada nas redes sociais (um conjunto de canais descentralizados que nem existiam há algumas décadas) –, de agitação planejada e de força bruta, invariavelmente com o objetivo de fazer cumprir um programa neoliberal radical baseado na política conservadora, enquanto usam o Estado e a lei para esmagar a oposição. Isso não é populismo, bonapartismo ou fascismo em condições neoliberais. Trata-se, na realidade, de uma política de demagogos, vigaristas e ilusionistas, que alcançaram o poder por meio da exploração oportunista de fraturas específicas a cada país na ordem neoliberal. À sua direita, no entanto, estão movimentos ainda mais perigosos, alegando representar os "perdedores" de maneiras mais consistentes e agressivas.

Há três elementos fundamentais para a lógica política do neoliberalismo autoritário. O primeiro deles é a reprodução permanente da insegurança, tensão e turbulência. A desorientação social associada a sucessivas reestruturações econômicas, fragmentações sociais, e a negação dos valores, modos de vida e formas de pertencimento tradicionais criaram um terreno fértil para o surgimento de formas beligerantes de autoafirmação – sejam elas nacionais, raciais, étnicas ou religiosas, costumeiramente influenciadas pela hiper-masculinidade, misoginia e homofobia. Essas autoafirmações podem funcionar como uma "forma de consolo (...) cujas afirmações (as formas mais negativas de política de identidade) são um bálsamo para o desespero social".[81] A extrema-direita sempre foi adepta da mobilização com base na insegurança, no desespero e na alienação: em tempos de crise, quando o presente é experienciado como insatisfatório e o futuro parece sombrio, um passado idealizado pode fornecer uma sensação de segurança e um farol de esperança. Como foi mostrado acima, os apelos ao "sangue" e à "nação" podem se tornar uma importante forma de coletividade, particularmente quando as alternativas sistêmicas ao capitalismo aparentemente entraram em colapso.[82]

O segundo elemento diz respeito a um foco Schmittiano na comunidade política, centrado na identidade do povo e determinado através da distinção entre "nós e eles", ou entre "amigos e inimigos". Esta visão de mundo implica diretamente a desumanização

---

81 VANAIK, Achin. "India's Paradigmatic Communal Violence". *Socialist Register*, vol. 45, 2009, p. 141 (tradução nossa).

82 AYERS, Alison; SAAD FILHO, Alfredo. "The twilight of formal democracy: contradictions of accumulation and the political crisis of neoliberalism". *Journal of Australian Political Economy*, vol. 86, 2020; DAVIDSON, Neil; SAULL, Richard. "Neoliberalism and the far-right: a contradictory embrace". *Critical Sociology*, vol. 43, nº 4-5, 2017, p. 711.

do "outro", interpretado como "externo", tal como é o caso dos imigrantes, solicitantes de asilo político ou humanitário, do islamismo radical, da China ou da União Europeia; ou "interno", no caso das minorias étnicas, dos pobres, das famílias monoparentais, das pessoas com deficiência, dos movimentos "antifa" e Black Lives Matter (BLM)[83] nos EUA, das castas inferiores na Índia, da população negra desproporcionalmente empobrecida no Brasil, e assim por diante. Em todos esses casos, essa "mistura violentamente tóxica de nacionalismo reacionário e racismo"[84] gira em torno do mecanismo psicossocial de atribuir ao "outro" a responsabilidade pela crise sistêmica, e deslocar para eles o medo e a ansiedade impostos pelo capitalismo, em geral, e pelo neoliberalismo, em específico.

Em terceiro lugar, a ascensão de líderes "espetaculares" está intrinsecamente associada a uma política do engodo e da dissimulação, uma vez que eles invariavelmente prometem algo que não apenas não podem cumprir, mas que, na realidade, pretendem implementar exatamente ao contrário. Ao fazer isso enquanto reafirmam as virtudes inatas de "seu povo", os "líderes" alimentam um misticismo que respalda seu próprio culto à personalidade. A escória intelectual da sociedade neoliberal se aglomera em torno desses "líderes" autoritários: excêntricos, confusos, teóricos da conspiração, obsessivos, fanáticos religiosos, ultralibertários e todos os tipos de racistas e nazistas.

Essas pressões convergentes disseminaram e tornaram a extrema direita dominante nos sistemas políticos contemporâneos. A resposta da centro-direita e da centro-esquerda tem sido de insistir nas virtudes da "triangulação", isto é, na sua própria acomodação passiva às tendências mais amplas do neoliberalismo: elas incorporaram temas

---

83 Optou-se por manter ao longo do texto o nome original do movimento, já que o *slogan* traduzido, a saber, Vidas Negras Importam, foi apropriado por campanhas em redes sociais no Brasil, as quais não são equivalentes ao movimento estadunidense (N. T.).

84 ROBINSON, William I. "Global capitalist crisis and twenty-first century fascism: beyond the Trump hype". *Science and Society*, vol. 83, nº 2, 2019, p. 169 (tradução nossa).

racialmente codificados em seus discursos, e falam em "endurecer" o combate à imigração, ao crime e à dependência das políticas de bem-estar. Com isso, elas colaboram na reversão das proteções não-mercantis que haviam sido garantidas pela esquerda e pelo movimento dos trabalhadores nas fases anteriores do capitalismo. Ao fazer isso, elas deslegitimam a si próprias como forças alternativas à extrema-direita, e validam o enfraquecimento da democracia pelo autoritarismo; simultaneamente, os centristas reafirmaram na prática sua descrença nas alternativas ao neoliberalismo.

Em suma, as crises econômicas e políticas do neoliberalismo fomentaram a personalização da política e o surgimento de líderes "espetaculares" libertos das instituições estabilizadoras, como os partidos políticos, os freios e contrapesos [*checks and balances*] constitucionais, os sindicatos, os movimentos sociais e a lei. Neste contexto, a transformação do neoliberalismo autoritário em força material é, por um lado, um subproduto do fracasso da financeirização, da decadência da democracia neoliberal e da deslegitimação das ideologias dominantes e dos modos de representação da realidade. Por outro lado, ela é um reflexo da busca cada vez mais desesperada por parte dos perdedores de formas de contornar um sistema político que está inquestionavelmente emperrado, e de garantir ganhos para aqueles que se cansaram de se sentir prejudicados injustamente, e de perder para "outros" não merecedores.

4.4 O paradoxo do autoritarismo

A atual onda de neoliberalismo autoritário é sintomática de três processos. Primeiramente, a desaceleração prolongada, seguida pela crise e posterior recuperação instável das economias neoliberais "reestruturadas", que acabaram, eventualmente, caindo em uma depressão sem precedentes com a pandemia da COVID-19. Em segundo lugar, a decomposição das instituições de representação sob o neoliberalismo maduro e a crise dos sistemas políticos formalmente democráticos que seguiram a CFG e foram, por sua vez, seguidos pela "austeridade fiscal" em diversos países. Em terceiro lugar, o sequestro do descontentamento em massa pela extrema direita, liderada por uma nova geração de políticos "espetaculares", comprometidos com seu próprio poder autorreferencial e com a reprodução intensificada do neoliberalismo.

Dadas essas raízes estruturais, o neoliberalismo autoritário não pode ser visto como um revés transitório que, após seu fracasso inevitável e à medida que os eleitores se arrependam de seus erros, deve levar à restauração da política neoliberal "normal" (centrista, de "terceira via", esvaziada) sob as elites tradicionais (ver acima); nem como um marco do "fim do neoliberalismo",[85] apesar das afirmações acaloradas dos "líderes espetaculares" e seus apoiadores. Ao contrário, a ascensão de Abdel Fatah el-Sisi, Boris Johnson, Donald Trump, Emmanuel Macron, Jair Bolsonaro, Narendra Modi, Recep Tayyip Erdoğan, Rodrigo Duterte, Viktor Orbán e outros "líderes", sinaliza tanto uma *crise política no neoliberalismo* quanto o surgimento de um *novo normal político* após a CFG.

Foi mostrado acima que, sob o neoliberalismo autoritário, a frustração de massa não é canalizada pelas instituições tradicionais de representação, dos sindicatos aos partidos políticos, por uma grande imprensa diversa ou pelo judiciário. Ao contrário, ela tendeu a ser capturada e expressa, principalmente, através de uma mídia oligárquica, agressiva e cada vez mais de direita, de vários veículos de redes sociais, e de organizações, movimentos e líderes políticos alinhados com o fascismo. Eles induziram os "perdedores" a culpar o "outro" pelos danos infligidos pelo neoliberalismo, com as supostas "vítimas" e os sugeridos "perpetradores" sendo definidos, mais ou menos explicitamente, através de hierarquias culturais e religiosas e categorias "raciais" pré-existentes, e fundamentadas historicamente.

O *paradoxo do autoritarismo* é que as crises econômicas e políticas do neoliberalismo fomentam a personalização da política e o surgimento de líderes "espetaculares" comprometidos com uma

---

85 WEST, Cornel. "Goodbye, American neoliberalism. A new era is here". *The Guardian*, 17 nov. 2016. Disponível em: https://www.theguardian.com/commentisfree/2016/nov/17/american-neoliberalism-cornel-west-2016-election. Acessado em: 24.03.2023.

versão radical do neoliberalismo e, ao mesmo tempo, com seu próprio poder pessoal. Eles promovem a globalização e a financeirização enquanto parecem construir alternativas "nacionais" a elas; aqueles líderes atacam todas as formas de oposição e, implacavelmente, transferem poder e recursos para as frações da elite que já os apoiam.

Essas agendas políticas inevitavelmente prejudicam sua base política, tornando os regimes autoritários neoliberais fundamentalmente instáveis. A sociedade torna-se cada vez mais dividida, os salários tendem a diminuir, os impostos ficam cada vez mais regressivos, as proteções sociais diminuem, as economias tornam-se mais desequilibradas e a pobreza aumenta. A frustração em massa se intensifica, alimentando um descontentamento sem foco no qual os "líderes" navegam, promovendo uma amarga política de ressentimento e desencadeando novos conflitos que podem ou não ser contidos pelas instituições enfraquecidas (do que resta) da democracia neoliberal. Uma vez que os "líderes" não podem resolver os problemas reais, e dado o seu apego ao neoliberalismo, eles não podem escapar de uma dinâmica de ressentimentos – ou sua popularidade sofre. Eles encontram refúgio no teatro político, na divisão da sociedade, e nas declarações bombásticas. À medida que o ambiente político se torna tóxico, mais e mais espaços são abertos para a extrema direita.[86] Isso sugere que a melhor maneira de confrontar o autoritarismo e o fascismo é superar o neoliberalismo por uma via progressista.

---

86 Para Davidson e Saull (DAVIDSON, Neil; SAULL, Richard. "Neoliberalism and the far-right: a contradictory embrace". *Critical Sociology*, vol. 43, nº 4-5, 2017, pp. 715/716 (tradução nossa), o "[n]eoliberalismo (...) ajudou a criar as condições para o ressurgimento da extrema direita enquanto, ao mesmo tempo, a extrema direita se concentrou no ataque ao que vê como os sintomas do neoliberalismo por meio da racialização de seus efeitos sociais, políticos e económicos. (...) Não é então que o neoliberalismo *causa* o racismo (...) no sentido de que o racismo é uma dimensão orgânica dele, mas sim que o neoliberalismo é baseado em uma *insegurança socioeconômica coletiva* que ajuda a facilitar o renascimento dos imaginários racializados de solidariedade pré-existentes".

PARTE III

UMA PANDEMIA COM CARACTERÍSTICAS NEOLIBERAIS

CAPÍTULO V

UMA CRISE SANITÁRIA NEOLIBERAL

As pandemias são histórica e socialmente específicas. Elas impactam os indivíduos por meio das coletividades em que vivem, viajam, trabalham e se entretêm; correspondentemente, as pandemias devem ser enfrentadas pelas sociedades em momentos e locais específicos. A análise de seu curso e as lições aprendidas devem ser, da mesma forma, contextuais.

No caso da pandemia da COVID-19, a crise sanitária não resultou simplesmente da chegada casual de um novo patógeno entre humanos não previamente expostos a ele: não existe uma pandemia "geral" atingindo uma população abstrata. Ao contrário; o curso da pandemia derivou das características do vírus em conjunção com as circunstâncias sociais, econômicas e políticas nas quais ele se espalhou e sofreu mutações. Essas circunstâncias incluem o sistema de acumulação prevalecente e as consequentes desigualdades, divisões, tensões e crises; os sistemas políticos dominantes e as capacidades econômicas, industriais, científicas, tecnológicas e institucionais disponíveis; as respostas políticas de diferentes níveis de governo, desde administrações locais a organizações internacionais; os mitos e as ideologias nacionais (e nacionalistas), e muitas outras variáveis. Este capítulo examina a relação entre o neoliberalismo e a pandemia, a fim de avaliar o impacto da COVID-19 sobre a economia, a política, a ideologia e a vida social. Ele analisa a propagação da pandemia, suas implicações para grupos e comunidades distintas, e as políticas adotadas para enfrentá-la. Diante dessas relações, argumenta-se que se trata de uma *pandemia com características neoliberais.*

5.1 O neoliberalismo e a pandemia

Em cada pandemia, alguns indivíduos privilegiados podem se proteger ao se subtraírem das relações sociais, talvez seguindo o exemplo dos personagens afortunados do *Decameron* de Giovanni Boccaccio ou o jovem Isaac Newton.[87] No entanto, esse tipo de resposta não pode ser generalizado: as sociedades humanas são totalidades integradas, e não agregados casuais de indivíduos; elas não podem ser desmontadas por razões de segurança e montadas novamente depois que o perigo passar. Portanto, as pandemias podem ser compreendidas de forma mais criteriosa do ponto de vista de seu impacto no coletivo; da mesma maneira, as pandemias são melhor enfrentadas por coletividades organizadas, especialmente através do uso do poder do Estado para controlar a circulação de pessoas, bens, serviços e ideias; regular a produção econômica, social e cultural, e assegurar a saúde e outros serviços públicos.[88]

Este capítulo apresenta quatro argumentos. Primeiro, o coronavírus surgiu em uma conjuntura perigosa para o neoliberalismo, quando a economia mundial já estava caindo em uma tempestade de crises econômicas, financeiras, políticas, sociais, ambientais, de

87 LEVENSON, Thomas. "The Truth About Isaac Newton's Productive Plague". *The New Yorker*, 06 abr. 2020. Disponível em: https://www.newyorker.com/culture/cultural-comment/the-truth-about-isaac-newtons-productive-plague. Acessado em: 23.03.2023.

88 SNOWDEN, Frank Martin. *Epidemics and Society*: from the Black Death to the Present. New Haven: Yale University Press, 2020.

escassez de água e de alimentos. O vírus chegou depois de quatro décadas de neoliberalismo terem exaurido as capacidades estatais, inclusive na área da saúde, em nome da "maior eficiência" do mercado,[89] fomentado a desindustrialização por meio da reestruturação "globalizada" da produção, e construído estruturas financeiras frágeis, asseguradas pelo pensamento mágico e pelas garantias estatais, tudo em nome da rentabilidade a curto prazo. A nível mais imediato, a economia global estava sob forte estresse por causa dos persistentes desalinhamentos cambiais entre as grandes economias, da guerra comercial dos EUA contra a China, da agressão capitaneada pelos EUA contra o Irã, da instabilidade catastrófica no Oriente Médio e no Norte da África, dos desastres econômicos na América Latina, e assim por diante. A COVID-19 expôs essas fissuras, e os países sofreram impactos de maneiras muito diferentes.

Em segundo lugar, a pandemia teve um efeito de estufa: ela acelerou e intensificou os desdobramentos e as tendências de crise que já estavam se desenrolando no capitalismo global. Em particular, a

89 No caso da saúde: "o investimento na saúde pública diminuiu em muitos países. Nos Estados Unidos, houve uma breve injeção de dinheiro na preparação para responder a supostas ameaças de bioterrorismo após as cartas com antraz de 2001. Mas o financiamento para o acordo de Preparação para Emergências de Saúde Pública entre agências estaduais e federais caiu de quase um bilhão de dólares em 2002 para US$ 675 milhões em 2019. A importância mínima atribuída à saúde pública se refletiu em cortes generalizados após a crise financeira de 2008. Houve um aumento nos casos de hepatite, da doença do legionário e de doenças transmitidas por sexo ou água potável nos Estados Unidos, que os especialistas em saúde pública atribuem à perda, neste período, de um quinto dos funcionários dos departamento de saúde (...). Na Europa, também, o investimento em saúde pública despencou depois de 2008. Em 2019, um *think tank* britânico calculou que os gastos com saúde pública na Inglaterra haviam caído £870 milhões apenas desde 2014, e que isso pode ter causado 130.000 mortes e um aumento nas condições crônicas, como a diabetes, que, aliás, também aumentam a probabilidade de você morrer de Covid-19" (MACKENZIE, Debora. *COVID-19*: the pandemic that never should have happened, and how to stop the next one. Londres: The Bridge Street Press, 2020, p. 41 (tradução nossa).

economia mundial estava desacelerando e pode até mesmo ter caído em uma "Grande Estagnação" após a CFG (ver capítulo II). Com a pandemia, a economia global foi esmagada pela contração mais acentuada da história do capitalismo.[90] Além disso, as economias neoliberais testemunharam um acúmulo de dívidas sem precedentes desde 2008:[91] sob o estresse da pandemia, os governos se envolveram no maior acúmulo de dívidas desde a Segunda Guerra Mundial, tornando o frenesi de 2008 relativamente insignificante. Governos autoritários já estavam tomando de assalto democracias neoliberais em franco processo de degeneração; na pandemia, esses governos conquistaram poderes sem precedentes para controlar suas populações, capturar dados pessoais, monitorar comunicações, restringir movimentos e subsidiar determinadas empresas sob o pretexto da segurança pública (em oposição a, digamos, construir um espectro de capacidades estatais para proteger a saúde pública). A "flexibilidade" do trabalho aumentou desde as transições para o neoliberalismo; com a pandemia, os mercados de trabalho organizados foram gravemente enfraquecidos e ainda mais proteções foram retiradas, especialmente para os trabalhadores que já eram precarizados. Não há indicação de que essas perdas serão revertidas espontaneamente depois que a pandemia passar.

Em terceiro lugar, a súbita desintegração da economia global mostrou que as maiores e mais ricas, globalizadas e intransigentes EAs neoliberais – os EUA e o Reino Unido – foram incapazes de

---

90 ELLIOTT, Larry. "IMF estimates global Covid cost at $28tn in lost output". *The Guardian*, 13 out. 2020. Disponível em: https://www.theguardian.com/business/2020/oct/13/imf-covid-cost-world-economic-outlook. Acessado em: 22.03.2023; ROMEI, Valentina; GILES, Chris. "UK suffers biggest drop in economic output in 300 years". *Financial Times*, 12 fev. 2021. Disponível em: https://www.ft.com/content/96e19afd-88b3-4e8d-bc3e-a72bd1f60d3c. Acessado em: 23.03.2023.

91 DOBBS, Richard *et al*. "Debt and (not much) deleveraging". *McKinsey Global Institute Report*, fev. 2015. Disponível em: https://www.mckinsey.com/featured-insights/employment-and-growth/debt-and-not-much-deleveraging. Acessado em: 22.03.2023.

produzir suficientes máscaras, EPIs e ventiladores. Essas insuficiências foram causadas não apenas por infortúnios, pela falta de capacidade produtiva, por mudanças nas tecnologias ou pelas políticas comerciais e industriais da China: elas foram resultado das políticas neoliberais implementadas ao longo de muitos anos. Os Estados neoliberais fragmentaram e desmantelaram sistematicamente uma ampla gama de sistemas de provisão – de universidades a laboratórios médicos, à capacidade de produção, a sistemas financeiros especulativos, a mercados de trabalho desarticulados e resultados distributivos adversos –, enquanto as empresas lutavam por lucros de curto prazo de qualquer forma que pudessem ser obtidos. As deficiências que se seguiram foram exacerbadas pela destruição das capacidades estatais e, durante a pandemia, pela relutância dos governos neoliberais em mobilizar a indústria, o trabalho e o capital privado em torno de um propósito social. Este desastre culminou em tumultos e brigas indecorosos à medida que o culto neoliberal ao consumo se dissolveu em prateleiras vazias nos supermercados, disputas por álcool em gel, massas e sardinhas, e lutas corporais por papel higiênico em alguns dos países mais ricos do planeta. Isso foi seguido por uma enorme turbulência quando medicamentos antivirais, EPIs e ventiladores (produzidos pelo Estado chinês) foram disputados em todo o mundo.

Em quarto lugar, a trajetória da pandemia pode ser amplamente explicada pelas estruturas e pelos processos de acumulação sob o neoliberalismo global. A doença foi detectada pela primeira vez no Centro-Sul da China, o núcleo mundial da manufatura, e ela tendeu a se espalhar ao longo de dois caminhos: as rotas comerciais estabelecidas pela produção globalizada, que geraram os primeiros pontos críticos no Leste Asiático, no Irã e no norte da Itália,[92] e a

92 Ver Davis (DAVIS, Mike. “The monster is finally at the door”. *MROnline*, 19 mar. 2020. Disponível em: https://mronline.org/2020/03/19/mike-davis-on-covid-19-the-monster-is-finally-at--the-door/. Acessado em: 22.03.2023; DAVIS, Mike. *The Monster Enters*: COVID-19, Avian Flu, and the Plagues of Capitalism. Nova York: OR Books, 2020), Egger e Zhu (EGGER, Peter; ZHU, Jiaqing.

circulação internacional de pessoas de alta renda, especialmente os turistas que se contaminaram em estações de esqui na Áustria e no norte da Itália e que espalharam a COVID-19 por vários países.[93]

"How Covid-19 travels in- and outside of value chains and then affects the stock market: evidence from China". *The World Economy*, mai. 2021. Disponível em: https://www.ncbi.nlm.nih.gov/pmc/articles/PMC8242808/. Acessado em: 22.03.2023), Lin, Wang e Zhou (LIN, Faqin; WANG, Xiaosong; ZHOU, Mohan. "How trade affects pandemics? Evidence from severe acute respiratory syndromes in 2003". *The World Economy*, 22 abr. 2021. Disponível em: https://www.ncbi.nlm.nih.gov/pmc/articles/PMC8251059/. Acessado em: 23.03.2023), MacKenzie (MACKENZIE, Debora. *COVID-19*: the pandemic that never should have happened, and how to stop the next one. Londres: The Bridge Street Press, 2020, caps. 2-4), Wang *et al.* (WANG, Ming *et al.* "Food markets with live birds as source of avian influenza". *Emerging Infectious Diseases*, vol. 12, nº 11, 2006), Moody (MOODY, Kim. "How 'Just in Time' Capitalism Spread COVID-19: Trade Routes, Transmission, And International Solidarity". *Spectre Journal*, 08 abr. 2020. Disponível em: https://spectrejournal.com/how-just-in-time-capitalism-spread-covid-19/. Acessado em: 23.03.2023), Vidal (VIDAL, John. "Human impact on wildlife to blame for spread of viruses, says study". *The Guardian*, 08 abr. 2020. Disponível em: https://www.theguardian.com/environment/2020/apr/08/human-impact-on-wildlife-to-blame-for-spread-of-viruses-says-study-aoe. Acessado em: 24.03.2023), Wade (WADE, Nicholas. "The origin of COVID: did people or nature open Pandora's box at Wuhan?" *Bulletin of the Atomic Scientists*, 05 mai. 2021. Disponível em: https://thebulletin.org/2021/05/the-origin-of-covid-did-people-or-nature-open-pandoras-box-at-wuhan/. Acessado em: 24.03.2023), Wallace (WALLACE, Rob. *Big farms make big flu*: dispatches on infectious disease, agribusiness, and the nature of science. Nova York: Monthly Review Press, 2016; WALLACE, Rob. *Dead Epidemiologists*: on the Origins of COVID-19. Nova York: Monthly Review Press, 2020), Wallace *et al.* (WALLACE, Rob *et al.* "COVID-19 and the Circuits of Capital". *Monthly Review*, 01 mai. 2020. Disponível em: https://monthlyreview.org/2020/05/01/covid-19-and-circuits-of-capital/. Acessado em: 24.03.2023) e Zahoor (ZAHOOR, Bilal. "Health: why new viruses continue to spread". *Dawn*, 05 abr. 2020. Disponível em: https://www.dawn.com/news/1546447. Acessado em: 24.03.2023).

93 Ver Oltermann (OLTERMANN, Philip. "'Everyone was drenched in the virus': was this Austrian Ski Resort a COVID-19 ground zero?" *The Guardian*, 05 set. 2020. Disponível em: https://www.theguardian.

Muitas das vulnerabilidades, rotas de transmissão e consequências descritas acima derivam diretamente do capitalismo enquanto modo de produção; outras foram criadas ou exacerbadas pelo neoliberalismo como sistema de acumulação; por sua vez, as consequências da pandemia destacaram potenciais caminhos de superação do neoliberalismo.[94]

5.2 Negacionismo e "imunidade de rebanho"

No início de 2020, especialmente nos países com governos neoliberais autoritários – o Brasil, os EUA, a Índia e o Reino Unido,

---

com/world/2020/sep/05/everyone-was-drenched-in-the-virus-was-this-austrian-ski-resort-a-covid-19-ground-zero. Acessado em: 23.03.2023), Rudan (RUDAN, Igor. "A cascade of causes that led to the COVID-19 tragedy in Italy and in other European Union countries". *Journal of Global Health*, vol. 10, nº 1, 2020. Disponível em: https://www.ncbi.nlm.nih.gov/pmc/articles/PMC7125421/. Acessado em: 23.03.2023), Slattery *et al.* (SLATTERY, Gram; EISENHAMMER, Stephen; PEROBELLI, Amanda. "Imported by the rich, coronavirus now devastating Brazil's poor". *Reuters*, 01 mai. 2020. Disponível em: https://www.reuters.com/article/us-health-coronavirus-brazil-poor/imported-by-the-rich-coronavirus-now-devastating-brazils-poor-idUSKBN22D549. Acessado em: 24.03.2023) e Walker e Smith (WALKER, Shaun; SMITH, Helena. "Why has eastern Europe suffered less from the coronavirus that the west?" *The Guardian*, 05 mai. 2020. Disponível em: https://www.theguardian.com/world/2020/may/05/why-has-eastern-europe-suffered-less-from-coronavirus-than-the-west. Acessado em: 24.03.2023).

94 Para obter uma cronologia detalhada, de país por país, do impacto inicial da pandemia, consulte The Independent Panel (THE INDEPENDENT PANEL. *COVID-19*: Make it the last pandemic. Artigo comissionado pelo The Independent Panel for Pandemic Preparedness and Response, 2021. Disponível em: https://theindependentpanel.org/wp-content/uploads/2021/05/COVID-19-Make-it-the-Last-Pandemic_final.pdf. Acessado em: 24.03.2023; THE INDEPENDENT PANEL. "COVID-19: the authoritative chronology, december 2019-March 2020". *Background Paper 2a*, Artigo comissionado pelo The Independent Panel for Pandemic Preparedness and Response, 2021. Disponível em: https://theindependentpanel.org/wp-content/uploads/2021/05/COVID-19-The-Authoritative-Chronology_final.pdf. Acessado em: 24.03.2023).

assim como na Suécia, uma sociedade rica, militarizada e altamente individualista –, um tempo considerável foi gasto com tentativas de impor uma estratégia de enfrentamento à pandemia baseada na chamada "imunidade de rebanho". Essa é a ideia de que, uma vez que a taxa de letalidade da COVID-19 seria presumivelmente baixa e concentrada entre os idosos e não-trabalhadores, a melhor estratégia de enfrentamento seria deixar o coronavírus se espalhar sem maiores impedimentos, tal como a gripe faz todos os anos. Esperava-se que essa estratégia simples gerasse imunidade nos membros mais jovens, saudáveis e produtivos da sociedade com o menor custo possível, e com o mínimo de perturbação econômica.[95]

A noção de imunidade de rebanho foi transplantada do manejo de animais para debates sobre o coronavírus, na expectativa de que ela fornecesse uma alternativa aos *lockdowns*. Embora fosse reconhecido que os *lockdowns* minimizariam a perda de vidas (dependendo do momento e da gravidade), eles prejudicariam os lucros; além do mais, talvez de forma alarmante para os neoliberais mais obstinados, eles demonstrariam que os Estados podem desempenhar um papel construtivo na vida social.[96] Em questão de dias,

---

95 Foi relatado à época que Dominic Cummings, o conselheiro-chefe do primeiro-ministro britânico (aparentemente um título criado por ele mesmo) argumentou em favor da "imunidade de rebanho, [devemos] proteger a economia e, se isso significa que alguns aposentados vão morrer, seria uma pena" (SHERIDAN, Danielle. "No 10 forced to deny claims Dominic Cummings said 'if some pensioners die, too bad'". *Telegraph*, 22 mar. 2020. Disponível em: https://www.telegraph.co.uk/politics/2020/03/22/no-10-forced-deny-claims-dominic-cummings-said-pensioners-die/. Acessado em: 24.03.2023 (tradução nossa). Esta declaração foi negada mais tarde; ver capítulo VIII. Para o caso similarmente escandaloso dos EUA, ver capítulo IX.

96 CONN, David; LEWIS, Paul. "Documents contradict UK government stance on Covid-19 'herd immunity'". *The Guardian*, 12 abr. 2020. Disponível em: https://www.theguardian.com/world/2020/apr/12/documents-contradict-uk-government-stance-on-covid-19-herd-immunity. Acessado em: 22.03.2023; FREY, Isabel. "'Herd Immunity' is Epidemiological Neoliberalism". *The Quarentimes*, 19 mar. 2020.

um Ocidente em pânico foi dominado por debates sobre o suposto *trade-off* entre a "saúde" e a "economia", liderados pelo quadrante verborrágico composto pelo Presidente dos EUA, Donald Trump, o primeiro-ministro do Reino Unido, Boris Johnson, o primeiro-ministro da Índia, Narendra Modi, e o Presidente do Brasil, Jair Bolsonaro – cada um amparado por seus apoiadores na mídia, no mercado, na classe média, em grupos libertários, e em milícias e líderes religiosos, cujas receitas dependem diretamente da presença de fiéis em cultos de massa (ver capítulos VIII-XI). Os defensores da imunidade de rebanho tentaram justificar o abandono do dever fundamental do Estado – a proteção da vida –, apelando para os custos proibitivos de se fazer qualquer coisa, para seu compromisso (altamente seletivo) com a liberdade individual e para o argumento de que, já que sociedades democráticas "obviamente" não poderiam impor *lockdowns* rigorosos, elas não poderiam fazer nada e, um dia, a pandemia desapareceria "como um milagre".[97]

A pressão pela imunidade de rebanho foi evidentemente impulsionada pela avareza, pelo pensamento mágico, por erros de cálculo de políticos interesseiros, pelo apego irracional à ideologia neoliberal, e por um desrespeito chocante com vidas dos mais velhos e daqueles com saúde debilitada ou com necessidades especiais, que,

---

Disponível em: https://economicsociology.org/2020/04/24/herd-immunity-is-epidemiological-neoliberalism/. Acessado em: 23.03.2023.

97 Irish Times (THE IRISH TIMES. "'One day, it's like a miracle, it will disappear': Trump on Covid-19". *The Irish Times*, 02 out. 2020. Disponível em: https://www.irishtimes.com/news/world/us/one-day-it-s-like-a-miracle-it-will-disappear-trump-on-covid-19-1.4370294. Acessado em: 23.03.2023). Para um argumento a favor da "imunidade de rebanho" baseado na economia neoclássica, ver Gourinchas (GOURINCHAS, Pierre-Olivier. "Flattening the Pandemic and Recession Curves". *Clausen Center*, 13 mar. 2020. Disponível em: https://clausen.berkeley.edu/flattening-the-pandemic-and-recession-curves/. Acessado em: 23.03.2023).

do ponto de vista dos neoliberais no comando, eram um peso morto no fisco.[98] Além disso, a polêmica serviu como uma cortina de fumaça para encobrir atrasos administrativos e falhas de política no período anterior. Com isso, surgiu à tona uma massa de defensores da imunidade de rebanho, que consideraram as probabilidades e decidiram aceitar aquela política brutal. Seus pontos de vista podem ser explicados, em parte, pela ganância nua e crua e pela visão de extremo curto prazo,[99] mas, também, pela degradação do Estado de Bem-Estar e pelas crescentes desigualdades sociais e econômicas sob o neoliberalismo. Elas impossibilitaram muitos trabalhadores e pequenos empresários de deixarem de ganhar uma renda mesmo por curtos períodos, independentemente dos riscos para suas próprias vidas e a vida de seus entes queridos. Muitos concluíram que um *lockdown* seria economicamente desastroso e, por isso, aceitaram o risco da COVID-19 e exigiram seu "direito" de trabalhar, em uma aliança tática com empresários que queriam que seus empregados arriscassem as próprias vidas pelo privilégio de enriquecer os acionistas.

Em outras palavras, os argumentos a favor da imunidade de rebanho não refletiam apenas os interesses de curto prazo do capital, que compreensivelmente desejava que os trabalhadores continuassem produzindo lucros independentemente do custo em termos de vidas

---

98 COLE, Brendan. "Brazil Government Aide Says COVID-19's Toll on Elderly Will Reduce Pension Deficit As Country's Outbreak Escalates". *Newsweek*, 27 mai. 2020. Disponível em: https://www.newsweek.com/brazil-government-aide-says-covid-19s-toll-elderly-will-reduce-pension-deficit-countrys-1506830. Acessado em: 22.03.2023; TILLEY, Lisa. "Saying the quiet part out loud: Eugenics and the 'aging population' in conservative pandemic governance". *Discover Society*, 06 abr. 2020. Disponível em: https://archive.discoversociety.org/2020/04/06/saying-the-quiet-part-out-loud-eugenics-and-the-aging-population-in-conservative-pandemic-governance/. Acessado em: 24.03.2023.

99 BROOKS, Chris. "Follow the money: employers are behind the rush to reopen". *Labor Notes*, 21 mai. 2020. Disponível em: https://www.labornotes.org/2020/05/follow-money-employers-are-behind-rush-reopen. Acessado em: 20.03.2023.

perdidas. A imunidade de rebanho também refletiu os imperativos econômicos que pesam sobre os trabalhadores, especialmente os mais pobres, marginalizados e precariamente empregados, e todos aqueles que vivem "a apenas um salário de distância da pobreza",[100] mesmo nas economias ricas. O reconhecimento desses imperativos materiais sugere que a necessidade de escolher entre "*lockdowns*" e "imunidade de rebanho" não foi imposta pela própria pandemia; ao contrário, esse dilema resultou de decisões anteriores de políticas econômica e social. Especificamente, uma vez que os Estados desmontaram as redes de seguridade social e escolheram outras prioridades em detrimento da proteção do público, eles criaram um dilema real entre saúde e economia, com massas desesperadas de pessoas fazendo fila para apoiar ambas as posições e nenhuma delas estando completamente "certas" ou "erradas".

Os debates em torno da imunidade de rebanho desperdiçaram um tempo que poderia ter sido gasto para suprimir o coronavírus. Eventualmente, a evidência de sucesso na China, Cingapura, Nova Zelândia, Vietnã e em outros países, e as pressões de massa, especialmente vindas da classe média e dos profissionais urbanos com empregos regulares no setor de serviços (que estavam, paradoxalmente, entre os grupos menos vulneráveis às implicações econômicas e de saúde da pandemia),[101] forçou até os governos mais relutantes a impor restrições de movimento, distanciamento social, uso de máscaras e, em muitos casos, *lockdowns*. No entanto, os governos "relutantes" geralmente o fizeram o mais tarde possível e apenas a contragosto e parcialmente, ao mesmo tempo em que também minaram suas

100 WILPERT, Gregory. "Over 40% of US households are one paycheck away from poverty". *The Real News*, 02 fev. 2019. Disponível em: https://therealnews.com/over-40-of-us-households-are-one-paycheck--away-from-poverty. Acessado em: 24.03.2023.

101 AL-GHARBI, Musa. "Disposable People: Coronavirus and the lifestyles of the professional-managerial class". *The Baffjer*, 01 abr. 2020. Disponível em: https://thebaffler.com/latest/disposable-people-algharbi. Acessado em: 20.03.2023.

próprias políticas com mensagens contraditórias, regras complicadas repletas de exceções, muitas delas sem sentido, acompanhadas por implementações incompetentes e reversões prematuras à "normalidade".[102] Isso garantiria que o coronavírus se espalhasse em ondas sucessivas, trazendo um número crescente de mortes, que seriam reduzidas apenas pela vacinação em massa.

Em alguns casos, as funções de proteção da saúde pública foram transferidas para os níveis inferiores da Administração Pública, que, não obstante, receberam recursos insuficientes, o que garantiu que pouco poderia ser feito. Nos países "mais relutantes", os testes para COVID-19 e o rastreamento de seu contágio também tendiam a ser aleatórios, e as equipes dos serviços de saúde muitas vezes tiveram que suportar cargas de trabalho impraticáveis sem EPI adequado: encontros diários com a morte galantemente aceitos em nome do profissionalismo.[103] Imagens dramáticas circularam mostrando enfermeiras e médicos em países ricos usando máscaras improvisadas e aventais feitos de sacos de lixo para tratar de pacientes desesperadamente doentes, com ambos os lados desprovidos por causa da irresponsabilidade dos políticos e das limitações inerentes

---

102 Para um exemplo precoce e especialmente cruel do custo de proteger os lucros em detrimento da vida das pessoas, ver Sidera (SIDERA, Alba. "Bérgamo, la masacre que la patronal no quiso evitar". *Contexto y Acción*, 10 abr. 2020. Disponível em: https://ctxt.es/es/20200401/Politica/31884/Alba-Sidera-Italia-coronavirus-lombardia-patronal-economia-muertes.htm. Acessado em: 24.03.2023).

103 ASSA, Jacob; CALDERON, Cecilia. "Privatization and pandemic: a cross-country analysis of COVID-19 rates and health-care financing structures". *New School for Social Research*, 2020. Disponível em: https://ideas.repec.org/p/new/wpaper/2008.html. Acessado em: 19.04.2023; BARRERA-ALGARÍN, Evaristo *et al*. "COVID-19, neoliberalismo y sistemas sanitarios en 30 países de Europa: repercusiones en el número de falecidos". *Revista Española de Salud Pública*, vol. 94, 2020. Disponível em: https://recyt.fecyt.es/index.php/RESP/article/view/85707. Acessado em: 20.03.2023.

aos Estados neoliberais.[104] Esta abordagem de enfrentamento à pandemia levou a milhares de mortes tão desnecessárias quanto inúteis, demonstrando que aqueles governos neoliberais nunca abandonaram sua preferência pela "imunidade de rebanho"; eles simplesmente passaram a implementar essa política à socapa.[105]

É inquestionável que o distanciamento social, as máscaras e os *lockdowns* salvaram milhões de vidas em todo o mundo. Dada a falta de imunidade da população, a gravidade da doença, a elevada taxa de propagação do vírus, a capacidade limitada dos sistemas de

---

104 GLASSER, S. B. "How Did the U.S. End Up with Nurses Wearing Garbage Bags?" *The New Yorker*, 09 abr. 2020. Disponível em: https://www.newyorker.com/news/letter-from-trumps-washington/the-coronavirus-and-how-the-united-states-ended-up-with-nurses-wearing-garbage-bags. Acessado em: 23.03.2023.

105 Ver Cockburn (COCKBURN, Patrick. "Britain will seek coronavirus 'herd immunity' covertly or by default – thanks to the failure of lockdown". *The Independent*, 25 set. 2020. Disponível em: https://www.independent.co.uk/voices/boris-johnson-coronavirus-testing-nhs-covid-app-herd-immunity-b599887.html. Acessado em: 22.03.2023) e Frey (FREY, Isabel. "'Herd Immunity' is Epidemiological Neoliberalism". *The Quarentimes*, 19 mar. 2020. Disponível em: https://economicsociology.org/2020/04/24/herd-immunity-is-epidemiological-neoliberalism/. Acessado em: 23.03.2023). Para o caso emblemático da Suécia, ver BBC News (BBC. "Coronavirus: Sweden's Tegnell admits too many died". *BBC News*, 03 jun. 2020. Disponível em: https://www.bbc.co.uk/news/world-europe-52903717. Acessado em: 22.03.2023), Bowman e Serodio (BOWMAN, Sam; SERODIO, Pedro. "Live free and die: Sweden's coronavirus experience". *The Critic*, 26 mai. 2020. Disponível em: https://thecritic.co.uk/live-free-and-die-swedens-coronavirus-experience/. Acessado em: 20.03.2023), Claeson e Hanson (CLAESON, Mariam; HANSON, Stefan. "The Swedish COVID-19 strategy revisited". *The Lancet*, vol. 397, nº 10285, mai. 2021. Disponível em: https://www.thelancet.com/journals/lancet/article/PIIS0140-6736(21)00885-0/fulltext. Acessado em: 22.03.2023) e I-SAGE (THE INDEPENDENT SCIENTIFIC ADVISORY GROUP FOR EMERGENCIES – SAGE. *A closer look at Sweden's response to COVID-19*: Independent SAGE Report 15. set. 2020. Disponível em: https://www.independentsage.org/wp-content/uploads/2020/09/Sweden_case-study-v2.pdf. Acessado em: 24.03.2023).

saúde mundiais e a ausência de tratamentos ou vacinas eficazes até 2021, sempre foi óbvio que o uso de máscaras e diferentes formas de distanciamento social, incluindo *lockdowns*, eram as melhores políticas de saúde pública disponíveis. Uma vez que sua eficácia não poderia ser negada através de argumentos lógicos, a defesa da imunidade de rebanho tendia a ser sequestrada por políticos arruaceiros, empresários egoístas, negacionistas, teóricos da conspiração,[106] ultra-individualistas, terraplanistas, milícias nazistas e religiosos fanáticos. Às vezes, eles apelavam à vontade divina, outras vezes à "tradição" ou às "nossas preciosas liberdades" e, embora negassem a gravidade da pandemia, muitos também defendiam curas charlatanescas, independentemente da contradição. Os governos neoliberais empurraram seus médicos favoritos para esses debates, nos quais eles eram encarregados de elogiar o pacto de seus mestres com a "liberdade", saudar a resiliência do sistema de saúde do país, lembrar o público da inevitabilidade da morte, e jurar solenemente que as sociedades amantes da liberdade não poderiam considerar a implantação de *lockdowns*. Esses cientistas abriram mão de sua integridade para implorar pela proteção dos lucros às custas da vida alheia.[107]

Em meados de março de 2020, o vírus já havia se espalhado tanto que uma calamidade global era inevitável, embora as máscaras e os *lockdowns* ainda pudessem limitar o contágio e evitar

---

106 Esta categoria pode incluir ultra-esquerdistas confusos, hippies atordoados e os paranoicos; ver Bialasiewicz e Eckes (BIALASIEWICZ, Luiza; ECKES, Christina. "'Individual sovereignty' in pandemic times – a contradiction in terms?" *Political Geography*, vol. 85, mar. 2021. Disponível em: https://doi.org/10.1016/j.polgeo.2020.102277. Acessado em: 20.03.2023).

107 GREY, Stephen; MACASKILL, Andrew. "Johnson listened to his scientists about coronavirus – but they were slow to sound the alarm". *Reuters*, 07 abr. 2020. Disponível em: https://www.reuters.com/article/us-health-coronavirus-britain-path-speci-idUSKBN21P1VF. Acessado em: 23.03.2023.

o colapso dos sistemas de saúde.[108] Isso teve implicações negativas para os países que adotaram uma estratégia de supressão, uma vez que o risco incontornável de infiltração da contaminação do exterior forçou os países "bem-sucedidos" a manter suas fronteiras fechadas por um período absurdamente longo. Por outro lado, conforme a Alemanha, o Brasil, a França, os EUA, Israel, a Itália, o Reino Unido e outros países descobriram, uma vez que o vírus se enraiza, qualquer flexibilização das medidas restritivas contra a COVID-19 para reiniciar a atividade econômica acarreta um número crescente de casos e aumento de vítimas, criando a necessidade de outra rodada de medidas de isolamento.

Vários governos se viram paralisados por esse dilema e não foram capazes de implementar nem políticas econômicas bem-sucedidas, nem políticas de saúde pública eficazes.[109] Se, em vez disso, as políticas de supressão de vírus aplicadas por vários países asiáticos tivessem sido amplamente empregadas, a pandemia poderia ter sido evitada, milhões de vidas teriam sido salvas e a economia mundial teria sido poupada de custos incalculáveis. Em outras palavras: a suposição de um *trade-off* entre os "custos econômicos" e o "número de mortes" atrasou a tomada de decisão e levou a piores resultados nos dois aspectos. A alternativa de agir precoce e decisivamente contra o vírus poderia ter enfrentado os dois desafios ao mesmo tempo,

---

108 WEARMOUTH, Rachel. "Lockdown a week earlier would have halved UK coronavirus death toll, says Neil Ferguson". *Huffington Post*, 10 jun. 2020. Disponível em: https://www.huffingtonpost.co.uk/entry/lockdown-week-earlier-coronavirus-death-neil-ferguson_uk_5ee0f82ec5b66552b9a6e912. Acessado em: 24.03.2023.

109 SAAD FILHO, Alfredo. "Coronavirus, crisis, and the end of Neoliberalism". *Socialist Project – The Bullet*, 17 abr. 2020. Disponível em: https://socialistproject.ca/2020/04/coronavirus-crisis-and-the-end-of-neoliberalism/#more. Acessado em: 23.03.2023; SAAD FILHO, Alfredo. "From COVID-19 to the end of Neoliberalism". *Critical Sociology*, vol. 46, nº 4-5, 2020; SAAD FILHO, Alfredo. "Endgame: from crisis in Neoliberalism to crises of Neoliberalism". *Human Geography*, vol. 14, nº 1, 2021.

com melhores resultados e menores custos para todos os países.[110] A abordagem da pandemia em vários países neoliberais autoritários os levou ao pior dos dois mundos: inúmeras mortes desnecessárias, assim como perdas econômicas colossais, já que a economia simplesmente não poderia funcionar "normalmente" durante a pandemia.[111] Foi amplamente provado que políticas agressivas de eliminação do vírus funcionam melhor, enquanto a "imunidade de rebanho" era pior do que inviável: ela era uma política criminosa.[112]

5.3 As desigualdades e a pandemia

As consequências sociais da pandemia foram determinadas conjuntamente pela vulnerabilidade humana ao vírus, pelas políticas públicas e pelos padrões prevalecentes de diferença e desigualdade. Rapidamente se descobriu que a COVID-19 tendia a atingir diferentes grupos sociais de maneiras distintas, o que invariavelmente penalizava desproporcionalmente os mais vulneráveis. Mesmo dentro de cada país, região ou cidade, os resultados tendiam a variar dependendo não apenas da idade da população (que se tornou o marcador mais conhecido de vulnerabilidade ao COVID-19), mas também de acordo com a renda, a riqueza, o emprego, a ancestralidade, a etnia,

---

110 WREN-LEWIS, Simon. "Who still thinks austerity was a good idea?" *Mainly Macro*, 07 abr. 2020. Disponível em: https://mainlymacro.blogspot.com/2020/04/who-still-thinks-austerity-was-good-idea.html?m=1. Acessado em: 24.03.2023.

111 SINCLAIR, Ian; READ, Rupert. "'A National Scandal': a Timeline of the UK Government's Woeful Response to the Coronavirus Crisis". *Byline Times*, 11 abr. 2020. Disponível em: https://bylinetimes.com/2020/04/11/a-national-scandal-a-timeline-of-the-uk-governments-woeful-response-to-the-coronavirus-crisis/. Acessado em: 24.03.2023.

112 OLIU-BARTON, Miquel *et al*. "SARS-CoV-2 elimination, not mitigation, creates best outcomes for health, the economy, and civil liberties". *The Lancet*, vol. 397, nº 10291, jun. 2021. Disponível em: https://www.thelancet.com/journals/lancet/article/PIIS0140-6736(21)00978-8/fulltext. Acessado em: 23.03.2023.

o gênero, o *status* de refugiado, as comorbidades, as necessidades especiais e outras vulnerabilidades, como a exposição à poluição e outros fatores desencadeadores de problemas de saúde e que afetam a capacidade das pessoas de se protegerem de riscos. Essas fraturas e diferenças sociais ofereceram lacunas através das quais o coronavírus invadiu a sociedade.

Assim que a pandemia irrompeu, muitos super-ricos folcloricamente se mudaram para seus iates e navegaram para uma experiência sublime de isolamento (com a tripulação à bordo).[113] Os meramente ricos tenderam a fugir para as suas segundas residências na praia, no campo ou nas montanhas. As classes médias se viram trabalhando em casa na companhia de crianças superexcitadas, enquanto os pobres, já com pior saúde, em média, do que os privilegiados, ou perdiam totalmente seus salários ou tinham que arriscar suas vidas diariamente para realizar "trabalhos essenciais", que apesar de serem louvados, são invariavelmente mal pagos – como enfermeiras, cuidadores, carregadores, motoristas de ônibus, lojistas, pedreiros, trabalhadores de supermercado, funcionários de saneamento, trabalhadores de entrega e assim por diante –, enquanto suas famílias ficavam quarentenadas em moradias superlotadas. Uma vez que foram, efetivamente, tratados como dispensáveis, não é surpreendente que os pobres, as pessoas com deficiência, as minorias étnicas e outros grupos desfavorecidos estivessem dramaticamente super-representados nas estatísticas de mortalidade.[114]

---

113 FREEMAN, Hadley. "Billionaires, please back off – we can't all self-isolate on a giant yacht". *The Guardian*, 30 mar. 2020. Disponível em: https://www.theguardian.com/fashion/2020/mar/30/self-isolate-giant-yacht-david-geffen-social-media. Acessado em: 23.03.2023.

114 Para uma visão geral da vasta literatura, ver Hattenstone (HATTENSTONE, Simon. "'The virus piggybacked on racism': why did Covid-19 hit BAME families so hard?" *The Guardian*, 08 ago. 2020. Disponível em: https://www.theguardian.com/world/2020/aug/08/the-virus-piggybacked-on-racism-why-did-covid-19-hit-bame-families-so-hard. Acessado em: 23.03.2023); Kendi (KENDI, Ibram X. "What the Racial Data Show". *The Atlantic*, 06 abr. 2020. Disponível em: https://www.theatlantic.com/ideas/archive/2020/04/

O impacto de classe e raça da pandemia coincidiu com suas

---

coronavirus-exposing-our-racial-divides/609526/. Acessado em: 23.03.2023); Mackey *et al.* (MACKEY, C. *et al.* "Racial and ethnic disparities in COVID-19-related infections, hospitalizations, and deaths: a systematic review". *Annals of Internal Medicine*, vol. 174, nº 3, 2021); Maltur *et al.* (MALTUR, Rohini *et al.* "Ethnic differences in SARS-CoV-2 infection and COVID-19-related hospitalisation, intensive care unit admission, and death in 17 million adults in England: an observational cohort study using the OpenSAFELY platform". *The Lancet*, vol. 397, nº 10286, 2021); Marmot *et al.* (MARMOT, Michael *et al. Build Back Fairer*: the COVID-19 Marmot Review. Londres: Institute of Health Equity, 2020. Disponível em: https://www.health.org.uk/publications/build-back-fairer-the-covid-19-marmot-review. Acessado em: 23.03.2023); Morales e Ali (MORALES, Daniel R.; ALI, Sarah N. "COVID-19 and disparities affecting ethnic minorities". *The Lancet*, vol. 397, nº 10286, 2021); ONS (OFFICE FOR NATIONAL STATISTICS – ONS. "Coronavirus (COVID-19) related deaths by occupation, England and Wales: deaths registered between 9 March and 28 December 2020". *Estatísticas oficiais*, 25 jan. 2021. Disponível em: https://www.gov.uk/government/statistics/coronavirus-covid-19-related-deaths-by-occupation-england-and-wales-deaths-registered-between-9-march-and-28-december-2020. Acessado em: 23.03.2023); PHE (PUBLIC HEALTH ENGLAND – PHE. "COVID-19: review of disparities in the risk and outcomes of COVID-19". *Pesquisa e análise*, ago. 2020. Disponível em: https://www.gov.uk/government/publications/covid-19-review-of-disparities-in-risks-and-outcomes. Acessado em: 23.03.2023); Qureshi *et al.* (QURESHI, Kasstan *et al.* "Submission of evidence on the disproportionate impact of COVID-19, and the UK government response, on ethnic minorities in the UK". *Working Paper*, Global Health Policy Unit, abr. 2020. Disponível em: https://ghpu.sps.ed.ac.uk/ethnic-minorities-covid-19-uk/. Acessado em: 23.03.2023); Romei (ROMEI, Valentina. "How the pandemic is worsening inequality". *Financial Times*, 30 dez. 2020. Disponível em: https://www.ft.com/content/cd075d91-fafa-47c8-a295-85bbd7a36b50. Acessado em: 23.03.2023); Rosa (ROSA, Sophie K. "Two-Thirds of Coronavirus Deaths Are of People With Disabilities". *Novara Media*, 24 jul. 2020. Disponível em: https://novaramedia.com/2020/07/24/two-thirds-of-coronavirus-deaths-are-people-with-a-disability/. Acessado em: 23.03.2023); Scheiber *et al.* (SCHEIBER, Noam; SCHWARTZ, Nelson D.; HSU, Tiffany. "'White collar quarantine' over virus spotlights class divide". *The New York Times*, 27 mar. 2020. Disponível em: https://www.nytimes.com/2020/03/27/business/economy/coronavirus-inequality.html. Acessado em: 24.03.2023); Stevano, Ali e Jamieson

implicações de gênero, já que as mulheres tendem a aglomerar-se nos degraus mais baixos e precários do mercado de trabalho, a agrupar-se nas profissões relacionadas aos cuidados pessoais, a assumir a responsabilidade primária por suas famílias e pelo bem-estar de seus pais idosos e filhos, e sofrem mais fortemente com a solidão e os fardos do trabalho doméstico.[115] Elas também se tornaram mais

---

(STEVANO, Sara; ALI, Rosimina; JAMIESON, Merle. "Essential for what? a global social reproduction view on the re-organisation of work during the COVID-19 pandemic". *Canadian Journal of Development Studies*, vol. 42, nº 1-2, 2020. Disponível em: https://www.tandfonline.com/doi/full/10.1080/02255189.2020.1834362. Acessado em: 24.03.2023); TUC (TRADES UNION CONGRESS – TUC. *COVID-19 and insecure work*. Relatório - 16 abr. 2021. Disponível em: https://www.tuc.org.uk/sites/default/files/2021-04/Covid-19%20and%20Insecure%20Work%20TUC%20template%20report%20130421.pdf. Acessado em: 24.03.2023) e Younge (YOUNGE, Gary. "We can't breathe". *The New Statesman*, 03 jun. 2020. Disponível em: https://www.newstatesman.com/politics/uk/2020/06/we-cant-breathe. Acessado em: 24.03.2023).

115 Ver, por exemplo, Dang e Nguyen (DANG, Hai-Anh; NGUYEN, Cuong Vit. "Gender Inequality during the COVID-19 Pandemic: Income, Expenditure, Savings and Lob Loss". *World Development*, vol. 140, out. 2020. Disponível em: https://www.iza.org/publications/dp/13824/gender-inequality-during-the-covid-19-pandemic-income-expenditure-savings-and-job-loss#:~:text=Our%20findings%20suggest%20that%20women,current%20consumption%20and%20increase%20savings. Acessado em: 22.03.2023); Pereznieto e Oehler (PEREZNIETO, Paola; OEHLER, Ilse. "Social costs of the COVID-19 pandemic". *Background paper 9*, comissionado por The Independent Panel for Pandemic Preparedness and Response, mai. 2021. Disponível em: https://theindependentpanel.org/wp-content/uploads/2021/05/Background-paper-9-Social-impact.pdf. Acessado em: 23.03.2023); Summers (SUMMERS, Hannah. "UK government 'failed to consider gender' in its response to Covid pandemic". *The Guardian*, 08 mai. 2021. Disponível em: https://www.theguardian.com/world/2021/may/08/uk-government-failed-to-consider-gender-in-its-response-to-covid-pandemic. Acessado em: 24.03.2023); Tejani e Fukuda-Parr (TEJANI, Sheba; FUKUDA-PARR, Sakiko. "Gender and Covid-19: Workers in global value chains". *Working Papers 2104*, New School for Social Research, Departamento de Economia, 2021. Disponível em: https://ideas.repec.org/p/new/wpaper/2104.html. Acessado em: 24.03.2023), e

vulneráveis à violência, ao abuso e à negligência em casa, já que muitas vezes ficaram presas com os perpetradores durante os confinamentos.[116] Para piorar a situação, alguns governos, especialmente na Europa Oriental, usaram a legislação de emergência no contexto do enfrentamento da pandemia da COVID-19 para impor novas restrições aos serviços de contracepção e aborto.[117] Dessas e de outras maneiras, a pandemia piorou as desigualdades que já existiam sob o neoliberalismo, com implicações negativas para a democracia.[118]

Valentino-DeVries, Lu e Dance (VALENTINO-DEVRIES, Jennifer; LU, Denise; DANCE, Gabriel. "Location data says it all: staying at home during coronavirus is a luxury". *The New York Times*, 03 abr. 2020. Disponível em: https://www.nytimes.com/interactive/2020/04/03/us/coronavirus-stay-home-rich-poor.html. Acessado em: 24.03.2023).

116 AGÜERO, Jorge M. "COVID-19 and the rise of intimate partner violence". *World Development*, vol. 137, jan. 2021. Disponível em: https://doi.org/10.1016/j.worlddev.2020.105217. Acessado em: 20.03.2023.

117 Ver Bijl (BIJL, Marja. "The Covid-19 crisis is exacerbating gender inequalities – but who cares?" *Social Europe*, 5 mai. 2020. Disponível em: https://www.socialeurope.eu/the-covid-19-crisis-is-exacerbating-gender-inequalities-but-who-cares. Acessado em: 20.03.2023). Para maior abuso da pandemia a fim de perpetuar governos autoritários no poder, ver Bueno de Mesquita, Kapilashrami e Meier (MESQUITA, Judith Bueno de; KAPILASHRAMI, Anuj; MEIER, Benjamin Mason. "Human rights dimensions of the COVID-19 pandemic". *Background paper 11*, comissionado por The Independent Panel for Pandemic Preparedness and Response, mai. 2021. Disponível em: https://theindependentpanel.org/wp-content/uploads/2021/05/Background-paper-11-Human-rights.pdf. Acessado em: 22.03.2023), Gisselquist e Solanki (GISSELQUIST, Rachel M.; SOLANKI, Durgesh. "Coronavirus: five ways some states have used the pandemic to curtail human rights and democracy". *The Conversation*, 08 dez. 2020. Disponível em: https://theconversation.com/coronavirus-five-ways-some-states-have-used-the-pandemic-to-curtail-human-rights-and-democracy-151618. Acessado em: 23.03.2023) e Johnson (JOHNSON, Sarah. "Cambodia accused of using Covid to edge towards 'totalitarian dictatorship'". *The Guardian*, 19 abr. 2021. Disponível em: https://www.theguardian.com/global-development/2021/apr/19/cambodia-accused-of-using-covid-to-edge-towards-totalitarian-dictatorship. Acessado em: 23.03.2023).

118 JOLLEY, Rachael. "The regimes using coronavirus as an excuse to attack press freedom". *The New Statesman*, 25 mar. 2020. Disponível

CAPÍTULO VI

REALIDADES PÓS-PANDÊMICAS

Este capítulo analisa o impacto da pandemia da COVID-19 na economia, na política e nas ideologias dominantes. A contração econômica causada pela pandemia foi a mais severa desde os primórdios do capitalismo. A velocidade do colapso foi impressionante e levou a maioria dos governos a traçar planos de emergência que, pelo menos inicialmente, se baseavam na experiência do enfrentamento à CFG. No entanto, rapidamente ficou claro que a crise dessa vez era muito maior e tinha implicações mais amplas do que qualquer crise anterior. As medidas de política econômica se adaptaram às mudanças impostas pela crise de 2008 e, de maneiras distintas, todos os países conseguiram conter o desastre. A pandemia teve implicações mais sutis, mas igualmente corrosivas, sobre os sistemas políticos e ideologia neoliberal, por exemplo, fortalecendo alguns líderes e enfraquecendo outros. Ademais, e de maneira igualmente interessante, a análise das implicações ideológicas da pandemia revelou fissuras importantes no pensamento neoliberal.

---

em: https://www.newstatesman.com/world/africa/2020/03/regimes-using-coronavirus-excuse-attack-press-freedom. Acessado em: 23.03.2023.

6.1 As políticas econômicas após o choque

As dinâmicas degenerativas na economia e na política, que foram analisadas nos capítulos anteriores, foram engolfadas pela pandemia. Como foi indicado acima, a chegada da COVID-19 desencadeou uma grande contração econômica.[119] Parafraseando o *Manifesto Comunista*, tudo o que era sólido de repente se desmanchou no ar: a produção despencou porque os trabalhadores adoeceram ou ficaram com medo de adoecer, ou quando cidades, regiões ou países entraram em *lockdown*; a "globalização" foi revertida desordenadamente à medida que importantes cadeias de abastecimento transnacionais se romperam e as fronteiras rígidas voltaram, pelo menos para as pessoas, cujos deslocamentos se tornaram praticamente impossíveis. O comércio também foi afetado, pois algumas nações impuseram controles de exportação de equipamentos de saúde, EPIs e vacinas; já o setor financeiro não foi diretamente restringido (não obstante, tanto o comércio quanto as finanças sofreram as repercussões decorrentes da impossibilidade dos trabalhadores de realizarem suas atividades, ou da desorganização das cadeias produtivas). O impacto dessas incontáveis interrupções minou sistemas de provisão fundamentais, como aqueles centrados nas indústrias automotiva, aeroespacial e eletrônica.

Enquanto as maiores economias do mundo implodiram, uma longa fila de empresas correu para seus respectivos governos para implorar por resgate, começando com os bancos – sempre mais rápidos

---

119 ROUBINI, Nouriel. "Coronavirus pandemic has delivered the fastest, deepest economic shock in history". *The Guardian*, 25 mar. 2020. Disponível em: https://www.theguardian.com/business/2020/mar/25/coronavirus-pandemic-has-delivered-the-fastest-deepest-economic-shock-in-history. Acessado em: 23.03.2023; SAAD FILHO, Alfredo. "From COVID-19 to the end of Neoliberalism". *Critical Sociology*, vol. 46, nº 4-5, 2020; WOLF, Martin. "The world economy is now collapsing". *Financial Times*, 14 abr. 2020. Disponível em: https://www.ft.com/content/d5f05b5c-7db8-11ea-8fdb-7ec06edeef84. Acessado em: 24.03.2023.

em tudo o que (lhes) importa – seguidos pela indústria ferroviária, companhias aéreas, aeroportos, o setor de turismo, instituições de caridade, os setores de entretenimento e de produção de alimentos, o setor educacional, o varejo, a construção civil, e assim por diante, com a composição setorial e a velocidade do colapso dependendo do país e das circunstâncias. Eles tiveram sucesso de forma desigual; por exemplo, o grande capital e as finanças foram imediatamente resguardados, enquanto muitos pequenos capitais eram esmagados por seus custos de funcionamento, pela falta de demanda e pela perda do financiamento bancário. Dezenas de milhões de empregos desapareceram em questão de dias, enquanto milhões de empresas perderam seus funcionários, clientes, fornecedores e linhas de crédito, e incontáveis trabalhadores precários e (nominalmente) "autônomos" – formas típicas de emprego sob o neoliberalismo – perderam tudo em um instante. Em contraste, os setores de logística, entregas, comunicações e mídia social cresceram, principalmente em benefício dos grandes capitais. Esse reajuste estrutural da economia fez com que as bolsas de valores despencassem e, posteriormente, disparassem ao serem puxadas pelas indústrias resgatadas, pelos novos setores líderes e pelo apoio genérico do Estado.[120]

A depressão econômica foi acompanhada por déficits fiscais crescentes que ultrapassaram em muito os limites legais (aonde eles tenham sido impostos na fase anterior do neoliberalismo), demonstrando que esses limites eram puramente arbitrários. Ao mesmo tempo, os discursos neoliberais sobre o imperativo da "austeridade fiscal" e as limitações das políticas públicas desapareceram repentinamente à medida que governos neoliberais, adeptos intransigentes

120 GHOSH, Jayati. "The Pandemic and the Global Economy". *Dissent Magazine*, 20 abr. 2020. Disponível em: https://www.dissentmagazine.org/online_articles/the-pandemic-and-the-global-economy. Acessado em: 23.03.2023; TOUSSAINT, Éric. "The Capitalist Pandemic, Coronavirus and the Economic Crisis". *International Viewpoint*, 20 mar. 2020. Disponível em: http://internationalviewpoint.org/spip.php?article6458. Acessado em: 24.03.2023.

da abordagem austríaca e ideólogos radicais, desprovidos de princípios ou vergonha, embarcaram no barco salva-vidas de um falso keynesianismo – como eles invariavelmente fazem quando as economias afundam – e imploraram aos governos que fizessem o que fosse necessário para salvar o capital privado. Sua reviravolta ficou gravada nas telas de TV e foi espalhada por toda a grande imprensa, com todos os comentaristas de renome afirmando que a intervenção estatal era imperativa e que os governos deveriam ser censurados apenas pelo que ainda não haviam feito. Descobriu-se, subitamente, que salvar o capitalismo exigia o uso de capacidades estatais que os ideólogos do neoliberalismo e seus economistas de aluguel haviam, até então, negado por princípio ou rejeitado por serem "ineficientes" ou "caras demais".

Admitiu-se que, em caso de emergência (e, portanto, em todos os outros momentos), o Estado pode imprimir dinheiro do nada e, com isso, salvar determinados setores econômicos, desde que sejam considerados "essenciais" – o que, por implicação, não era o caso dos setores de habitação, saúde, assistência social, da criação de emprego, e assim por diante, em períodos mais prósperos. Sem dúvida, os discursos tradicionais retornarão quando as circunstâncias mudarem e as memórias desaparecerem. Neste momento, o Estado voltará a ser "ruim" e os serviços públicos serão considerados prontos para outra rodada de abate.

O fato de que todas as regras de política econômica poderiam ser suspensas para lidar com a pandemia sugere que elas nunca foram concebidas para serem incondicionais (o que é certamente uma coisa boa), mas, se assim for, não está claro por que deveriam ser exigidas em tempos "normais"; além disso, quem decide quais regras devem ser suspensas, quando, por quais critérios, em qual medida e durante quanto tempo? Isso serve para mostrar o verdadeiro caráter do fetiche neoliberal sobre as "regras das políticas econômicas". A consequência foi que, em muitos países, os déficits fiscais em 2020 excederam em muito qualquer resultado registrado em tempos normais, uma vez que o colapso da atividade econômica levou a uma queda vertiginosa das receitas fiscais, ao mesmo tempo em que os governos tiveram que se envolver em enormes estímulos fiscais e implementar políticas monetárias extraordinariamente expansivas a fim de salvar as finanças (mais uma vez), compensar setores escolhidos por suas rendas e receitas perdidas, e estabilizar a demanda agregada.[121]

A princípio, muitos governos, especialmente nos EUA, no Reino Unido e na Zona do Euro, simplesmente tiraram a poeira das políticas econômicas implementadas após a CFG e reiniciaram seu programa de subsídios ao capital, em geral, e às finanças, em particular, por meio de gastos públicos adicionais e de *quantitative easing*. No entanto, esses programas se mostraram insuficientes quase que imediatamente: o desastre econômico em 2020 foi muito mais abrangente do que em 2008, a crise foi muito maior e, portanto, os resgates seriam muito mais caros e complexos.[122] Em resposta, os principais bancos centrais intensificaram sua atuação e começaram a fornecer financiamento diretamente para as grandes empresas:[123]

---

121 O apoio fiscal durante a pandemia atingiu quase US$ 16 trilhões (15% do PIB global) somente em 2020 (LEVY YEYATI, Eduardo; FILIPPINI, Federico. "Social and economic impact of COVID-19". *Brookings Global Working Paper No. 158*, jun. 2021, p. 3. Disponível em: https://www.think-asia.org/bitstream/handle/11540/13776/Social-and-economic-impact-COVID.pdf?sequence=1. Acessado em: 23.03.2023). Para uma visão geral das diferentes respostas de política econômica à pandemia e dos debates sobre elas, ver BRODEUR, Abel *et al.* "A literature review of the economics of COVID-19". *Journal of Economic Surveys*, vol. 35, nº 4, abr. 2021. Disponível em: https://onlinelibrary.wiley.com/doi/10.1111/joes.12423. Acessado em: 20.03.2023.

122 SANDBU, Martin. "Huge Fiscal Spending is Needed to Fight the Coronavirus Downturn". *Financial Times*, 17 mar. 2020. Disponível em: https://www.ft.com/content/9963f71e-67b2-11ea-800d-da70cff6e4d3. Acessado em: 24.03.2023.

123 AMARO, Silvia. "European Central Bank takes its pandemic bond buying to 1.35 trillion euros to try to prop up economy". *CNBC*, 04 jun. 2020. Disponível em: https://www.cnbc.com/2020/06/04/european-central-bank-ramps-up-its-pandemic-bond-buying-to-1point35-trillion-euros.

essencialmente, o Estado passou a dar dinheiro incondicionalmente a capitalistas selecionados (em vários casos, essas empresas prontamente repassaram esses recursos como dividendos aos seus acionistas, em um exemplo escandaloso de corrupção no setor privado, se a corrupção for entendida como a apropriação indevida de fundos públicos).[124] Para disfarçar o espetáculo indecoroso de bilionários, muitas vezes exilados fiscais, implorando por subsídios do mesmo erário que antes evadiam agressivamente, vários governos prometeram apoiar os pequenos negócios e também a renda dos trabalhadores. No entanto, esse último objetivo geralmente era secundário, e foi abordado de maneira hesitante e avarenta, através de pagamentos aos empregadores, e não de forma direta. Frequentemente, isso era feito pela razão instrumental de evitar a implosão da demanda agregada, em vez de, por princípio, apoiar os cidadãos em uma hora de necessidade.

As políticas públicas contradiziam até mesmo a aparência dos "mercados livres", e, implicitamente, também reconheciam as disfunções da financeirização. Em um nível mais profundo, a privatização do "dinheiro de helicóptero"[125] revelou o enredamento do Estado nos circuitos individuais de capital, já que os bancos centrais

---

html. Acessado em: 20.03.2023; BRENNER, Robert. "Escalating plunder". *New Left Review*, vol. 123, 2020.

124 GUIDA, Victoria. "Companies shed workers, paid dividends after getting Fed aid, panel finds". *Politico*, 23 set. 2020. Disponível em: https://www.politico.com/news/2020/09/23/companies-shed-workers-paid-dividends-after-getting-fed-aid-panel-finds-420537. Acessado em: 23.03.2023; WOOD, Zoe. "Tesco defends £635m dividend payout after coronavirus tax break". *The Guardian*, 08 abr. 2020. Disponível em: https://www.theguardian.com/business/2020/apr/08/tesco-sales-up-30-per-cent-because-of-pre-lockdown-stockpiling-coronavirus. Acessado em: 24.03.2023.

125 Expressão cunhada por Milton Friedman (no original, *helicopter money*), faz referência à ideia de o governo imprimir e distribuir dinheiro à população sem condições, critérios ou contrapartidas, a fim de estimular a demanda (N. T.).

arbitrariamente fecharam esses circuitos e criaram lucros privados diretamente. Nesse ínterim, o setor financeiro se concentrou no enriquecimento de si mesmo.[126]

Além do tamanho do choque e dos canais de política econômica, há duas diferenças marcantes entre a CFG e a crise induzida pela pandemia em 2020. A primeira se refere às suas origens; enquanto a CFG derivou da especulação financeira ligada a operações de crédito hipotecário *subprime* nos Estados Unidos (ver capítulo II), a crise da pandemia estava vinculada aos fluxos comerciais e à circulação de bens e pessoas (ver capítulo V). Nesse sentido, enquanto a CFG mostrou os limites da financeirização neoliberal, a crise do coronavírus destacou os limites da globalização. Em segundo lugar, a CFG trouxe perdas imediatas para o setor financeiro; em contraste, dadas as suas origens na economia "real" e a subsequente adoção de políticas favoráveis às finanças, a pandemia desencadeou um *boom* no mercado de ações que aumentou a riqueza dos mais ricos: um processo chocante de acumulação financeira patrocinada pelo Estado, livre de impostos sobre ganhos excessivos, ou de qualquer sugestão de sacrifício compartilhado.

A pandemia destruiu a coerência residual do ordenamento das políticas econômicas na maioria dos países neoliberais. A experiência desde as transições para o neoliberalismo e, ainda mais nitidamente, desde a CFG, já havia mostrado que o neoliberalismo limita o espaço de políticas econômicas e é incompatível com a democracia. Por sua vez, a pandemia rompeu a conexão entre as políticas neoliberais e a austeridade fiscal, que era tanto um símbolo quanto uma ferramenta fundamental para a imposição do próprio neoliberalismo. Tal como

---

126 A cronologia da resposta do Fed à crise é revisada em Saphir e Dunsmuir (SAPHIR, Ann; DUNSMUIR, Lindsay. "Timeline: Fed's response – pandemic downturn vs financial crisis". *Reuters*, 09 abr. 2020. Disponível em: https://www.reuters.com/article/us-health-coronavirus-fed-timeline/timeline-feds-response-pandemic-downturn-vs-financial-crisis-idUSKCN21R2BC. Acessado em: 24.03.2023).

o Willy Coiote, o neoliberalismo mostrou estar "correndo no ar",[127] especialmente nas EAs, na esperança de que o impulso fiscal sem precedentes permitisse à economia cruzar o abismo da pandemia e encontrar terra firme do outro lado. Uma vez lá, com a economia se recuperando em segurança, uma nova rodada de "austeridade" se tornaria possível, buscando abertamente o retorno à posição fiscal pré-COVID-19 (se não pré-2007), embora não haja razões para isso.[128] A austeridade fiscal serviria, mais uma vez, para dar credibilidade ao neoliberalismo, e também como um dispositivo disciplinar que reforça a ordem social através da dor da privação e da escassez, com o objetivo de levar os pobres a continuar produzindo riquezas para os ricos sem maiores reclamações.

Entretanto, é improvável que isso funcione conforme o esperado. Primeiramente, mesmo uma década de "austeridade fiscal" pós-CFG não conseguiu retornar a maioria das economias ao *status quo* anterior. Em segundo lugar, após décadas de neoliberalismo, as economias ocidentais já haviam colhido todos os frutos que estavam ao seu alcance, e mais cortes nas políticas sociais provavelmente exigiriam uma repressão brutal, potencialmente rompendo o tecido social, exaurindo as instituições democráticas e minando fatalmente a legitimidade do governo. Terceiro, enquanto muitas economias acumularam grandes dívidas durante a Segunda Guerra Mundial, essas dívidas foram pagas nas décadas seguintes devido ao rápido crescimento econômico. Essas condições não mais se aplicam atualmente, e é difícil ver como dívidas públicas gigantescas podem

---

127 O autor faz uma referência ao personagem Willy Coiote – arqui-inimigo do Papa-Léguas, da animação Looney Tunes –, que frequentemente continua a correr "no ar", depois do fim do penhasco, percebendo tarde demais que já não estava mais correndo sobre o chão (N. T.).

128 ATKINSON, Andrew. "George Osborne, Architect of U.K. Austerity, Says New Cuts Needed Post-Crisis". *Bloomberg*, 20 abr. 2020. Disponível em: https://www.bloomberg.com/news/articles/2020-04-20/architect-of-u-k-austerity-says-retrenchment-needed-post-crisis. Acessado em: 20.03.2023.

diminuir em economias estagnadas. Por fim, a ideologia da "austeridade" foi desmoralizada, e o fato escancarado de que os bilionários ganharam muito durante a pandemia torna difícil explicar por que os "perdedores" deveriam se sacrificar mais uma vez em benefício dos privilegiados.[129] Isso aponta para a possibilidade de um longo período de crises políticas com implicações imprevisíveis. Essas circunstâncias graves e a instabilidade política borbulhante nos bastidores podem ajudar a explicar as escolhas de política expansionista feitas pelo Presidente dos Estados Unidos, Joe Biden – mesmo que escolhas semelhantes sejam de difícil – se não impossível – implementação nos EUA, e insejam viáveis ou inaceitáveis em outros países.

Nesse ínterim, é provável que o capitalismo continue a passar por graves crises induzidas pelo setor financeiro, sem muita esperança de sustentação da prosperidade no intervalo entre elas. Mesmo no curto prazo, o arrefecimento da crise originada pela pandemia do coronavírus foi acompanhado por promessas de uma rápida recuperação em V, na qual a economia entraria em colapso por causa da pandemia e dos *lockdowns*, mas com a mesma certeza ela se recuperaria rápida e completamente, já que os trabalhadores, o capital, os mercados, as estruturas financeiras e o *know-how* continuavam a estar disponíveis. Entretanto, isso sempre foi improvável: a crise desorganizou as cadeias globais de abastecimento, destruiu mercados, rompeu linhas de crédito, minou as expectativas e os investimentos, e desestabilizou os mercados de trabalho, com graves implicações para o consumo e para a poupança. As economias capitalistas até podem se recuperar do choque, mas não será nem fácil nem rápido.

---

129 ROTHWELL, Jonathan. "The Unequal Distribution of Economic Damage From COVID-19". *Gallup Blog*, 01 jun. 2020. Disponível em: https://news.gallup.com/opinion/gallup/311714/unequal-distribution-economic-damage-covid.aspx. Acessado em: 23.03.2023; SHARMA, Ruchir. "The billionaire boom: how the super-rich soaked up Covid cash". *Financial Times*, 13 mai. 2021. Disponível em: https://www.ft.com/content/747a76dd-f018-4d0d-a9f3-4069bf2f5a93. Acessado em: 24.03.2023.

O mito de uma recuperação em V foi logo substituído pela sugestão de uma trajetória em forma de U, em que a economia se recuperaria totalmente, mas apenas após um período relativamente longo de abatimento. Isso também se mostrou fantasioso por causa da destruição do capital durante a crise, e da necessidade de uma melhora substancial das expectativas, a fim de desencadear um novo ciclo de investimento (que, com sorte, seria "verde") e de crescimento. A onda de otimismo seguinte centrou-se na noção de uma trajetória em W, em que a economia seria acometida por uma segunda desaceleração, por exemplo, por causa das sucessivas ondas da pandemia (que, na África do Sul, no Irã, em Israel, na Itália, no Reino Unido e em outros países, acabaram sendo três, quatro ou mais ondas). Esta abordagem simplesmente pressupõe que a economia deve se recuperar totalmente em um tempo razoável, mas, também neste caso, não há razões para isso acontecer, tendo em vista o colapso da demanda, as mudanças econômicas estruturais decorrentes da pandemia e as prováveis pressões para estabilizar, o mais rápido possível, as variáveis das políticas fiscal e monetária. No fim das contas, não houve recuperação entre as ondas pandêmicas. Disso, duas possibilidades surgiram: i) uma trajetória pessimista em forma de L, na qual a economia afunda e fica estacionada na estagnação por muitos anos (um cenário que se tornou plausível devido à trajetória descendente do crescimento econômico da maioria das EAs nas décadas anteriores); e, com maior realismo, ii) uma recuperação em forma de K a partir da qual, após a pandemia, alguns setores prosperam – especialmente os mais abastados e as empresas de tecnologia –, enquanto outros continuam em queda – por exemplo, pequenos capitais de varejo, e os setores de viagens, turismo, transporte, entretenimento e assim por diante.[130] Esses cenários cada vez mais pessimistas sugeriram que o capitalismo estava ficando sem novas ideias e sem energia

---

130 EDGECLIFFE-JOHNSON, Andrew. "Corporate America experiences 'K-shaped' recovery". *Financial Times*, 29 dez. 2020. Disponível em: https://www.ft.com/content/258b74d8-6bac-47e5-a675-8f091b25db3e. Acessado em: 22.03.2023.

para implementar até mesmo as antigas. A inovação política mais significativa neste contexto foi o "plano Biden" nos EUA, que, se fosse levado à frente, poderia oferecer uma rota de fuga temporária (ver capítulo IX). No momento em que este capítulo foi escrito, isso ainda não estava claro, e o "plano" emagrecia a olhos vistos.

Finalmente, é provável que a pandemia traga três mudanças econômicas de longo prazo. Primeiramente, os mercados de trabalho "flexíveis", típicos do neoliberalismo, tendem a se tornar ainda mais flexíveis – por exemplo, com trabalhadores sem alternativas sendo demitidos e (re)contratados em termos piores do que antes. Em segundo lugar, muitas empresas, especialmente no setor de serviços, tiveram que mudar para o trabalho *online* em questão de dias, ao invés dos anos que essa transição normalmente levaria. Isso inevitavelmente levará a outra rodada de reestruturação envolvendo severas desvalorizações dos capitais até então ligados aos escritórios localizados em centros urbanos (anteriormente muito caros), às tecnologias abandonadas, e à medida que os trabalhadores sejam impelidos a trabalharem de casa, ao menos em parte. Por sua vez, novas formas tecnológicas de imposição de disciplina serão necessárias para controlar os trabalhadores nessas novas circunstâncias.[131] A terceira provável mudança, intimamente relacionada às anteriores, é que os espaços coletivos tenderão a se esvaziar, não apenas por motivos relacionados à produção, mas também por causa das mudanças no consumo. Em particular, quanto mais o trabalho é realizado em casa, mais o consumo tende a ser deslocado para a esfera doméstica, reestruturando, assim, a reprodução social e a vida no lar.

É improvável que esses deslocamentos da acumulação do capital rumo à esfera doméstica ampliem a autonomia dos trabalhadores.

---

131 WALKER, Peter. "Call centre staff to be monitored via webcam for home-working 'infractions'". *The Guardian*, 26 mar. 2021. Disponível em: https://www.theguardian.com/business/2021/mar/26/teleperformance-call-centre-staff-monitored-via-webcam-home-working-infractions. Acessado em: 24.03.2023.

Ao contrário, a tendência é que o capital colonize o último espaço sob o controle da classe trabalhadora. Primeiramente, na esteira da revolução industrial, os trabalhadores perderam seu local de trabalho para o capital como consequência dos cercamentos de terras, a centralização da tecelagem e outras indústrias artesanais, e da concentração do trabalho em fábricas e escritórios.[132] Posteriormente, os trabalhadores perderam os principais espaços urbanos para o capital comercial, à medida que a produção de *commodities* em grande escala levou à reorganização do comércio em cadeias de lojas, grandes supermercados e lojas de departamentos. Depois, os trabalhadores perderam o espaço virtual da internet, que originalmente era aberto, para monopólios gigantescos: a Microsoft, o Google, a Apple, o Facebook, e outros. Com a pandemia, esses capitais tomaram conta das casas, do trabalho e do lazer, passando a dominar as tarefas diárias por inteiro, ao invés de ocupar apenas a parte do dia reservada ao trabalho, assim reclamando para si todos os espaços da reprodução social.[133]

---

132 MARX, Karl. *O Capital*, volume 1. Harmondsworth: Penguin, 1976, parte VII.

133 Para uma discussão sobre, ver Collinson (COLLINSON, Alex. "The new class divide – how Covid-19 exposed and exacerbated workplace inequality in the UK". *TUC*, 18 mai. 2020. Disponível em: https://www.tuc.org.uk/blogs/new-class-divide-how-covid-19-exposed-and-exacerbated-workplace-inequality-uk. Acessado em: 22.03.2023), Harris (HARRIS, John. "Homeworking sounds good – until your job takes over your life". *The Guardian*, 07 mar. 2021. Disponível em: https://www.theguardian.com/commentisfree/2021/mar/07/homeworking-job-takes-over-life-office-grind-remote-working. Acessado em: 23.03.2023), ILO (INTERNATIONAL LABOUR ORGANIZATION – ILO. "Covid-19 and the world of work: impact and policy responses". *ILO Monitor*, 18 mar. 2020. Disponível em: https://www.ilo.org/wcmsp5/groups/public/---dgreports/---dcomm/documents/briefingnote/wcms_738753.pdf. Acessado em: 23.03.2023), O'Brien (O'BRIEN, Hettie. "What's behind the headlines demanding a return to the office?" *The Guardian*, 01 set. 2020. Disponível em: https://www.theguardian.com/commentisfree/2020/sep/01/office-workers. Acessado em: 23.03.2023) e Usborne (USBORNE, Simon. "End of the office: the quiet, grinding loneliness

6.2 Política e ideologia

Foi demonstrado nas seções anteriores que as implicações econômicas da pandemia da COVID-19 serão severas e duradouras. A pandemia também terá implicações sutis, mas potencialmente drásticas, para a democracia, a ideologia e a legitimidade política do neoliberalismo. Tendo em vista o contexto das crises analisadas nas Partes I e II deste livro, esses desdobramentos podem ter implicações calamitosas para o sistema de acumulação.

Muitas democracias já operavam sob pressão mesmo antes da COVID-19 e, em alguns casos, sistemas políticos relativamente abertos haviam sido distorcidos pelos ataques de diferentes formas de neoliberalismo autoritário. Descobriu-se que aquelas nações "democráticas" eram altamente vulneráveis à pandemia, e vários governos supostamente "eficientes" e "responsáveis perante a opinião pública" viram-se envolvidos por um cataclismo que não conseguiram resolver (ver Parte IV). Nesses países, a má preparação, as fraquezas e vulnerabilidades autoimpostas, a incoerência política, a falta de capacidade institucional, a relutância administrativa, a incompetência e as falhas de imaginação misturaram-se em um extraordinário caos organizacional e de saúde pública. O "Quarteto da Calamidade" (Brasil, EUA, Índia e Reino Unido) oferece exemplos especialmente vívidos da devastação provocada pelo neoliberalismo autoritário.

Foi demonstrado acima que, desde o início da pandemia, alguns dos governos mais intimamente ligados ao neoliberalismo autoritário buscaram desculpas para evitar medidas de enfrentamento ao coronavírus, em linha com sua preferência pela "imunidade de rebanho". Particularmente, os governos dos Estados Unidos e do Reino Unido defenderam sua passividade referindo-se à suposta impossibilidade de as democracias suprimirem o vírus com a mesma eficácia que os regimes autoritários, tendo em vista os amplos controles sobre os

---

of working from home". *The Guardian*, 14 jul. 2020. Disponível em: https://www.theguardian.com/money/2020/jul/14/end-of-the-office--the-quiet-grinding-loneliness-of-working-from-home. Acessado em: 24.03.2023).

cidadãos que esses tipos de governos detêm – controles esses que eram presumivelmente mais abomináveis do que a própria morte para os "democratas" ocidentais.[134] A direita política também tendia a condenar os *lockdowns* porque eles supostamente violam o direito à livre circulação,[135] embora suas preocupações pudessem ser atribuídas ao desejo de proteger os lucros privados em detrimento da saúde de outrem.

Enquanto a grande maioria da esquerda pressionou por medidas firmes de enfrentamento à pandemia para proteger a vida da população, independentemente do seu custo econômico, alguns grupúsculos e acadêmicos rebeldes denunciaram os *lockdowns* como sendo repressivos e iníquos.[136] Essas abordagens eram indefensáveis

---

134 KAVANAGH, Matthew M.; SINGH, Renu. "Democracy, Capacity, and Coercion in Pandemic Response: COVID-19 in Comparative Political Perspective". *Journal of Health Politics, Policy and Law*, vol. 45, nº 6, 2020; STASAVAGE, David. "Democracy, Autocracy, and Emergency Threats: Lessons for COVID-19 From the Last Thousand Years". *International Organization*, vol. 74, 2020.

135 Ver, por exemplo, OLSON, Walter. "Are the Lockdown Orders Constitutional?" *CATO Institute*, 02 mai. 2020. Disponível em: https://www.cato.org/publications/commentary/are-lockdown-orders-constitutional. Acessado em: 23.03.2023.

136 Por exemplo, AGAMBEN, Giorgio. "The Invention of an Epidemic". *European Journal of Psychoanalysis*, 2020. Disponível em: https://www.asc.uw.edu.pl/wp-content/uploads/2022/03/Giorgio-Agamben-Invention-of-an-Epidemic.pdf. Acessado em: 08.05.2023; AGAMBEN, Giorgio. "Clarifications". Trad. Adam Kotsko. *Itself Blog*, 17 mar. 2020. Disponível em: https://itself.blog/2020/03/17/giorgio-agamben-clarifications/. Acessado em: 20.03.2023; AGAMBEN, Giorgio. "Biosecurity and Politics". Trad. D. Alan Dean. *Medium*, 11 mai. 2020. Disponível em: https://medium.com/@ddean3000/biosecurity-and-politics-giorgio-agamben-396f9ab3b6f4. Acessado em: 20.03.2023; AGAMBEN, Giorgio. "Requiem for the Students". Trad. D. Alan Dean. *Medium*, 23 mai. 2020. Disponível em: https://medium.com/@ddean3000/requiem-for-the-students-giorgio-agamben-866670c11642. Acessado em: 20.03.2023; SOTIRIS, Panagiotis. "Thinking beyond the lockdown: on the possibility of a democratic biopolitics". *Historical Materialism*, vol. 28, nº 3, 2020; para uma crítica, ver DALE, Gareth.

do ponto de vista da preservação da vida. Em particular, as políticas de saúde pública inevitavelmente infringem as liberdades civis, mas elas podem ser moderadas, fortemente focadas e sujeitas a controles democráticos, assim como ter prazos limitados, de modo a invalidar as reclamações genéricas sobre as supostas transgressões do Estado.

Na realidade, contudo, os neoliberais autoritários já estavam no poder. Das profundezas da tragédia, com o número de mortes crescendo rápida e desnecessariamente, alguns governos perceberam uma oportunidade de acumular poderes adicionais, de consolidar seu domínio por meios autoritários, e garantir a hegemonia neoliberal em seu país. Para isso, eles culparam a piora nos indicadores de COVID-19 na falta de conformidade do público e reivindicaram para si poderes de emergência para monitorar a população, controlar os deslocamentos e o fornecimento de bens e serviços vitais, suprimir protestos e interceptar comunicações privadas com a desculpa de cruzar dados sobre contatos feitos e o estado de saúde das pessoas. Além disso, alguns governos procuraram impor limitações variadas às liberdades pessoais – às vezes por meio do uso da força militar.[137] Na prática, o uso desses poderes e sua eventual reversão dependerão da força de cada grupo de interesse, com o capital em geral, e as finanças em particular, desfrutando de uma vantagem embutida, tendo em vista seu extenso controle sobre o Estado neoliberal.

A acumulação desenfreada de poder por governos autoritários neoliberais, independentemente de suas próprias falhas em garantir o atendimento à saúde e a proteção da população, prejudicou sua credibilidade, especialmente nos EUA e no Reino Unido – justamente os epicentros da perda de legitimidade das finanças na esteira da CFG. Privados de argumentos plausíveis quanto à sua

"Lockdown Politics: a response to Panagiotis Sotiris". *Historical materialism*, 03 dez. 2020. Disponível em: https://www.historicalmaterialism.org/blog/lockdown-politics-response-to-panagiotis-sotiris. Acessado em: 22.03.2023.

137 CSERNATONI, Raluca. "New states of emergency: normalizing techno-surveillance in the time of COVID-19". *Global Affairs*, vol. 6, nº 3, 2020.

competência administrativa, e perdendo rapidamente o apoio das massas, esses governos autoritários agarraram-se ao poder pelas pontas dos dedos da ideologia, das mentiras e de um discurso cada vez mais estridente que, no final das contas, foi insuficiente para salvar Donald Trump. Nesse ínterim, o horror corria solto do lado de fora, já que o coronavírus permanecia imune a fanfarronices e encenações políticas. A intensidade da tragédia e o nevoeiro político permitiram que alguns governos escapassem, pelo menos temporariamente, com promessas de curas milagrosas, improvisações e repetidas reversões de suas políticas, sempre prometendo sucessos iminentes e, em seguida, se vangloriando de sucessos inexistentes e, ainda mais rapidamente, mudando de assunto quando emergiu a crise seguinte, centrada na Ucrânia.

Enquanto as democracias constitucionais eram tensionadas, as âncoras ideológicas do neoliberalismo foram danificadas em quatro níveis. Primeiramente, a pandemia demostrou a uma fraude da ideologia neoliberal do individualismo, pela qual todos os problemas sociais podem ser dissolvidos em responsabilidades individuais e cálculos pessoais de dor e prazer.[138] Para o espanto dos conservadores convictos de vários matizes, ficou claro que existe, afinal, uma coisa chamada "sociedade".[139] Tornou-se evidente que uma pandemia é um fenômeno social que não pode ser tratado por indivíduos (ver capítulo V), e que os problemas sociais devem ser enfrentados por um setor público capacitado – certamente uma conclusão indesejável depois de décadas em que sucessivos governos neoliberais censuraram, desmantelaram e minaram o Estado. Assim como indivíduos

---

138 Para uma análise geral sobre a ideologia neoliberal, ver Kiely (KIELY, Ray. *The Neoliberal Paradox*. Cheltenham: Edward Elgar, 2018) e Mirowski e Plehwe (MIROWSKI, Philip; PLEHWE, Dieter (Coord.). *The road from Mont Pèlerin*: the making of the neoliberal thought collective. Cambridge: Harvard University Press, 2009).

139 SAUNDERS, Robert. "'There is such a thing as society': Has Boris Johnson repudiated Thatcherism?" *The New Statesman*, 31 mar. 2020. Disponível em: https://www.newstatesman.com/politics/uk/2020/03/boris-johnson-thatcher-society-no-such-thing-policies. Acessado em: 24.03.2023.

sozinhos não podem proteger seu país de uma epidemia ou cuidar de si mesmos quando adoecem, apenas o Estado pode conter o colapso econômico, salvar setores econômicos inteiros, garantir fluxos de renda quando a economia trava, impor *lockdowns*, fornecer recursos para os serviços de saúde, financiar o desenvolvimento de medicamentos novos e administrar a vacinação universal. Por fim, a desumanidade do imperativo capitalista do lucro foi desmascarada através da rejeição esmagadora à política de "imunidade de rebanho", que deliberadamente causaria milhões de mortes.

Em segundo lugar, as inverdades neoliberais sobre o imperativo da "austeridade fiscal", baseadas na falsa analogia entre orçamentos familiares e déficits governamentais, ficaram evidentes. As políticas econômicas implantadas após a CFG e, com maior intensidade, após a pandemia, provaram que o Estado pode criar dinheiro do nada; ou seja, em certas circunstâncias existe, sim, uma árvore mágica de dinheiro e seus frutos podem salvar famílias, determinados negócios, e até setores econômicos inteiros.

Em terceiro lugar, a pandemia mostrou que os mitos capitalistas sobre os lucros serem a recompensa pela "abstinência" e pela "tomada de riscos" eram totalmente enganosos. Na pandemia, os lucros eram determinados pela sorte e pelos canais econômicos sustentados pelo Estado, e tendiam a beneficiar aqueles que já operavam em áreas em crescimento: telecomunicações, tecnologia, logística, entregas, plataformas *online* e similares; em contrapartida, houveram perdas graves para o varejo, o entretenimento, o transporte, o setor de turismo, e assim por diante. Os bilionários lucraram com o impulso no mercado de ações patrocinado pelo Estado, enquanto os pequenos capitais e os trabalhadores precários tenderam a ser muito prejudicados.[140]

---

140 COLLINS, Chuck; OCAMPO, Omar; PASLASKI, Sophia. "Billionaire Bonanza 2020: Wealth Windfalls, Tumbling Taxes, and Pandemic Profiteers". *Policy Studies*, 23 abr. 2020. Disponível em: https://ips-dc.org/wp-content/uploads/2020/04/Billionaire-Bonanza-2020.pdf. Acessado em: 22.03.2023; RUSHE, Dominic. "Making billions v making ends meet: how the pandemic has split the US economy in two".

Em quarto lugar, o estresse da pandemia facilitou a disseminação de visões de mundo anticientíficas associadas à política de conflito que é típica de líderes autoritários "espetaculares". Por vários anos, políticos convencionais, acadêmicos entusiasmados, especialistas contratados e operadores de mercado auto-interessados usaram seu acesso privilegiado à imprensa para elogiar o neoliberalismo e suas instituições, proclamar que este é o "melhor de todos os mundos possíveis" e insistir que "não há alternativas" ao neoliberalismo, independentemente dos resultados econômicos reais, enquanto ridicularizavam as visões alternativas e as experiências dos "perdedores". Eles também repetiram as ideologias do individualismo e da "liberdade de escolha" que serviam para validar o neoliberalismo, e que eram chamadas de "verdades científicas". Esses mantras, mitos e falsidades gradualmente se transformaram em um destrutivo ceticismo do conhecimento científico e em uma profunda aversão à política, à pesquisa acadêmica e até mesmo à própria grande imprensa.

Eventualmente, o culto neoliberal da soberania individual fomentou a *individualização da verdade*, à medida que o público se sentia desconectado dos "especialistas" e se considerava no direito de acreditar em "fatos alternativos" (nas palavras imortais da conselheira presidencial dos EUA, Kellyanne Conway, inspirando-se em uma geração anterior de neoconservadores) em todas as esferas da vida, por mais implausíveis, irracionais ou conspiratórios que fossem. Em outras palavras, dado que posso escolher minha roupa, carro ou marca favorita de cereal matinal sem levar em conta a opinião dos outros, também posso escolher acreditar que a Terra é plana, que o coronavírus não existe, que as vacinas não funcionam e que o governo dos Estados Unidos é controlado por lagartos alienígenas pedófilos. Da mesma forma, ninguém pode me impor o uso de máscaras, o distanciamento social ou os *lockdowns*, e assim por diante, gerando uma fogueira de certezas que, se não for combatida, viria a consumir os satélites geoestacionários, os

The Guardian, 16 ago. 2020. Disponível em: https://www.theguardian.com/us-news/2020/aug/16/us-inequality-coronavirus-pandemic-unemployment. Acessado em: 23.03.2023.

transportes de longa distância, a internet, a medicina estatística, as estações de tratamento de água e muito mais. Nesse ínterim, uma franja demente de adeptos do movimento antivacina, terraplanistas e fanáticos religiosos proferiram negações hilárias da pandemia apesar dos graves riscos pessoais,[141] venderam curas milagrosas com base em remédios não comprovados ou oraram e jejuaram junto com o Presidente Jair Bolsonaro.[142]

---

141 Isso nem sempre terminou bem; ver, por exemplo, 247 (BRASIL 247. "Prefeito bolsonarista, para quem a cura da Covid-19 viria de igrejas, é internado em hospital de luxo com a doença". *Brasil 247*, 13 abr. 2020. Disponível em: https://www.brasil247.com/regionais/sudeste/prefeito-bolsonarista-para-quem-a-cura-da-covid-19-viria-de-igrejas-e-internado-em-hospital-de-luxo-com-a-doenca. Acessado em: 23.03.2023), France24 (FRANCE24. "Israel health minister under fire over ultra-Orthodox COVID-19 crisis". *France24*, 08 abr. 2020. Disponível em: https://www.france24.com/en/20200408-israel-health-minister-under-fire-over-ultra-orthodox-covid-19-crisis. Acessado em: 23.03.2023) Maqbool (MAQBOOL, Aleem. "Coronavirus: Pastor who decried 'hysteria' dies after attending Mardi Gras". *BBC News*, 06 abr. 2020. Disponível em: https://www.bbc.co.uk/news/world-us-canada-52157824. Acessado em: 23.03.2023), Risess (RIESS, Rebekah. "Bishop who said 'God is larger than' Covid-19 has died from the disease". *CNN*, 14 abr 2020. Disponível em: https://edition.cnn.com/2020/04/14/us/bishop-gerald-glenn-god-larger-coronavirus-dies/index.html. Acessado em: 23.03.2023) e Torres (TORRES, Ella. "30-year-old dies after attending 'COVID party' thinking virus was a 'hoax'". *ABC 15*, 12 jun. 2020. Disponível em: https://www.abc15.com/news/coronavirus/30-year-old-dies-after-attending-covid-party-thinking-virus-was-a-hoax. Acessado em: 24.03.2023).

142 O ator e diretor argentino Ricardo Darín disse sucintamente: "é muito difícil lutar contra a pandemia da imbecilidade" (CONTI, Josie. "Ricardo Darín em entrevista disse: 'É muito difícil lutar contra a pandemia de imbecis'". *Contioutra*, 12 abr. 2020. Disponível em: https://www.contioutra.com/ricardo-darin-em-entrevista-disse-e-muito-dificil-lutar-contra-a-pandemia-de-imbecis/. Acessado em: 22.03.2023). PHILLIPS, Tom; PHILLIPS, Dom. "Bolsonaro dragging Brazil towards coronavirus calamity, experts fear". *The Guardian*, 12 abr. 2020. Disponível em: https://www.theguardian.com/world/2020/apr/12/bolsonaro-dragging-brazil-towards-coronavirus-calamity-experts-fear. Acessado em: 23.03.2023.

PARTE IV

ESTUDOS DE CASOS EM DESASTRE

CAPÍTULO VII

UMA TRAGÉDIA NEOLIBERAL

A pandemia da COVID-19 esteve imersa em um contexto neoliberal, mas também se desenvolveu sob circunstâncias especificamente nacionais e dentro de condições políticas determinadas. Essas circunstâncias moldaram as respostas dos governos, tanto estrutural (o impacto da COVID-19 e as possibilidades de tratamento eram, inevitavelmente, muito distintas no Norte e no Sul Global), quanto circunstancialmente (uma eleição realizada meses antes da irrupção da pandemia poderia ter elegido líderes capazes de enfrentá-la ou líderes que se revelariam comprometidos com o negacionismo). Este capítulo examina essas restrições e prepara o terreno para uma análise mais detalhada dos casos de diferentes países, nos capítulos seguintes.

7.1 A pandemia no Norte e no Sul

A pandemia desencadeou um colapso econômico sem precedentes no Norte Global. A produção, o comércio e o emprego implodiram, com consequências devastadoras para dezenas de milhões de pessoas. As cadeias produtivas e as finanças foram paralisadas em vários países e as dívidas acumuladas não podiam mais ser pagas.

Os mercados de ações despencaram e dezenas de milhões de trabalhadores perderam seus empregos ou foram colocados no limbo. Nesse ínterim, vários governos de países ocidentais se atrapalharam no enfrentamento à crise. Muitos perderam tempo e demonstraram abundantemente seu desprezo pela principal tarefa da governança: proteger a população e seus meios de subsistência. O "Quarteto da Calamidade" esteve na vanguarda desse desastre.

A maioria dos países ocidentais e do Leste Asiático conseguiu conter a pandemia: a coesão social, as instituições estatais e os seus sistemas de saúde sobreviveram ao maior desafio desde a Segunda Guerra Mundial, apesar das enormes disparidades de desempenho. Isso foi conseguido de maneira extremamente lenta e por meio de diferentes combinações de QE, gastos fiscais, mudanças regulatórias, transferências de renda, controles de deslocamentos populacionais, medidas de distanciamento social, imposições de *lockdowns*, programas de testagem em massa, cuidados hospitalares e, eventualmente, vacinação em massa. Os resultados dependeram dos sistemas de saúde, das instituições de bem-estar, das capacidades do Estado, dos recursos fiscais, do poder do Banco Central, dos recursos econômicos e industriais, e de outras variáveis. Eles permitiram que os governos do Norte Global fornecessem cuidados de saúde razoavelmente bons, mesmo que, em alguns casos, os sistemas apenas por pouco evitassem o colapso (por exemplo, em partes da Espanha, dos EUA, da Itália e do Reino Unido). Esses países também tiveram que administrar *lockdowns* sem precedentes.

Os países do Sul Global enfrentaram desafios semelhantes, mas, além de confrontarem as crises sanitária e econômica que também afligiam o Norte Global, tiveram que enfrentar, simultaneamente, crises sociais complexas. Diferentemente das EAs, as EDs tendem a ter menor capacidade produtiva e menor produtividade econômica, menos recursos fiscais e financeiros, e capacidade institucional e gerencial mais limitada para enfrentar a pandemia. Elas também tendem a ter maiores déficits em conta corrente, pesados compromissos com o serviço da dívida pública e da dívida externa, e fortes restrições de balanço de pagamento. Ademais, os países mais pobres geralmente dependem da exportação de *commodities* com preços voláteis, de ajuda externa e de remessas de trabalhadores, apesar da disponibilidade ocasional de empréstimos do FMI.[143] Essas limitações implicam que a maioria das EDs não poderia garantir empregos ou apoiar a produção e a demanda por meio de subsídios, reduções de impostos ou transferências em grande escala para as famílias tal como as EAs poderiam; e seus bancos centrais também não poderiam comprar grandes quantidades de títulos públicos e privados nos mercados secundários.

O impacto da pandemia no Sul Global foi agravado pela oferta limitada de serviços públicos e comodidades básicas, como o acesso à água potável, comida, eletricidade e saneamento básico; além disso, parte significativa da população mora em habitações precárias e sofre de comorbidades, desde desnutrição à tuberculose, malária, dengue e HIV/AIDS. Por sua vez, o impacto da COVID-19 poderia ser especialmente destrutivo se a pandemia reduzisse a capacidade de importação dos países ou ameaçasse o serviço da dívida externa, ou se ela levasse ao aumento da inflação. Ao mesmo tempo, as limitações de seus sistemas de saúde tornaram diversas EDs vulneráveis ao coronavírus, ao lado de terem possibilidades limitadas de enfrentamento a um surto de infecções.[144]

---

143 ELLIOTT, Larry. "Dozens of poorer nations seek IMF help amid coronavirus crisis". *The Guardian*, 27 mar. 2020. Disponível em: https://www.theguardian.com/world/2020/mar/27/dozens-poorer-nations-seek-imf-help-coronavirus-crisis. Acessado em: 22.03.2023; STUBBS, Thomas *et al*. "Whatever it takes? the global financial safety net, Covid-19, and developing countries". *World Development*, vol. 137, jan. 2021. Disponível em: https://www.sciencedirect.com/science/article/abs/pii/S0305750X20302989. Acessado em: 24.03.2023.

144 NORDLING, Linda. "A ticking time bomb: scientists worry about coronavirus spread in Africa". *Science*, 15 mar. 2020. Disponível em: https://www.sciencemag.org/news/2020/03/ticking-time-bomb-scientists-worry-about-coronavirus-spread-africa. Acessado em: 23.03.2023; UNITED NATIONS. *COVID-19 in Africa*: protecting lives and economies. abr.

Os sistemas de saúde no Sul Global são, frequentemente, precários em termos de capacidade, recursos humanos, resiliência e acesso. Por exemplo, 34 dos 45 países da África subsaariana gastam anualmente menos do que US$ 200 per capita na saúde pública, e 5 deles gastam menos do que US$50 per capita.[145] No início da pandemia, o Malawi tinha 25 leitos de UTI para uma população de 17 milhões de habitantes, o Sudão do Sul tinha 24 leitos de UTI e 4 ventiladores pulmonares para 11 milhões de habitantes, e a Serra Leoa tinha 13 ventiladores para uma população de 8 milhões.[146] No Sul da Ásia haviam menos de 2,8 leitos de tratamento intensivo para cada 100 mil habitantes, e Bangladesh tinha 1100 leitos de UTI para 157 milhões habitantes.[147] Os países do Sul Global geralmente não podiam mandar aviões buscar EPIs no exterior, dependiam muito das

---

2020. Disponível em: https://repository.uneca.org/handle/10855/43756. Acessado em: 24.03.2023; WORLD HEALTH ORGANIZATION – WHO. "New WHO estimates: Up to 190,000 could die of COVID-19 in Africa if not controlled". *Notícias*, 07 mai. 2020. Disponível em: https://www.afro.who.int/news/new-who-estimates-190-000-people-could-die-covid-19-africa-if-not-controlled. Acessado em: 24.03.2023.

145 SAAD FILHO, Alfredo; AYERS, Alison. "A ticking time bomb: the global south in a time of coronavirus". *Journal of Australian Political Economy*, vol. 85, 2020.

146 BURKE, Jason; OKIROR, Samuel. "Africa's fragile health systems rush to contain coronavirus". *The Guardian*, 20 mar. 2020. Disponível em: https://www.theguardian.com/world/2020/mar/20/africas-fragile-health-systems-rush-to-contain-coronavirus. Acessado em: 22.03.2023; CLIFFE, Jeremy. "Coronavirus hits the Global South". *The New Statesman*, 22 abr. 2020. Disponível em: https://www.newstatesman.com/world/south-america/2020/04/coronavirus-hits-global-south. Acessado em: 22.03.2023.

147 HANIEH, Adam. "This is a Global Pandemic – Let's Treat it as Such". *Verso*, 27 mar. 2020. Disponível em: https://www.versobooks.com/blogs/4623-this-is-a-global-pandemic-let-s-treat-it-as-such. Acessado em: 23.03.2023.

importações para manter seus sistemas de saúde funcionando, e seus programas de imunização frequentemente dependiam da COVAX.[148]

Em parte, essas vulnerabilidades decorrem da pobreza desses países, mas elas resultam também dos programas de ajuste estrutural impostos às EDs desde o início da década de 1980. Em vários países, aquelas políticas regressivas desmantelaram sistematicamente as capacidades do Estado, reduziram a resiliência institucional, arruinaram os serviços públicos (incluindo o de saúde), minaram a estabilidade no emprego e as políticas garantindo um mínimo de segurança econômica, reduziram os salários e destruíram a indústria manufatureira, deixando aqueles países altamente vulneráveis a perturbações no comércio, na produção e nas finanças globais.[149] Essas debilidades tenderam a aumentar a pobreza, a privação material, a fome e a desnutrição, e a criar padrões de emprego nefastos, levando a crises latentes de saúde pública.

Ainda mais grave, cerca de 70% dos trabalhadores no Sul Global pertencem ao setor informal. É praticamente impossível garantir seus empregos ou a sobrevivência econômica de seus empregadores em situações macroeconômicas adversas, dificultando, assim, a imposição de *lockdowns* ou de outras medidas drásticas de contenção da pandemia. As famílias pobres também tendem a viver em moradias precárias, muitas vezes sem acesso à água potável e esgotos, sem falar na falta de fornecimento confiável de eletricidade ou de acesso à internet. Por exemplo, a família média indiana tem cinco

---

148 Iniciativa liderada pela OMS para garantir acesso global às vacinas contra o COVID-19 (N. T.).

149 GHOSH, Jayati. "The Pandemic and the Global Economy". *Dissent Magazine*, 20 abr. 2020. Disponível em: https://www.dissentmagazine.org/online_articles/the-pandemic-and-the-global-economy. Acessado em: 23.03.2023; GONZALEZ, Mike. "Coronavirus in Latin America". *RS21*, 02 mai. 2020. Disponível em: https://www.rs21.org.uk/2020/05/02/coronavirus-in-latin-america/. Acessado em: 23.03.2023.

membros, mas 40% das casas têm apenas um quarto.[150] Um sexto da população urbana da Índia (74 milhões de pessoas) são moradores de favelas, para quem o distanciamento social é, em grande parte, impossível.[151] Diante desse cenário, supostamente, algumas famílias buscaram se isolar no topo de árvores para protegerem a si mesmos e a suas famílias.[152] As grandes cidades do Sul Global colocam um outro tipo de dilema para as pessoas que precisam se deslocar para o trabalho, uma vez que é impossível manter o distanciamento social em transportes públicos superlotados, o que contribuiu para a disseminação do coronavírus.[153]

A previsão era que os impactos combinados da pandemia sobre a economia e a saúde pública poderiam aumentar a pobreza global em centenas de milhões de pessoas e levar dezenas de milhões à beira da fome.[154] Sempre foi possível que "mortes por impactos secun-

---

150 PANDEY, Geeta. "Coronavirus: is social distancing an oxymoron in India?" *BBC News*, 24 abr. 2020. Disponível em: https://www.bbc.co.uk/news/world-asia-india-52393382. Acessado em: 23.03.2023.

151 SUR, Priyali; MITRA, Esha. "Social distancing is a privilege of the middle class: for india's slum dwellers it will be impossible". *CNN*, 30 mar. 2020. Disponível em: https://edition.cnn.com/2020/03/30/india/india-coronavirus-social-distancing-intl-hnk/index.html. Acessado em: 24.03.2023.

152 STUBLEY, Peter. "Coronavirus: Indians self-isolate in trees to protect relatives". *The Independent*, 30 mar. 2020. Disponível em: https://www.independent.co.uk/news/world/asia/coronavirus-india-trees-quarantine-lockdown-vangidi-purulia-bengal-modi-a9434966.html. Acessado em: 24.03.2023.

153 NOKO, Karsten. "In Africa, social distancing is a privilege few can afford". *Al Jazeera*, 22 mar. 2020. Disponível em: https://www.aljazeera.com/indepth/opinion/africa-social-distancing-privilege-afford-200318151958670.html. Acessado em: 23.03.2023.

154 Para estimativas, ver DECERF, Benoit *et al.* "Lives and livelihoods: estimates of the global mortality and poverty effects of the Covid-19 pandemic". *Working Paper No. 48*, International Inequalities Institute, London School of Economics and Political Science, 2020. Disponível em: http://eprints.lse.ac.uk/105825/. Acessado em: 22.03.2023; SUMNER, Andy; ORTIZ-JUAREZ, Eduardo; HOY, Chris. "Estimates

dários – como a pobreza, a fome, doenças e violência exacerbadas pela pandemia – fariam parecer pequeno o número de pessoas que morreriam pelo próprio novo coronavírus".[155] Por conta dessas implicações indiretas da pandemia e da subnotificação sistemática das mortes por COVID-19, o real impacto da pandemia no Sul Global jamais será conhecido. O desempenho das economias de países pobres e de renda média também pode sofrer um impacto negativo no médio prazo se a pandemia for seguida pela disseminação residual do coronavírus, aprofundando a pobreza e a privação e, potencialmente, estimulando uma "política do desespero" que se alimenta das inseguranças econômicas e sanitárias.[156] É possível, então, que a COVID-19 possa contribuir para a centralização do poder, a militarização da sociedade, o aprofundamento das restrições aos direitos civis e os controles sobre as informações e os deslocamentos, sem necessariamente melhorar nem a provisão de serviços de saúde nem os indicadores de saúde pública.[157]

---

of the impact of COVID-19 on global poverty". *WIDER Working Paper 2020/43*, United NAtions University, abr. 2020. Disponível em: https://www.wider.unu.edu/sites/default/files/Publications/Working-paper/PDF/wp2020-43.pdf. Acessado em: 24.03.2023; SUMNER, Andy; ORTIZ-JUAREZ, Eduardo. *Global Monetary Poverty, 1981-2030*. Artigo escrito para United Nations Virtual Inter-Agency Expert Group Meeting on the Implementation of the Third United Nations Decade for the Eradication of Poverty. Nova York: UNDESA, 2021.

155 TURSE, Nick. "'Exceptionally dire: secondary impacts of Covid-19 could increase global poverty and hunger". *The Intercept*, 03 mai. 2020. Disponível em: https://theintercept.com/2020/05/03/exceptionally-dire-secondary-impacts-of-covid-19-could-increase-global-poverty-and-hunger/. Acessado em: 24.03.2023.

156 INTERNATIONAL CRISIS GROUP – ICG. "COVID-19 and Conflict: Seven Trends to Watch". *Crisis Group Special Briefing No.4*, 24 mar. 2020. Disponível em: https://d2071andvip0wj.cloudfront.net/B004-covid-19-seven-trends.pdf. Acessado em: 23.03.2023.

157 Ver, por exemplo, ELLIS-PETERSEN, Hannah. "India's Covid-19 app fuels worries over authoritarianism and surveillance". *The Guardian*, 04 mai. 2020. Disponível em: https://www.theguardian.com/world/2020/may/04/how-safe-is-it-really-privacy-fears-over-india-coronavirus-app.

Simultaneamente, três fatores ajudaram a moderar o impacto da pandemia no Sul Global. Primeiramente, muitos países já tinham experiência no enfrentamento de doenças infecciosas e epidemias – por exemplo, chikungunya, dengue, ebola, H1N1, nipah, SARS e zika. Essas emergências de saúde pública impulsionaram o desenvolvimento de infraestrutura física para o controle de pandemias e criaram um repertório de conhecimentos técnicos e normas de comportamento social que facilitariam a gestão de futuras crises sanitárias.[158] Em segundo lugar, o perfil demográfico no Sul Global, com populações mais jovens e menor proporção de habitantes em áreas urbanas, pode ter ajudado a moderar o impacto da COVID-19, já que os jovens são menos vulneráveis ao coronavírus, e as pessoas nas zonas rurais tendem a estar mais isoladas socialmente. Em terceiro lugar, foi exposto no capítulo V que a pandemia seguiu as rotas comerciais construídas pela economia global neoliberal, que tendem a se desviar dos países mais pobres. Isso lhes deu mais tempo para se preparem

---

Acessado em: 22.03.2023; MUGABI, Isaac. "COVID-19: Security forces in Africa brutalizing civilians under lockdown". *DW*, 20 abr. 2020. Disponível em: https://www.dw.com/en/covid-19-security-forces-in-africa-brutalizing-civilians-under-lockdown/a-53192163. Acessado em: 23.03.2023.

158 ANDERSEN, Hayley. "Unlike the UK, many African nations have an effective test and trace system – this is why". *The Independent*, 17 dez. 2020. Disponível em: https://www.independent.co.uk/voices/africa-test-and-trace-covid-b1774982.html. Acessado em: 20.03.2023; CLIFFE, Jeremy. "Coronavirus hits the Global South". *The New Statesman*, 22 abr. 2020. Disponível em: https://www.newstatesman.com/world/south-america/2020/04/coronavirus-hits-global-south. Acessado em: 22.03.2023; MILAN, Stefania; TRERÉ, Emiliano. "A widening data divide: COVID-19 and the Global South". *Open Democracy*, 03 abr. 2020. Disponível em: https://www.opendemocracy.net/en/openmovements/widening-data-divide-covid-19-and-global-south/. Acessado em: 23.03.2023; MORMINA, Maru; NSOFOR, Ifeanyi M. "What developing countries can teach rich countries about how to respond to a pandemic". *The Conversation*, 15 out. 2020. Disponível em: https://theconversation.com/what-developing-countries-can-teach-rich-countries-about-how-to-respond-to-a-pandemic-146784. Acessado em: 23.03.2023.

para a chegada da pandemia – tempo esse que foi bem aproveitado por alguns países, especialmente Cuba, Gana, Laos, Senegal e Vietnã, bem como pelo estado indiano de Kerala.

Essas experiências bem sucedidas contrastam com os fracassos estarrecedores em países muito mais ricos. As diferenças de desempenho no enfrentamento da pandemia mostram que, embora altos níveis de renda ofereçam maior margem para a compra de ventiladores, apoio aos negócios, garantias de renda, e oferta de subsídios a atividades econômicas; o planejamento e as decisões sobre o melhor uso dos fundos públicos dependem principalmente da capacidade, experiência e preparo do Estado, os quais são pouco correlacionados com a renda per capita do país. Em outras palavras, apesar de o desafio ser mais difícil, bons resultados são possíveis tanto no Sul quanto no Norte Global, e eles dependem mais das escolhas políticas do que da riqueza do país.

7.2 Histórias de sucesso e de fracasso

Os países tiveram experiências extremamente diferentes na pandemia; para uma ilustração, ver a Tabela 1.

Table 1: The impact of the pandemic (selected countries, in order of deaths per million of population)

	Brazil	Italy	UK	USA	Sweden	Germany
Total cases	16,274,695	4,201,827	4,486,168	33,190,470	1,067,107	3,667,041
Cases per million	76,565	69,496	66,084	100,273	105,662	43,768
Total deaths	454,429	125,622	128,010	591,950	14,436	88,000
Deaths per million	2,138	2,078	1,886	1,788	1,429	1,050
GDP per capita (2019)*	8,717	33,226	42,329	65,298	51,648	46,468
GDP growth in 2020 (estimate)	-4.1	-8,9	-9.9	-3.5	-2.8	-4.9

	Turkey	India	Cuba	Senegal	South Korea	Singapore
Total cases	5,212,123	27,369,093	136,628	41,181	138,311	61,916
Cases per million	61,800	19,833	12,063	2,459	2,698	10,583
Total deaths	46,787	315,235	912	1,135	1,943	32
Deaths per million	555	228	81	68	38	5
GDP per capita (2019)*	9,127	2,100	8,822	1,447	31,846	65,233
GDP growth in 2020 (estimate)	1.8	-8.0	-11.0	0.8	-1.0	-5.4

*: Cuba: GDP per capita for 2018.

	New Zealand	China	Taiwan	Vietnam	Laos
Total cases	2,670	91,089	6,091	6,086	1,883
Cases per million	554	63	256	63	259
Total deaths	26	4,636	46	45	2
Deaths per million	5	3	2	0	0
GDP per capita (2019)*	41,558	10,217	25,941	2,715	2,535
GDP growth in 2020 (estimate)	-3.0	2.3	3.1	2.9	-0.4

Sources: World Bank Understanding the COVID-19 pandemic through data, Our World in Data, and Financial Times, IMF World Economic Outlook April 2021, Granma.cu Updated 26 May 2021.

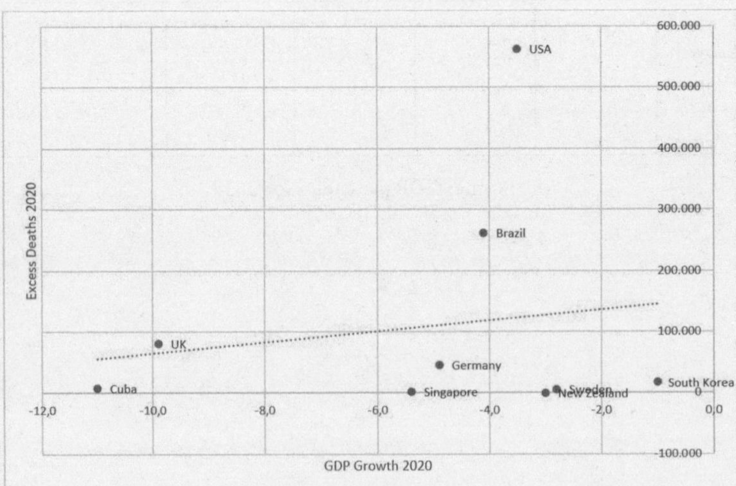

Apesar das diferenças na definição e na qualidade dos dados, a Tabela 1 sugere que as taxas de casos e de mortalidade podem variar drasticamente entre os diferentes países (diferenças semelhantes provavelmente existem dentro dos países).

Dentre os países relativamente "bem sucedidos", isto é, com baixas taxas de casos e mortalidade, estão a China, Cingapura, Coréia do Sul, Cuba, Etiópia, Finlândia, Gana, Islândia, o estado de Kerala na Índia, Laos, Nova Zelândia, Senegal, Taiwan, Uruguai e Vietnã.[159] Já os casos "mal sucedidos" incluem a Bósnia e Herzegovina, Brasil, Colômbia, Espanha, EUA, Equador, Hungria, Índia (exceto Kerala), Irã, Itália, Reino Unido, Rússia, Suécia e Turquia. É importante observar que o desempenho dos países mudou com o tempo; por exemplo, a África do Sul, a Alemanha, a Argentina, o estado de Kerala e Portugal foram bem até a segunda metade de 2020, mas pioraram bastante depois. Todas as experiências oferecem lições sobre a epidemiologia e a economia política das pandemias e, de maneira mais geral, sobre a interação entre os patógenos e o sistema de acumulação em que eles se espalharam. Do ponto de vista da economia política, três lições são especialmente relevantes.[160]

Primeiro, a China deu ao mundo várias semanas para se preparar para a pandemia enquanto ela enfrentava o novo coronavírus sozinha no início de 2020; seu êxito ofereceu lições importantes sobre como combater a pandemia. Na sequência, outros governos do Leste Asiático elaboraram políticas mais ou menos intrusivas ou com maior ou menor uso de recursos. Esses governos tendiam a ter experiências bem-sucedidas de políticas industriais e uma forte base

---

159 Nem todos estão ilustrados na Tabela 1.

160 GENTILINI, Ugo *et al.* "Social Protection and Jobs Responses to COVID-19: a Real-Time Review of Country Measures". *World Bank*, Washington, 2020. Disponível em: https://openknowledge.worldbank.org/handle/10986/33635. Acessado em: 23.03.2023; SAAD FILHO, Alfredo. "From COVID-19 to the end of Neoliberalism". *Critical Sociology*, vol. 46, nº 4-5, 2020.

produtiva (por isso a relevância de sua concentração no Leste Asiático, e a irrelevância do regime político ou do grau de autoritarismo para os resultados dessas políticas). Esses tendiam a ser governos fortes, integrados e com capacidade de formulação e implementação de políticas públicas, e a ter sistemas universais de saúde centralizados, com capilaridade significativa e experiência no enfrentamento de pandemias, especialmente após a SARS, que atingiu a região em 2003.[161] Ademais, esses governos também tenderam a implementar políticas de combate à pandemia bem coordenadas, incluindo, em diferentes medidas, fortes controles de fronteira; *lockdowns* precoces e severos; testagem em massa, rastreamento de contágio e isolamento social; políticas de proteção de rendas, receitas e níveis de consumo; e tecnologias intrusivas para controlar contatos e deslocamentos populacionais. Essas experiências poderiam ter sido reproduzidas pelos países "mal sucedidos" no Ocidente, mas eles se recusaram a fazê-lo, ou mesmo a reconhecer seus próprios desempenhos deploráveis de combate à pandemia. Suas escolhas foram condenáveis, especialmente porque a experiência mostrou que era possível eliminar a COVID-19 mesmo em países de baixa renda. Por conseguinte, o caos e a tragédia mundial eram largamente evitáveis, e as autoridades públicas devem responder por cada morte na pandemia.[162]

A segunda lição é que os governos que mais falharam tendiam a ser neoliberais e autoritários, a terem avançado mais na depredação da economia e do próprio Estado, e a terem reconstruído suas economias com base no individualismo, na exploração, na pilhagem e na proteção dos interesses dos mais ricos em detrimento dos pobres. Esses governos também tendiam a ser despreparados para enfrentar

---

161 MACKENZIE, Debora. *COVID-19*: the pandemic that never should have happened, and how to stop the next one. Londres: The Bridge Street Press, 2020, cap. 1.

162 ABBASI, Kamran. "Covid-19: Social murder, they wrote – elected, unaccountable, and unrepentant". *British Medical Journal*, vol. 372, nº 314, fev. 2021. Disponível em: http://dx.doi.org/10.1136/bmj.n314. Acessado em: 20.03.2023.

os desafios sistêmicos não-militares, especialmente no domínio da saúde pública. Sob o neoliberalismo maduro, as capacidades do Estado foram corroídas em quase todos os lugares e os sistemas de saúde foram esvaziados, fragmentados e parcialmente privatizados, mesmo quando pareciam ser propriedade pública.[163] Essas limitações resultaram da imposição de restrições fiscais rígidas durante muitos anos, da descentralização desordenada das responsabilidades estatais, das privatizações motivadas por questões ideológicas, e da vulnerabilidade dos governos e das agências reguladoras a lobbies predatórios. Ao mesmo tempo, as reformas neoliberais também criaram uma classe trabalhadora precária e empobrecida, altamente vulnerável a crises sanitárias e a perturbações em sua capacidade de obtenção de renda devido à falta de poupanças, más condições de habitação, alimentação precária e padrões de trabalho incompatíveis com estilos de vida saudáveis (ver capítulos I e V).[164]

Quando foram confrontados pela pandemia, os governos "mal sucedidos" – especialmente o Quarteto da Calamidade – estavam propensos a hesitar, se atrapalhar e postergar a tomada de decisões, a optar por políticas contraditórias e a implementá-las

---

163 Para o caso emblemático do Reino Unido, ver Leys (LEYS, Colin. "How Market Reforms Made the NHS Vulnerable to Pandemics". *Socialist Project – The Bullet*, 25 mar. 2020. Disponível em: https://socialistproject.ca/2020/03/how-market-reforms-made-the-nhs-vulnerable-to-pandemics. Acessado em: 23.03.2023), Siddique (SIDDIQUE, Haroon. "Despite PM's praise of nurses, it's Tory policies that made them suffer". *The Guardian*, 13 abr. 2020. Disponível em: https://www.theguardian.com/society/2020/apr/13/despite-pms-praise-of-nurses-its-tory-policies-that-made-them-suffer. Acessado em: 24.03.2023) e Wren-Lewis (WREN-LEWIS, Simon. "Who still thinks austerity was a good idea?" *Mainly Macro*, 07 abr. 2020. Disponível em: https://mainlymacro.blogspot.com/2020/04/who-still-thinks-austerity-was-good-idea.html?m=1. Acessado em: 24.03.2023).

164 SOLTY, Ingar. "The Bio-Economic Pandemic and the Western Working Classes". *Socialist Project – The Bullet*, 24 mar. 2020. Disponível em: https://socialistproject.ca/2020/03/bioeconomic-pandemic-and-western-working-classes/. Acessado em: 24.03.2023.

mal, e a estimular a corrupção galopante ao invés de preservar a vida dos cidadãos. Nesse ínterim, esses mesmos governos negaram a suas populações o conhecimento de como diversos países tinham conseguido conter o coronavírus. Essas falhas políticas foram sintomáticas da desarticulação do Estado e das políticas públicas sob o neoliberalismo. Essas disfunções não se deveram meramente à incompetência assombrosa dos líderes "espetaculares" no poder, à estupidez e corrupção dos principais políticos e funcionários públicos, ou ao egoísmo das elites econômicas. Embora esses fatores tenham sido influentes, as experiências de fracasso no combate à pandemia revelam disfunções políticas sistêmicas nos países neoliberais, especialmente nos autoritários. Neles, o sistema político era, muitas vezes, voltado à consolidação do poder do "líder" através do cultivo de divisões na sociedade e do fomento de conflitos. Por isso, jogar na defensiva não parecia natural para eles.

Apesar de suas proezas midiáticas, os "líderes" tiveram dificuldade em fingir simpatia por outrem ou expressar pena, vergonha ou remorso, e acabaram sendo vistos como insensíveis; frequentemente eles não conseguiam discutir as complexidades da pandemia,[165] e pareciam ignorantes; e eles não conseguiram liderar o combate ao novo coronavírus e pareciam não ter ideia do que estavam fazendo. Donald Trump, Jair Bolsonaro e Narendra Modi sistematicamente sabotaram os especialistas em saúde que eles próprios nomearam com o objetivo de promover curas charlatanescas; por sua vez, os especialistas escolhidos por Boris Johnson desapareciam dos *briefings* oficiais sempre que desviavam das posições oficiais do governo. As políticas de saúde pública foram atrasadas porque a máquina do

---

165 O contra-exemplo foi a explicação precisa sobre a pandemia dada por Angela Merkel, então chanceler da Alemanha; ver Oltermann (OLTERMANN, Philip. "Angela Merkel draws on science background in Covid-19 explainer". *The Guardian*, 16 abr. 2020. Disponível em: https://www.theguardian.com/world/2020/apr/16/angela-merkel-draws-on-science-background-in-covid-19-explainer-lockdown-exit. Acessado em: 23.03.2023).

Estado travou diante da necessidade de enfrentar um desafio que não estava relacionado à promoção do líder. Aqueles líderes, acostumados à visão da política enquanto guerra (os favoráveis *versus* os contrários ao *Brexit*; conservadores *versus* corbynistas; os que defendem a posse de armas *versus* os favoráveis a políticas de controle de armas de fogo; supremacistas brancos *versus* o movimento BLM; os que acreditam no Obamagate *versus* os que acreditam no Russiagate; a Operação Lava Jato *versus* o Lula; a grande imprensa *versus* as *start-ups* evangélicas; hindus *versus* mulçumanos; e assim por diante) e, envoltos em batalhas contra o "Estado profundo",[166] eram mal preparados para enfrentar a COVID-19, um adversário que não reagia à política de divisões e ressentimentos.

Ao invés de motivar a unidade nacional para combater o coronavírus, a tendência dos sistemas políticos autoritários era de proteger o governo, negando a existência da pandemia e recorrendo a fanfarronices, mentiras e acusações contra os "fatalistas" que clamavam por medidas rigorosas de saúde pública. Essa estratégia promoveu divisões sociais e desperdiçou tempo que deveria ter sido aproveitado para aprender as lições das experiências de outros países, tratar das deficiências estratégicas e preparar o país para o enfrentamento da pandemia. Em seguida, os governos neoliberais autoritários frequentemente defenderam a estratégia de "imunidade de rebanho", que viria a ser recebida com repulsa por especialistas em saúde e pela maioria da população, sendo, eventualmente, abandonada devido à forte oposição. A essa altura, contudo, já era tarde demais.

Em suma, a pandemia mostrou que o preço da arrogância é a morte; e que as mortes em massa foram a consequência evitável de uma modalidade degenerativa do neoliberalismo, afligindo em especial os países mais comprometidos com o neoliberalismo autoritário. Os

---

166 Do original, "*deep state*", refere-se à ideia de que existe um Estado paralelo para além dos governos em si, que não é composto por políticos eleitos e atua nos bastidores (N. T.).

diferentes desempenhos no enfrentamento à pandemia mostram que os Estados neoliberais podem até ser eficientes na proteção das finanças, mas eles têm dificuldade em reconhecer seu dever principal de proteger a saúde pública ou de despender recursos e dedicar *expertise* e competência operacional para responder a emergências sanitárias. Quanto mais o Estado foi reconstruído nos moldes neoliberais em nome da "eficiência" do mercado, e quanto maior a mercantilização da reprodução social, menor tendeu a ser a capacidade de formulação de políticas públicas, e menos *expertise* estava disponível para responder a emergências. Quanto mais desarticuladas as instituições estatais, maior era o grau de desindustrialização por meio da "globalização" da produção, e maior tendia a ser a prevalência da COVID-19 e sua taxa de mortalidade.[167] A consequência não foi apenas que vários países ricos se viram incapazes de produzir EPIs e ventiladores (ver capítulo V), mas também que seus setores públicos não conseguiram coordenar nem mesmo as ferramentas políticas disponíveis para responder à tragédia em curso. Essas economias haviam passado as décadas anteriores construindo estruturas financeiras insustentáveis em busca da lucratividade de curto prazo,[168] enquanto seus sistemas de saúde eram incapazes de desempenhar suas funções estatutárias em um momento de necessidade.

A terceira lição é que é perfeitamente possível combater pandemias em sistemas políticos democráticos.[169] Não obstante, alguns

---

167 Para uma visão geral sobre as implicações, ver Bueno de Mesquita, Kapilashrami e Meier (MESQUITA, Judith Bueno de; KAPILASHRAMI, Anuj; MEIER, Benjamin Mason. "Human rights dimensions of the COVID-19 pandemic". *Background paper 11*, comissionado por The Independent Panel for Pandemic Preparedness and Response, mai. 2021. Disponível em: https://theindependentpanel.org/wp-content/uploads/2021/05/Background-paper-11-Human-rights.pdf. Acessado em: 22.03.2023).

168 TOOZE, Adam. *Crashed*: how a decade of Financial Crises Changed the World. Nova York: Viking, 2018.

169 BERENGAUT, Ariana A. "Democracies are Better at Fighting Outbreaks". *The Atlantic*, 24 fev. 2020. Disponível em: https://www.

governos tanto bem quanto mal sucedidos usaram a pandemia como pretexto para avançar rumo a "Estados de exceção", incluindo formas mais intensas de controle social, independentemente das implicações para o controle do vírus. Esses governos usaram a desculpa do vírus para centralizar os poderes no Executivo, limitar os direitos constitucionais, militarizar os espaços públicos, controlar os fluxos de informação e as redes sociais, monitorar os deslocamentos de sua população, e assim por diante. Em alguns casos, essas medidas alcançaram os objetivos oficialmente declarados pelos governos; por exemplo, a África do Sul, Austrália, China e Nova Zelândia impuseram regulamentações severas sobre deslocamentos populacionais que podem ter infringido os direitos civis, mas que foram bem sucedidas na redução dos casos de COVID-19 ao ponto da pandemia poder ser controlada por rigorosos sistemas de testagem, rastreamento e isolamento social (exceto na África do Sul).[170] Em outros casos, as políticas autoritárias alimentaram a corrupção e reforçaram o poder dos grupos dominantes, sem promover ganhos significativos em termos de saúde pública (por exemplo, na Hungria, Índia, Paraguai e Reino Unido).

Os exemplos de sucesso e fracasso no combate ao coronavírus oferecem lições valiosas sobre o que jamais deve se repetir durante uma pandemia: falhas de planejamento; negação do vírus ou esperar que ele desapareça sozinho; promoção de tratamentos charlatanescos para obter ganhos políticos de curto prazo; imposição de sistemas de saúde descentralizados ou que sigam a lógica do mercado ao oferecer cobertura parcial e ter capacidade ociosa mínima devido

---

theatlantic.com/ideas/archive/2020/02/why-democracies-are-better--fighting-outbreaks/606976/. Acessado em: 20.03.2023; CADUFF, Carlo. "What Went Wrong: Corona and the World after the Full Stop". *Medical Anthropology Quarterly*, vol. 34, nº 4, 2020.

170 MICHIE, Susan. "This UK lockdown must be the last. Here's how we can achieve that". *The Guardian*, 21 fev. 2021. Disponível em: https://www.theguardian.com/commentisfree/2021/feb/21/uk-lockdown-health-livelihoods-2021-sage-committee. Acessado em: 23.03.2023.

à "austeridade fiscal" ou em nome da "eficiência"; hesitação na imposição de *lockdowns*, restrições de deslocamentos, fechamento de fronteiras, distanciamento social e uso obrigatório de máscaras faciais; e relutância em proibir aglomerações e grandes eventos em espaços fechados. Os exemplos de sucesso também ilustram o que deve acontecer durante uma pandemia. Países e organizações internacionais devem agir rapidamente;[171] gastar dinheiro suficiente para manter a sociedade unida e a economia em movimento; ter planos de contingência para a indústria manufatureira; construir sistemas de saúde pública centralizados e resilientes com leitos de UTI suficientes e estoques de EPI; e preparar planos robustos para teste, rastreamento e isolamento dos infectados. Ao nível global, novas vacinas podem ser desenvolvidas e testadas com antecedência para se preparar para as pandemias mais prováveis, o que permitiria que as vacinas mais adequadas pudessem ser lançadas rapidamente assim que seja necessário; e um acordo internacional para suspender as patentes sobre vacinas assim que uma pandemia for declarada pela OMS.[172] Não há dúvida de que essas políticas são caras, mas os gastos necessários seriam apenas uma fração das perdas impostas

---

171 MAXMEN, Amy. "How the world failed to curb COVID-19". *Nature*, 12 mai. 2021. Disponível em: https://www.nature.com/articles/d41586-021-01284-5. Acessado em: 23.03.2023; SEBENIUS, Isaac; SEBENIUS, James K. "How many needless Covid-19 deaths were caused by delays in responding? Most of them". *Stat*, 19 jun. 2020. Disponível em: https://www.statnews.com/2020/06/19/faster-response-prevented-most-us-covid-19-deaths/. Acessado em: 24.03.2023.

172 Para um debate mais vasto, ver Hoen *et al.* (HOEN, Ellen't *et al.* "Scaling-up vaccine production capacity: Legal challenges and recommendations". *Background paper 6*, comissionado pelo The Independent Panel for Pandemic Preparedness and Response, mai. 2021. Disponível em: https://theindependentpanel.org/wp-content/uploads/2021/05/Background-paper-6-Scaling-up-vaccinationlegal-aspects.pdf. Acessado em: 23.03.2023) e Wallace-Wells (WALLACE-WELLS, David. "We had the vaccine the whole time". *New York Magazine*, 07 dez. 2020. Disponível em: https://nymag.com/intelligencer/2020/12/moderna-covid-19-vaccine-design.html. Acessado em: 24.03.2023).

pela pandemia, para não falar das centenas de milhares de vidas sacrificadas devido às limitações do neoliberalismo.

As lições decorrentes da pandemia, discutidas acima, ilustram dois enganos que, temporariamente, confundiram os debates sobre a política nesse contexto. Em primeiro lugar, a influência da diferença de gênero dos líderes políticos nos desempenhos obtidos no enfrentamento da pandemia, que pareciam sugerir que os países liderados por mulheres tinham maior probabilidade de terem um bom desempenho (com os exemplos da Dinamarca, Finlândia, Islândia, Nova Zelândia e Taiwan e, por um tempo, também a Alemanha).[173] Em contraste, o Quarteto da Calamidade tinha políticas falocêntricas e era liderado por homens truculentos que muitas vezes se comportavam como adolescentes arruaceiros, teimosos e ineptos. No entanto, até mesmo considerar esse debate já é conceder demais – afinal, Margaret Thatcher era uma mulher, e muitos países bem-sucedidos durante a pandemia foram liderados por homens. O ponto relevante não são as qualidades "essenciais" das mulheres *versus* os homens políticos. A lição essencial é que sociedades mais igualitárias tendem a ter Estados mais democráticos, e esses também são países onde as mulheres tendem a ser mais valorizadas em casa, respeitadas no trabalho e, em parte como consequência, mais bem-sucedidas na política. A questão, então, não é simplesmente empurrar mais mulheres para posições de poder, independentemente de seus pontos de vista; trata-se de promover sistemas, valores, políticas e princípios de

---

173 Ver, por exemplo, Henley (HENLEY, Jon. "Female-led countries handled coronavirus better, study suggests". *The Guardian*, 18 ago. 2020. Disponível em: https://www.theguardian.com/world/2020/aug/18/female-led-countries-handled-coronavirus-better-study-jacinda-ardern-angela-merkel. Acessado em: 23.03.2023); para uma refutação, ver Randall (RANDALL, Ian. "Countries led by women have NOT fared significantly better in the COVID-19 pandemic than those led by men, study finds". *Daily Mail*, 31 dez. 2020. Disponível em: https://www.dailymail.co.uk/sciencetech/article-9102585/COVID-19-Countries-led-women-NOT-fared-significantly-better-pandemic.html. Acessado em: 23.03.2023).

cidadania, e construir sociedades mais abertas, igualitárias e democráticas. Esses países tenderão a ter mais mulheres na política, mas também tenderão a ter uma tributação mais progressiva e sistemas de saúde mais integrados e abrangentes, e serão mais capazes de proteger a todos em uma pandemia, quaisquer que sejam os nomes à frente do governo.

O segundo engano era a suposição de que a pandemia marcaria uma transferência da hegemonia global do Ocidente para o Oriente, uma vez que este obviamente se saiu muito melhor no enfrentamento da pandemia, enquanto o primeiro estava se afundando, perdendo prestígio e, inevitavelmente, terá uma recuperação econômica mais lenta. A questão, entretanto, é que não há um "Ocidente" contra um "Oriente" indiferenciado: a história da pandemia não se refere a diferenças geográficas, mas a sistemas de acumulação, capacidades estatais e políticas públicas; em particular, a pandemia é uma história das crises do neoliberalismo e de como elas impactaram a saúde pública. Este deve ser o foco da análise, e as lições devem ser aprendidas, venham de onde vierem.

CAPÍTULO VIII

REINO UNIDO: UMA CONVERGÊNCIA DE DESASTRES

No início de 2020, a vida pública no Reino Unido passou a ser dominada pela convergência de um processo desastroso de *Brexit* com uma pandemia catastrófica. A sinergia entre eles culminou em um dos maiores números totais de mortes pela COVID-19 no mundo, excedendo 170 mil mortes no início de 2022, além de uma das maiores taxas de morte per capita do mundo. Lamentavelmente, a tragédia penalizou desproporcionalmente os mais pobres, as minorias, os idosos e os portadores de necessidades especiais.

8.1 O Partido Conservador e a pandemia

Embora a pandemia tenha sido imposta por eventos exógenos, a resposta política estava nas mãos do governo britânico. Ao invés de seguir os exemplos bem sucedidos ao redor do mundo, especialmente na Ásia (incluindo a Nova Zelândia e Taiwan, que, assim como o Reino Unido, também são ilhas), o governo conservador, liderado pelo desastroso e pouco confiável primeiro-ministro Boris Johnson, se embrenhou em uma sequência chocante de erros políticos derivados de sua devoção fanática às ideologias neoliberais, corrupção e à lucratividade do setor privado.

As coisas não precisavam ter sido assim. A probabilidade de uma pandemia similar à gripe estava no alto das preocupações dos setores responsáveis no governo, e o Reino Unido era obviamente vulnerável devido a suas fortes conexões internacionais, grandes aeroportos, enorme setor de turismo, e ao hábito britânico de passar férias e feriados no exterior.[174] Assim, seria relativamente fácil para um novo vírus entrar no Reino Unido. O vírus também encontraria ali um terreno propício para se disseminar, por causa das graves desigualdades de renda e de riqueza,[175] da superlotação dos transportes públicos e das moradias, as quais também são precárias, especialmente em Londres, nas "Midlands" entre o País de Gales e Lincoln, passando por Birmingham e Leicester e no Norte da Inglaterra – justamente as áreas que viriam a ser mais severamente atingidas pela COVID-19. Essas vulnerabilidades foram reforçadas por quarenta anos de neoliberalismo e dez anos de políticas de "austeridade fiscal", que tiveram implicações graves para a saúde pública.[176] Por exemplo,

---

174 Os aeroportos britânicos receberam entre 7 e 11 milhões de passageiros por mês em 2019, ver UK Home Office (UK HOME OFFICE. "Statistics relating to passenger arrivals since the COVID-19 outbreak, August 2020". *Estatísticas oficiais*, 27 ago. 2020. Disponível em: https://www.gov.uk/government/statistics/statistics-relating-to-passenger-arrivals-since-the-covid-19-outbreak-august-2020/statistics-relating-to-passenger-arrivals-since-the-covid-19-outbreak-august-2020. Acessado em: 24.03.2023) e Leys (LEYS, Colin. "100,000 Deaths and a White Paper: what we need instead in Britain". *Socialist Project – The Bullet*, 02 mar. 2021. Disponível em: https://socialistproject.ca/2021/03/100000-deaths-and-a-white-paper/. Acessado em: 23.03.2023), o que é uma das causas do que viria a acontecer durante a pandemia.

175 OECD. "Income inequality". *OECD*. Disponível em: https://data.oecd.org/inequality/income-inequality.htm. Acessado em: 27.04.2023.

176 MARMOT, Michael *et al. Health Equity in England*: the Marmot Review 10 Years On. Londres: Institute of Health Equity, 2020. Disponível em: https://www.health.org.uk/publications/reports/

a redução sistemática do número de leitos hospitalares do Serviço Nacional de Saúde (NHS na sigla em inglês) do Reino Unido em nome de "ganhos de eficiência" fez com que taxas de ocupação de leitos em torno de 90% fossem consideradas "normais", e 100% de ocupação no inverno se tornassem rotina. Outro fator sintomático da degradação do NHS foi a redução de pessoal ao ponto em que os hospitais de campanha construídos em questão de dias para o atendimento a pacientes com COVID-19 nunca puderam ser usados como pretendido devido à falta de enfermeiros especializados.

Quando a pandemia chegou ao Reino Unido, ela rapidamente desmascarou o Partido Conservador (e o malfadado governo de coalizão no poder entre 2010 e 2015, bem como o seu antecessor, do "Novo Trabalhismo" (New Labour), que tinha governado entre 1997 e 2010) por terem atacado a resiliência social e degradado deliberada e sistematicamente o NHS. Mesmo quando recursos foram gastos nos serviços de saúde, como foi o caso sob o Novo Trabalhismo, o objetivo principal era fragmentar e esvaziar o sistema, privatizar tudo o que fosse possível, impor relações de concorrência independentemente dos custos ou das implicações para a eficiência do sistema, e expandir a dependência do setor de saúde da obtenção de lucros privados no curto-prazo.[177] Por fim, o estoque estratégico

---

the-marmot-review-10-years-on. Acessado em: 23.03.2023; MICHELL, Jo. "Coronavirus Reveals the Cost of Austerity". *Tribune*, 10 abr. 2020. Disponível em: https://tribunemag.co.uk/2020/04/coronavirus-reveals-the-cost-of-austerity. Acessado em: 23.03.2023.

177 HALL, David *et al*. "Privatised and unprepared: the NHS supply chain". *PSIRU Working Paper*, University of Greenwich, mai. 2020. Disponível em: https://gala.gre.ac.uk/28230. Acessado em: 23.03.2023; LAWRENCE, Felicity *et al*. "How a decade of privatisation and cuts exposed England to coronavirus". *The Guardian*, 31 mai. 2020. Disponível em: https://www.theguardian.com/world/2020/may/31/how-a-decade-of-privatisation-and-cuts-exposed-england-to-coronavirus. Acessado em: 23.03.2023; LEYS, Colin; PLAYER, Stewart. *The Plot against the NHS*. Londres: Merlin Press, 2011; MARMOT, Michael *et al*. *Fair Society, Healthy Lives*: the Marmot Review. Londres: Institute of Health Equity,

de EPIs do Reino Unido foi privatizado, centralizado em um local inadequado, esvaziado, deixado para apodrecer, e quase totalmente desconsiderado, à medida em que o Estado perdeu a capacidade de planejar o combate a emergências sanitárias.[178] Essas deficiências foram reveladas pela Operação Cygnus, um exercício de simulação de uma pandemia de gripe realizado em 2016. A Operação revelou lacunas graves na prontidão dos serviços de saúde, sua falta de capacidade de reação, e falta de equipamentos – mas nada foi feito a respeito disso, em parte devido à fragmentação de responsabilidades entre o governo e o NHS, e, em parte, pela falta de recursos.[179]

No início da pandemia havia uma oportunidade de adotar uma estratégia de eliminação do coronavírus, mas, ao invés disso, foi feita uma escolha política de acomodá-lo, a fim de "proteger a

---

2010. Disponível em: https://www.instituteofhealthequity.org/resources-reports/fair-society-healthy-lives-the-marmot-review. Acessado em: 23.03.2023.

178 DAVIES, Harry. "Private firm running UK PPE stockpile was sold in middle of pandemic". *The Guardian*, 22 abr. 2020. Disponível em: https://www.theguardian.com/world/2020/apr/22/revealed-private-firm-running-uk-ppe-stockpile-was-sold-in-middle-of-pandemic. Acessado em: 22.03.2023; FOSTER, Peter; NEVILLE, Sarah. "How poor planning left the UK without enough PPE". *Financial Times*, 01 mai. 2020. Disponível em: https://www.ft.com/content/9680c20f-7b71-4f65-9bec-0e9554a8e0a7. Acessado em: 23.03.2023; SYAL, Rajeev. "Government ignored warning to stockpile PPE as Covid-19 spread". *The Guardian*, 12 jun. 2020. Disponível em: https://www.theguardian.com/world/2020/jun/12/government-ignored-warning-to-stockpile-ppe-as-covid-19-spread. Acessado em: 24.03.2023.

179 HOPKINS, Nick. "Revealed: UK ministers were warned last year of risks of coronavirus pandemic". *The Guardian*, 24 abr. 2020. Disponível em: https://www.theguardian.com/world/2020/apr/24/revealed-uk-ministers-were-warned-last-year-of-risks-of-coronavirus-pandemic. Acessado em: 23.03.2023; WENHAM, Clare. "The UK was a global leader in preparing for pandemics. What went wrong with coronavirus?" *The Guardian*, 01 mai. 2020. Disponível em: https://www.theguardian.com/commentisfree/2020/may/01/uk-global-leader-pandemics-coronavirus-covid-19-crisis-britain. Acessado em: 24.03.2023.

economia". Ao contrário da China, Nova Zelândia e Taiwan, que adotaram estratégias de eliminação,[180] a escolha do governo britânico pressupunha que a COVID-19 se enraizaria e se tornaria uma praga permanente, inevitavelmente com consequências globais. Este erro foi agravado por um nível impressionante de incompetência dos *Brexiteers* – isto é, os devotos da saída do Reino Unido da União Europeia – que tomaram o poder sob o governo de Boris Johnson, e sua completa incapacidade de fazer o que havia se tornado central: implementar uma estratégia consistente de distanciamento social, incluindo um *lockdown* imediato; provisionar o NHS com equipamentos e pessoal capacitado; proteger os mais vulneráveis, os idosos, as pessoas com deficiências, as minorias e os trabalhadores de serviços essenciais; e evitar a importação contínua de novas variantes do coronavírus. Na realidade, a saúde pública nunca foi prioridade para o governo. Sua atenção sempre esteve voltada para o *Brexit* e para a transferência do máximo de dinheiro público possível para a iniciativa privada, independentemente das consequências para a saúde da população.

Neste contexto, não é surpresa que nas primeiras semanas de 2020 o governo tenha escolhido a "imunidade de rebanho" como sua principal estratégia para o coronavírus. O conselheiro-chefe

---

180 BISSETT, Amy Nelmes. "Elimination policy, business funds, and total transparency: Jacinda Ardern is showing how to lead a country through crisis". *The Independent*, 17 abr. 2020. Disponível em: https://www.independent.co.uk/news/world/australasia/jacinda-ardern-new-zealand-coronavirus-world-leaders-mental-health-cases-a9470531.html. Acessado em: 20.03.2023; KLEIN, Alice. "Why New Zealand decided to go for full elimination of the coronavirus". *New Scientist*, 23 jun. 2020. Disponível em: https://www.newscientist.com/article/2246858-why-new-zealand-decided-to-go-for-full-elimination-of-the-coronavirus. Acessado em: 23.03.2023; FITZPATRICK, Patricia. "How Taiwan beat COVID-19 – new study reveals clues to its success". *The Conversation*, 15 abr. 2021. Disponível em: https://theconversation.com/how-taiwan-beat-covid-19-new-study-reveals-clues-to-its-success-158900. Acessado em: 23.03.2023.

para assuntos científicos do governo britânico, Sir Patrick Vallance, declarou em março de 2020 que

> nosso objetivo [é] tentar reduzir o pico – não suprimir [o vírus] completamente, até porque a maioria das pessoas desenvolvem uma doença leve, para acumularmos algum grau de imunidade de rebanho enquanto protegemos os mais vulneráveis.

Na visão de Vallance, aproximadamente 60% da população britânica teria que se infectar para que esse objetivo fosse atingido.[181]

Apesar de negarem depois, as palavras e ações de vários altos funcionários do governo foram consistentes com uma estratégia de imunidade de rebanho.[182] Embora o primeiro-ministro não tenha falado sobre isso publicamente, o ministro da saúde italiano informou que Johnson lhe disse em uma ligação privada que seu objetivo era a imunidade de rebanho.[183] A estratégia foi novamente considerada em setembro de 2020, quando o primeiro-ministro teve uma reunião com três conhecidos defensores da imunidade de rebanho, incluindo o criador da fatídica abordagem sueca, Anders Tegnell.[184] Essa insistência deveu-se à decisão de que os lucros para

---

181 KERMANI, Secunder. "Coronavirus: Whitty and Vallance faced 'herd immunity' backlash, emails show". *BBC News*, 23 set. 2020. Disponível em: https://www.bbc.co.uk/news/uk-politics-54252272. Acessado em: 23.03.2023.

182 BOURGERON, Théo. "'Let the virus spread': a doctrine of pandemic management for the libertarian-authoritarian capital accumulation regime". *Organization*, 25 fev. 2021. Disponível em: https://journals.sagepub.com/doi/10.1177/1350508421995741. Acessado em: 20.03.2023.

183 PAYNE, Adam. "Boris Johnson told Italy's prime minister the UK had been aiming for coronavirus herd immunity, new documentary reveals". *Insider*, 03 jun. 2020. Disponível em: https://www.businessinsider.com/boris-johnson-told-italian-pm-conte-coronavirus-herd-immunity-plan-2020-6?r=US&IR=T. Acessado em: 23.03.2023.

184 MCNALLY, Alan. "Backers of 'herd immunity' shouldn't have been allowed near Boris Johnson". *The Guardian*, 14 dez. 2020. Disponível

seus amigos e os benefícios colaterais para si próprio (o que ficou conhecido como a "chumocracia"[185] em torno de Johnson) eram mais importantes do que a vida de outras pessoas.[186] Depois de um certo ponto, essa opção se tornou um fato consumado, já que o Reino Unido se tornaria incapaz de conter o coronavírus. As implicações de vida ou morte dessas escolhas políticas foram agravadas pela desonestidade, corrupção e disfuncionalidade impressionantes do governo britânico.[187]

O abandono deliberado de seu dever pelo governo foi confrontado por uma crescente revolta, incluindo uma carta aberta assinada por 200 cientistas demandando uma resposta à pandemia então emergente.[188] No dia 17 de março de 2020, Patrick Vallance declarou

---

em: https://www.theguardian.com/commentisfree/2020/dec/14/herd-immunity-boris-johnson-coronavirus. Acessado em: 23.03.2023.

185 Termo para se referir a um governo que nomeia a cargos públicos amigos ou pessoas que têm origens sociais parecidas (se formaram nas mesmas escolas ou universidades, frequentam os mesmos círculos sociais, etc.). O termo surge da junção entre as palavras em inglês "*chum*" (amigo próximo) e o sufixo "*ocracy*" (tipo de governo ou regime) (N. T.).

186 GEOGHEGAN, Peter. "Cronyism and Clientelism". *London Review of Books*, vol. 42, nº 21, 05 nov. 2020. Disponível em: https://www.lrb.co.uk/the-paper/v42/n21/peter-geoghegan/cronyism-and-clientelism. Acessado em: 23.03.2023; NEWTON, Francesca. "The 'Chumocracy' Is Just British Capitalism in Action". *Tribune*, 23 abr. 2021.

187 COBURG, Tom. "The £5.5bn PPE scandal that goes to the core of government incompetence – and that's just for starters". *The Canary*, 11 jul. 2020. Disponível em: https://www.thecanary.co/uk/analysis/2020/07/11/the-5-5bn-ppe-scandal-that-goes-to-the-core-of-government-incompetence-and-thats-just-for-starters/. Acessado em: 22.03.2023; KINDER, T.; PLIMMER, G. "UK government paid £1.7bn to private groups for coronavirus contracts". *Financial Times*, 04 jun. 2020. Disponível em: https://www.ft.com/content/7fe7c2d5-24df-431b-9149-50417fa0236a. Acessado em: 23.03.2023; WHYTE, David. (Coord.). *How Corrupt is Britain?* Londres: Pluto Press, 2015.

188 VAN WAGTENDONK, Anya. "The UK backs away from 'herd immunity' coronavirus proposal amid blowback". *Vox*, 15 mar. 2020. Disponível em: https://www.vox.com/world/2020/3/15/21180414/

que se houvessem 20 mil mortes por COVID-19 no Reino Unido isso significaria um "bom resultado".[189] Essa declaração gerou grande incredulidade, pois esse número de mortes parecia inaceitável. Logo depois, a equipe do Imperial College liderada por Neil Ferguson, um membro do Conselho Científico para Emergências (SAGE) do governo estimou que a política em andamento levaria a 250 mil mortes – em retrospecto, uma subestimação enorme, mas, à época, esse número parecia inimaginavelmente alto.[190] Este artigo, rapidamente vazado, transformou o descontentamento com a inércia governamental em um total frenesi. A circulação desse artigo enfureceu o governo, e há boatos que, em represália, os serviços de informação vazaram rumores sobre a vida pessoal de Ferguson para a imprensa de direita, forçando-o a renunciar do SAGE em maio daquele ano.

Ficando sem argumentos e enfrentando uma opinião pública cada vez mais enfurecida, o primeiro-ministro Johnson mudou completamente seu discurso e anunciou um *lockdown* nacional a partir de 23 de março de 2020 – mas, àquela altura, já era tarde demais. O coronavírus estava por todos os lugares, cerca de 13 mil casos já tinham sido registrados e 365 pessoas tinham morrido por COVID-19 no Reino Unido. Nesse meio tempo, vários eventos públicos ocorreram sem qualquer tipo de restrição, como o Festival de Cheltenham (uma competição de corrida de cavalos) com um público de 250 mil pessoas entre 10 e 13 de março, e o jogo de

---

coronavirus-uk-herd-immunity-vallance-johnson. Acessado em: 24.03.2023.

189 HEFFER, Greg. "Coronavirus: Experts once said 20,000 deaths was a 'good outcome' – So where is the UK headed now?" *Sky News*, 27 abr. 2020. Disponível em: https://news.sky.com/story/coronavirus-experts-once-said-20-000-deaths-was-a-good-outcome-so-where-is-the-uk-headed-now-11978609. Acessado em: 23.03.2023.

190 COOKSON, C. "UK's original coronavirus plan risked 'hundreds of thousands' dead". *Financial Times*, 16 mar. 2020. Disponível em: https://www.ft.com/content/249daf9a-67c3-11ea-800d-da70cff6e4d3. Acessado em: 22.03.2023.

futebol entre o Liverpool e o Atlético de Madrid, que foi assistido por 50 mil torcedores, incluindo 3 mil vindos da Espanha, onde o coronavírus já era prevalente.[191] O número de mortes passou a crescer rapidamente, mas o governo continuou atrasado. No início de maio, o Reino Unido tinha se tornado o país europeu com o maior número de mortes por COVID-19, uma dúbia distinção que seria mantida.[192] Por fim, ao longo da pandemia, a insensibilidade com que o governo britânico tratou as pessoas com necessidades especiais e as que vivem em asilos, que já eram vítimas de tratamento injusto sob o neoliberalismo, se configurou como um dos mais graves escândalos na Europa Ocidental do pós-guerra.[193]

O Reino Unido foi levado ao pior dos mundos por conta da decisão inicial do governo de fechar os olhos para a pandemia; minimizar o problema e postergar ao máximo a tomada de medidas,[194]

---

191 CUNNINGHAM, Sam. "Liverpool vs Atletico Madrid: the Champions League match that should never have happened". *INews*, 21 abr. 2020. Disponível em: https://inews.co.uk/sport/football/champions-league/liverpool-atletico-madrid-coronavirus-merseyside-spain-champions-league-fixture-march-2020-420585. Acessado em: 22.03.2023.

192 KONTOPANTELIS, Evangelos *et al.* "Excess mortality in England and Wales during the first wave of the COVID-19 pandemic". *Journal of Epidemiology and Community Health*, vol. 75, nº 3, 2020.

193 GILES, G. "Deaths from Coronavirus Far Higher in England than First Reported". *Financial Times*, 07 abr. 2020. Disponível em: https://www.ft.com/content/c07e267b-7bca-418f-ad9e-8631a29854cb. Acessado em: 23.03.2023; PEGG, David; BOOTH, Robert; CONN, David. "Revealed: the secret report that gave ministers warning of care home coronavirus crisis". *The Guardian*, 07 mai. 2020. Disponível em: https://www.theguardian.com/world/2020/may/07/revealed-the-secret-report-that-gave-ministers-warning-of-care-home-coronavirus-crisis. Acessado em: 23.03.2023; WALSH, Nick Paton; KREVER, Mick. "The UK's 'coronavirus dashboard' may be under-reporting deaths significantly". *CNN*, 07 abr. 2020. Disponível em: https://edition.cnn.com/2020/04/07/uk/coronavirus-uk-deaths-intl-gbr/index.html. Acessado em: 24.03.2023.

194 BOOTH, Robert. "Delaying England's winter lockdown 'caused up to 27,000 extra Covid deaths'". *The Guardian*, 18 mar. 2021. Disponível

e, quando finalmente adotando providências de saúde pública, implementá-las com máxima inépcia, além da incompetência dramática do setor privado, que recebeu bilhões de libras em troca de muito pouco. Isso gerou incontáveis mortes (literalmente incontáveis, pois durante vários meses houve um esforço deliberado para subnotificar as mortes por COVID-19), além de perdas econômicas de centenas de bilhões de libras: a renda nacional do Reino Unido caiu em 9,9% em 2020, em comparação com 3,5% nos EUA e 4,9% na Alemanha, enquanto a renda nacional da China cresceu.[195] Pior ainda, a decisão dos governos do Brasil, EUA, Índia e Reino Unido, dentre outros países, de deixar o vírus se espalhar, garantiu que se tornaria impossível eliminá-lo em qualquer lugar do mundo e que, por conseguinte, novas variantes continuariam a surgir. A consequência inevitável é que as grandes indústrias farmacêuticas terão altíssimos lucros por anos a perder de vista, produzindo vacinas para mercados garantidos pelo setor público, enquanto os idosos, os desamparados, os pobres e os desafortunados continuarão a sofrer e morrer.[196]

---

em: https://www.theguardian.com/uk-news/2021/mar/18/delaying-englands-winter-lockdown-caused-up-to-27000-extra-covid-deaths. Acessado em: 20.03.2023; MERRICK, Rob; WOODCOCK, Andrew. "Downing Street fails to deny report that Boris Johnson said UK should 'ignore' threat from Covid". *The Independent*, 16 mar. 2021. Disponível em: https://www.independent.co.uk/news/uk/politics/covid-boris-johnson-ignore-pandemic-b1817719.html. Acessado em: 23.03.2023; SRIDHAR, Devi. "Here are five ways the government could have avoided 100,000 Covid deaths". *The Guardian*, 27 jan. 2021. Disponível em: https://www.theguardian.com/commentisfree/2021/jan/27/five-ways-the-government-could-have-avoided-100000-covid-deaths. Acessado em: 24.03.2023.

195 FUNDO MONETÁRIO INTERNACIONAL – FMI. "*World Economic Outlook*, January 2021 Update". Washington, DC, 2021.

196 KOLLEWE, Julia. "Pfizer forecasts $26bn from annual sales of Covid-19 vaccine". *The Guardian*, 04 mai. 2021. Disponível em: https://www.theguardian.com/business/2021/may/04/pfizer-forecasts-26bn-annual-sales-covid-vaccine. Acessado em: 23.03.2023; SELL, Susan K. "What COVID-19 reveals about twenty-first century capitalism: adversity and opportunity". *Development*, vol. 63, nov. 2020.

Em questão de poucas semanas, tornou-se evidente o colossal fracasso da estratégia adotada pelo governo na pandemia – uma estratégia pautada pelo descaso à vida e a injeção de recursos públicos em bolsos privados o mais rapidamente possível. Nada poderia ser mais emblemático desse desastre do que a privatização do (suposto) programa de Teste e Rastreamento do NHS, responsável pelos testes de COVID-19 em todo o país, e por rastrear e isolar aqueles que testaram positivo e os que tiveram contato com eles. Esse programa recebeu £22 bilhões em 2020-2021, mas foi tão mal administrado que o Serviço Nacional de Auditoria concluiu que ele não fez diferença mensurável nos resultados; dentre outras coisas, o serviço falhou completamente em conter a segunda e a terceira ondas da pandemia no outono e inverno de 2020, apesar de elas terem sido previstas vários meses antes.[197] Em suma:

> O projeto [de Teste e Rastreamento] foi (...) fundamentalmente mal concebido, não tendo nenhum componente para monitorar ou impor o isolamento de pessoas que testaram positivo para a COVID-19 e aqueles com quem tinham entrado em contato, e não fazendo nenhuma provisão realista para manter as rendas dessas pessoas enquanto elas não estão trabalhando. Portanto, além do atraso na entrega dos resultados dos testes e das limitações da abordagem de "call center" para rastrear e fornecer contatos (apenas cerca de 60% dos contatos de pessoas com resultado positivo foram avisados a tempo de impedir que transmitissem o vírus se eles tivessem sido contaminados), o cumprimento do isolamento

197 NATIONAL AUDIT OFFICE – NAO. "The government's approach to test and trace in England – interim report". *National Audit Office*, dez. 2020. Disponível em: https://www.nao.org.uk/report/the-governments-approach-to-test-and-trace-in-england-interim-report/. Acessado em: 23.03.2023; POLLOCK, Allyson. "Test-and-trace workers are paying the price for the government's outsourcing zeal". *The Guardian*, 12 mai. 2021. Disponível em: https://www.theguardian.com/commentisfree/2021/may/12/test-trace-workers-government-outsourcing. Acessado em: 23.03.2023.

> foi mínimo: em agosto de 2020, cinco meses após a criação do Teste e Rastreamento do NHS, menos de um quinto das pessoas que testaram positivo e apenas 11% de seus contatos identificados estavam se isolando. Em suma, todo o propósito dos testes em massa foi derrotado, mas nada foi feito para mudar essa situação. Duas semanas de isolamento são desagradáveis, mas duas semanas sem renda são impossíveis para os chefes de família de baixa renda, muitos dos quais se recusam a fazer o teste por medo de serem instruídos a se auto-isolarem e correrem o risco de perderem sua renda ou até mesmo seus empregos (...). [O] custo de fornecer apoio total à renda por duas semanas para pessoas isoladas seria muito menor do que o custo estimado de manter vários milhões de pessoas em licença (cerca de £5,5 bilhões por mês até dezembro de 2020); e teria um grande impacto na supressão do vírus, eventualmente tornando desnecessário o apoio à renda para todos os outros.[198]

Não há dúvida que uma transferência de £22 bilhões diretamente para as famílias que tivessem que se isolar teria contribuído mais para o bem-estar social, mas isso não teria trazido ganhos para os amigos dos governantes britânicos. Evidentemente, esta opção nunca foi considerada seriamente pelo Poder Público.[199]

---

198 LEYS, Colin. "100,000 Deaths and a White Paper: what we need instead in Britain". *Socialist Project - The Bullet*, 02 mar. 2021. Disponível em: https://socialistproject.ca/2021/03/100000-deaths-and-a-white-paper/. Acessado em: 23.03.2023 (tradução nossa).

199 FITZROY, Felix; SPENCER, David. "Economic Policy Response to the Pandemic: From COVID-19 Emergency to Economic Democracy". *IZA Policy Paper No. 160*, jun. 2020. Disponível em: https://www.iza.org/publications/pp/160/economic-policy-response-to-the-pandemic-from-covid-19-emergency-to-economic-democracy. Acessado em: 23.03.2023.

8.2 O realismo mágico do Brexit

O *Brexit* foi um veneno injetado desnecessariamente no corpo da nação, com consequências tóxicas para os pobres, as minorias étnicas, os imigrantes e os jovens, e com implicações possivelmente letais para o próprio Reino Unido – tudo para o benefício de uma elite financeirizada predatória e apegada a uma versão radical do neoliberalismo. Enquanto projeto de classe, o *Brexit* expressou uma escolha esgotada, do tipo de "fim de império", contra qualquer forma de estratégia econômica de longo prazo e contra a democracia, disfarçada de rebelião dos "perdedores" contra a elite metropolitana. Na realidade, o propósito do *Brexit* sempre foi abrir novos espaços para a acumulação predatória e financeirizada, com a Grã-Bretanha se especializando, cada vez mais, na pilhagem global e na intermediação de fluxos de mais-valia, em vez da produção de bens. Em outras palavras, o verdadeiro projeto por trás do *Brexit* é acorrentar, cada vez mais, a nação às finanças globais, para que o Reino Unido possa viver das comissões do tráfico dos frutos da exploração em qualquer lugar do mundo. As consequências assombrarão as nações do Reino Unido por décadas.

Às margens desse debate, os *Lexiteers*,[200] ou *Brexiteers* de extrema-esquerda, defendiam a ideia de que a União Europeia era um clube neoliberal do qual o Reino Unido deveria se retirar, porque a burocracia maligna da UE impediria qualquer governo progressista de implementar suas escolhas políticas. Esta deve ser uma das contribuições mais equivocadas para o debate político britânico nos últimos tempos, por três razões. Primeiramente, algumas das regras mais restritivas da UE foram originalmente desenhadas e testadas pelo Reino Unido, enquanto sucessivos governos britânicos se recusaram a implementar outras normas da UE porque elas não eram "neoliberais o suficiente" (um exemplo típico foi a diretiva do tempo máximo de

---

200 Os defensores de esquerda da saída do Reino Unido da UE. O termo surge da junção entre as palavras em inglês *left* (esquerda) e *exit* (saída) (N. T.).

trabalho semanal). Em segundo lugar, nos últimos anos, as regras da UE protegeram mais do que atacaram os direitos trabalhistas e as liberdades civis no Reino Unido (por exemplo, em torno dos direitos humanos, liberdade de informação e proteção da privacidade). Em terceiro lugar, o posicionamento dos "*Lexiteers*" implicava que os trabalhadores, as minorias e os pobres sairiam ganhando de um projeto impulsionado pela imprensa de extrema-direita, pela elite mais reacionária, pelos fundos de *hedge* transnacionais, por um punhado de capitalistas bucaneiros (que, uma vez que o referendo do *Brexit* foi vencido, prepararam seus passaportes estrangeiros e se mudaram para o exterior), e por uma camarilha de operadores lumpen-burgueses corruptos liderados por Boris Johnson, Michael Gove, Arron Banks, Nigel Farage e Dominic Cummings. Evidentemente, eles não são a "vanguarda do proletariado". Enquanto tentam transformar a City de Londres em um paraíso fiscal com excelentes restaurantes, os miliardários defensores do *Brexit* dão gargalhadas frente aos debates na esquerda.

Em contraste com a política ingênua dos *Lexiteers*, o *Brexit* estava fortemente baseado na realidade material. Contudo, tendo em vista suas implicações reacionárias, esse tipo de projeto só poderia ganhar um referendo popular depois de passar por uma cuidadosa curadoria de mentiras e discórdias para dividir a classe trabalhadora (ver capítulo IV). Tal como a Santíssima Trindade cristã, o *Brexit* sempre foi envolto em mistério e marcado pela impossibilidade de saber o que estava sendo decidido em 2016. Os *Brexiteers* fingiram ter certeza quando eles não faziam ideia do que estavam propondo; venderam mentiras que a imprensa "respeitável" repetiu sem hesitar e sem um pingo de vergonha; aumentavam o tom de voz quando tinham dúvidas; transformaram debates complexos em uma competição de quem grita mais alto, e dividiram o país para não terem que se explicar, já que era impossível chegar a um acordo sobre qual falsidade, ilusão ou miragem seria mais eficaz em cada momento.

O aventurismo ganancioso e a irresponsabilidade política dos *Brexiteers* lançam nova luz sobre a tautologia da ex-primeira-ministra

Theresa May de que "*Brexit* significa *Brexit*": essa tolice implicava que o *Brexit* seria qualquer coisa que a gangue de criminosos liderando esse projeto conseguisse impor. E assim, o Reino Unido acabou empobrecido e afundou-se em uma bagunça política profana, com um tratado inevitável, mas também inexequível com a UE, uma burguesia confusa e uma classe trabalhadora ainda mais desprovida de direitos e proteções do que antes. Tudo estava indo de acordo com o planejado, e o espaço para a futuras pilhagens estava garantido. Dado esse pano de fundo histórico, a chegada da pandemia parecia ser só mais um detalhe, e foi tratada como tal por várias semanas pelo Partido Conservador e por seus amigos no mercado e na imprensa.

8.3 A oposição sumiu

Em oposição meramente nominal ao duplo caos do *Brexit* e da pandemia causado pelo Partido Conservador, estava o Partido Trabalhista, liderado por Sir Keir Starmer, que foi condecorado como Cavaleiro Comandante da Ordem do Banho (KCB) em 2014 e apontado para o Conselho da Rainha (QC) em 2012. Infelizmente para um galanteador que se colocou elegantemente a postos, Starmer logo se tornou uma vergonha política e um repositório de decepções e esperanças desperdiçadas.

As primeiras intervenções de Starmer na Câmara dos Comuns foram recebidas com adoração pelos remanescentes envelhecidos do fã-clube de Tony Blair, e sua aprovação se transformou em um frenesi quando Starmer assumiu seu verdadeiro trabalho – não de se opor ao governo conservador no meio de um *Brexit* caótico e uma trágica pandemia, mas a tarefa aparentemente mais importante de expurgar a esquerda de seu próprio partido. Em grande parte, Starmer aprovou as políticas governamentais, independentemente do número de mortes registradas, enquanto tentava se apresentar como mais "responsável" do que Boris Johnson – o que não é uma tarefa difícil, já que o sarrafo estava muito baixo. No entanto, a passividade monótona de Starmer o tornou tedioso, e o tédio não vende jornais nem ganha eleições.

A queda da graça foi rápida e humilhante. Clamores de aprovação foram substituídos pelo tamborilar de dedos nas mesas, aguardando a próxima rendição do Partido Trabalhista ao governo mais medíocre da história britânica – pelo menos desde o último governo, liderado por Theresa May e, o anterior a ele, liderado por David Cameron, sugerindo que a Grã-Bretanha está passando por um declínio político implacável, que viria a continuar com os governos seguintes, liderados pela brevíssima Liz Truss, e pelo miliardário Rishi Sunak. Enfrentando os preguiçosos, mentirosos, ladrões e políticos insignificantes sob o comando de Johnson, Starmer se colocou como o estepe do Estado, pronto para servir se Johnson se tornasse excessivamente disfuncional. Enquanto isso, para a surpresa de Starmer, o *establishment* britânico decidiu manter Boris Johnson no poder, já que pelo menos ele consegue entreter as massas. Às vezes a vida é muito injusta.

Tendo se tornado inútil diante do maior desafio que o país enfrentou desde 1940, apesar da disfuncionalidade do governo conservador, o Partido Trabalhista foi abandonado e considerado irrelevante pela elite política, por dezenas de milhares de antigos filiados e por milhões de eleitores. Essa pulsão de morte não é exclusiva do Partido Trabalhista britânico: o partido pode estar sentindo as pressões do neoliberalismo que destroçaram a social-democracia na França, Alemanha, Grécia, Itália e em outros países. Nos últimos tempos, o Partido Trabalhista foi protegido desses ventos mortíferos, primeiro, pelo movimento em torno de Jeremy Corbyn, que fez o Partido Trabalhista defender algo diferente da "triangulação" com a direita, já que, diante de uma cópia barata os eleitores tendem a preferir o original. Outra fonte de proteção foi o sistema de voto distrital (*First Past the Post*), que limita o espaço para alternativas políticas. Esse tipo de sistema eleitoral se mantém, mas a história já mostrou que ele pode levar ao colapso repentino de grandes partidos. Isso aconteceu recentemente no Canadá e na Itália, e anos atrás no próprio Reino Unido, quando o Partido Liberal implodiu; e, portanto, pode vir a acontecer de novo.

Nestas circunstâncias adversas, o Partido Trabalhista se encontra às margens da política, contemplando o sucesso do programa de vacinação conduzido pelo NHS, com o apoio maciço do governo à AstraZeneca,[201] e assegurado por compras estratégicas de centenas de milhões de doses de vacinas produzidas por diferentes laboratórios, e amplas transferências de recursos para a chumocracia. No entanto, não há dúvida que, assim que o pesadelo da pandemia passar, o NHS e outros serviços públicos estarão exaustos e degradados e, portanto, prontos para serem fragmentados e privatizados por dentro. Ao mesmo tempo, o Reino Unido está testemunhando uma escalada autoritária e a rápida conversão do Estado em uma máquina corrupta comandada por mentirosos, bufões e fascistas.

8.4 As lições do desastre

Embora as consequências do *Brexit* não possam ser abordadas aqui – elas abrangem a unidade do Reino Unido e a viabilidade de suas nações, a estrutura do emprego, as perspectivas de crescimento econômico e muito mais – a pandemia mostrou que a política de saúde deve ser centralizada, integrada e mantida sob o controle público. Apesar do NHS ter ganhado legitimidade aos olhos da maioria, o sistema continua subfinanciado, fragmentado e extremamente prejudicado pela falta de recursos humanos e equipamentos. A relação entre o NHS e a assistência social (privatizada, fragmentada

---

201 JONES, Owen. "It's not 'greed' behind the Covid vaccine success. It's state finance and the NHS". *The Guardian*, 24 mar. 2021. Disponível em: https://www.theguardian.com/commentisfree/2021/mar/24/greed-covid-vaccine-success-state-finance-nhs. Acessado em: 23.03.2023; SAFI, Michael. "Oxford/AstraZeneca Covid vaccine research 'was 97% publicly funded'". *The Guardian*, 15 abr. 2021. Disponível em: https://www.theguardian.com/science/2021/apr/15/oxfordastrazeneca-covid-vaccine-research-was-97-publicly-funded. Acessado em: 24.03.2023.

e também subfinanciada) deve ser reconstruída rumo a um novo sistema integrado, não deixando espaço para lucros privados.[202]

Os custos da pandemia, em termos de vidas perdidas e danos causados na economia, mostraram que é barato proteger a saúde pública. O que custa caro é a pilhagem institucionalizada do sistema de saúde, especialmente quando ela é patrocinada pelos políticos mais poderosos do país.

---

202 THE INDEPENDENT SCIENTIFIC ADVISORY GROUP FOR EMERGENCIES – SAGE. *COVID-19 and health inequality*: Independent SAGE Report 21. nov. 2020. Disponível em: https://www.independentsage.org/covid-19-and-health-inequality/. Acessado em: 24.03.2023.

CAPÍTULO IX

EUA: DESCENTRALIZAÇÃO E NEGAÇÃO[203]

Em 26 de abril de 2021, os EUA se tornaram o país com o maior número de casos (32,1 milhão) e mortes (572,200) de COVID-19 no mundo. Esse cenário trágico se deveu principalmente à estrutura perversa do sistema de saúde do país mesmo antes da chegada da pandemia. É sabido que o sistema de saúde estadunidense é amplamente privatizado e descentralizado. Esquelético e cronicamente subfinanciado em todas as partes do país, o sistema público sustenta um sistema privado seletivo e altamente lucrativo de prestação de serviços de saúde, incluindo gigantescas corporações farmacêuticas transnacionais altamente lucrativas, grandes planos de saúde corporativos e clínicas de pequena escala operando sob regras diferentes em cada Estado. Esse sistema é notoriamente caro e ineficiente e, como foi amplamente comprovado desde 2020, ele exclui muitas formas simples de cooperação, mesmo em emergências de saúde pública.[204]

---

203 Nicolás Águila é coautor deste capítulo.

204 HOOK, Leslie; KUCHLER, Hannah. "How coronavirus broke America's healthcare system". *Financial Times*, 30 abr. 2020. Disponível

Após várias décadas de reestruturação produtiva, buscas por "ganhos de eficiência", difusão da terceirização de serviços e avanço da desindustrialização, no início de 2020 os EUA não tinham estoques suficientes de emergência de EPIs – que se esgotaram em 2009, durante o surto de H1N1, e nunca foram reabastecidos –, e nem a capacidade de fabricar EPIs e equipamentos hospitalares.[205] Enquanto isso, o sistema de saúde do país tornou-se fortemente dependente de importações, principalmente da China. Por fim, o governo liderado por Donald Trump desmantelou deliberadamente as instituições de controle de pandemias. Por exemplo, em abril de 2018, Timothy Ziemer, chefe de segurança sanitária global do Conselho de Segurança Nacional, foi demitido e sua equipe foi dissolvida. Da mesma forma, o governo Trump cortou o orçamento dos Centros de Controle e Prevenção de Doenças (CDC), a fim de desviar recursos para a detenção de crianças imigrantes.[206] É estarrecedor.

9.1 "É como a gripe"

A resposta dos EUA ao coronavírus foi marcada pelo negacionismo, por uma subestimação persistente do impacto da pandemia, pela má gestão da política federal e pelo completo desrespeito pela ciência, exceto no que dizia respeito à fabricação altamente lucrativa

---

em: https://www.ft.com/content/3bbb4f7c-890e-11ea-a01c-a28a3e-3fbd33. Acessado em: 23.03.2023.

205 LEVEY, Noam N.; CHRISTENSEN, Kim; PHILLIPS, Anna M. "A disaster foretold: Shortages of ventilators and other medical supplies have long been warned about". *Los Angeles Times*, 20 mar. 2020. Disponível em: https://www.latimes.com/politics/story/2020-03-20/disaster-foretold-shortages-ventilators-medical-supplies-warned-about. Acessado em: 23.03.2023.

206 MARS, Amanda; GUIMÓN, Pablo. "Los 100.000 muertos de Estados Unidos: así ha fracasado el país más poderoso del mundo". *El País*, 26 mai. 2020. Disponível em: https://elpais.com/internacional/2020-05-26/los-100000-muertos-de-estados-unidos-asi-ha-fracasado-el-pais-mas-poderoso-del-mundo.html?s%E2%80%A6. Acessado em: 23.03.2023.

de vacinas.[207] A responsabilidade por essa resposta truncada e suas trágicas consequências cabe diretamente ao Presidente Donald Trump.[208] O narcisismo, os cálculos eleitorais grosseiros e o governo disfuncional de Trump alimentaram um discurso inconsistente baseando tanto no negacionismo quanto no suposto *trade-off* entre "saúde" e "economia" (ver capítulo V), com a maioria dos políticos priorizando mais a última, independentemente da abundância de recursos no país mais rico do mundo.[209] Nas palavras do deputado do Partido Republicano, Trey Hollingsworth, "é sempre a posição do governo americano dizer que, na escolha entre a perda de nosso modo de vida como americanos e a perda de vidas, de vidas americanas, temos que escolher sempre a última" e "não deixa de ser um mal, mas é o menor desses dois males e devemos avançar nessa direção".[210] A partir dessa perspectiva, quando o coronavírus chegou nos EUA, ao invés de se concentrar na crise sanitária, Trump e seu bando de seguidores preferiram desviar a atenção da pandemia envolvendo-se em brigas com a China, a OMS, jornalistas, funcionários públicos, governadores, outros países e diversos políticos

---

207 MILMAN, Oliver. "Scientists alarmed as Trump embraces fringe views and extreme theories amid pandemic". *The Guardian*, 03 jun. 2020. Disponível em: https://www.theguardian.com/us-news/2020/jun/03/trump-coronavirus-conspiracy-theories-pandemic. Acessado em: 23.03.2023.

208 PARTON, Heather Digby. "How Trump's chaotic incompetence – and the 'deconstruction' of the 'deep state' – got us here". *RawStory*, 27 mar. 2020. Disponível em: https://www.rawstory.com/2020/03/how-trumps-chaotic-incompetence-and-the-deconstruction-of-the-deep-state-got-us-here/. Acessado em: 23.03.2023.

209 MARCETIC, Branko. "Give me liberty – no, wait, give me death". *Jacobin*, 13 mai. 2020. Disponível em: https://jacobinmag.com/2020/05/republicans-conservatives-coronavirus-economy-terrorism. Acessado em: 23.03.2023.

210 LEBLANC, Paul. "GOP congressman says letting more Americans die of coronavirus is lesser of two evils compared to economy tanking". *CNN*, 14 abr. 2020. Disponível em: https://edition.cnn.com/2020/04/14/politics/trey-hollingsworth-coronavirus/index.html. Acessado em: 23.03.2023 (tradução nossa).

estadunidenses e estrangeiros. Tudo o que Trump conseguiu – certamente conscientemente e, talvez, deliberadamente – foi a paralisia da Administração Pública.[211]

Trump foi informado sobre a pandemia em janeiro de 2020 e, mesmo assim, praticamente a ignorou em público até março, quando ele fez uma declaração nos CDC afirmando que tudo estava sob controle e que o coronavírus não apresentava riscos significativos ao país.[212] Ele ridicularizou as medidas de distanciamento social e o uso de máscaras faciais, a ponto de ir a uma fábrica de equipamentos médicos no Maine sem usar EPI. Depois dessa visita, a empresa teve que descartar a produção daquele dia, talvez por causa do risco de contaminação.[213] O Presidente também insistiu continuamente que a hidroxicloroquina deveria ser usada contra a COVID-19, embora ela não tivesse eficácia comprovada,[214] e sugeriu a injeção de desinfetante para o tratamento de pacientes com coronavírus (seu discurso não deixou claro se isso deveria ser feito por via oral, intravenosa ou de outra forma). Trump minou repetidamente as autoridades de saúde pública, e sugeriu diversas vezes que demitiria Anthony Fauci, o popular epidemiologista atuando como porta-voz de saúde da

---

211 ARATANI, Lauren. "US job losses pass 40m as coronavirus crisis sees claims rise 2.1m in a week". *The Guardian*, 28 mai. 2020. Disponível em: https://www.theguardian.com/business/2020/may/28/us-job-losses-unemployment-coronavirus. Acessado em: 20.03.2023.

212 SALETAN, William. "The Trump Pandemic". *Slate*, 09 ago. 2020. Disponível em: https://slate.com/news-and-politics/2020/08/trump-coronavirus-deaths-timeline.html. Acessado em: 24.03.2023.

213 FRITZE, John; COLLINS, Michael. "As Trump touts increased production, coronavirus swabs made during his Maine factory tour will be tossed in the trash". *USA Today*, 05 jun. 2020. Disponível em: https://eu.usatoday.com/story/news/politics/2020/06/05/trump-maine-puritan-throw-away-coronavirus-swabs/3153622001/. Acessado em: 23.03.2023.

214 BBC. "Coronavirus: Hydroxychloroquine ineffective says Fauci". *BBC News*, 29 jul. 2020. Disponível em: https://www.bbc.co.uk/news/world-us-canada-53575964. Acessado em: 22.03.2023.

Força-Tarefa da Casa Branca contra o Coronavírus – o mesmo que Steve Bannon, antigo estrategista-chefe do Presidente Trump, teria sugerido decapitar.[215] Por fim, o Presidente dos EUA lançou ataques sem precedentes à mídia em resposta à cobertura desfavorável da pandemia e às fortes críticas ao seu governo.[216]

A nível internacional, longe de promover a cooperação, o governo dos EUA mostrou quase tanta hostilidade contra seus aliados quanto contra seus supostos inimigos estratégicos. Primeiramente, Trump atribuiu o vírus a uma guerra biológica chinesa e proferiu grosserias caluniosas contra o povo chinês, por exemplo, chamando o coronavírus de "*kung flu*",[217] "gripe chinesa" ou "vírus chinês".[218] Os ataques feitos pelo Presidente desencadearam uma escalada de violência contra asiáticos-americanos.[219] Em segundo lugar, os EUA deixaram a OMS e suspenderam seu financiamento em meados de abril de 2020, acusando a organização de se curvar à influência chinesa (essa retirada foi anulada pelo Presidente Joe Biden).[220] Nesse

---

215 MCCARTHY, Tom. "Trump claims 'total authority' and attacks media in chaotic coronavirus briefing". *The Guardian*, 13 abr. 2020. Disponível em: https://www.theguardian.com/world/2020/apr/13/trump-us-coronavirus-briefing-latest-media. Acessado em: 23.03.2023.

216 SMITH, David. "Trump reverts to media-bashing and blame-casting in latest press conference". *The Guardian*, 19 mar. 2020. Disponível em: https://www.theguardian.com/us-news/2020/mar/19/trump-us-coronavirus-briefing-media. Acessado em: 24.03.2023.

217 "*Flu*" significa "gripe" em inglês. O Presidente faz um trocadilho, portanto, com a luta marcial chinesa, kung fu (N.T).

218 ITKOWITZ, Colby. "Trump again uses racially insensitive term to describe coronavirus". *The Washington Post*, 23 jun. 2020. Disponível em: https://www.washingtonpost.com/politics/trump-again-uses-kung-flu-to-describe-coronavirus/2020/06/23/0ab5a8d8-b5a9-11ea-aca5-ebb63d27e1ff_story.html. Acessado em: 23.03.2023.

219 CABRAL, Sam. "Covid 'hate crimes' against Asian Americans on rise". *BBC News*, 21 mai. 2021. Disponível em: https://www.bbc.co.uk/news/world-us-canada-56218684. Acessado em: 22.03.2023.

220 LUCE, Edward. "Inside Trump's coronavirus meltdown". *Financial Times*, 13 mai. 2020. Disponível em: https://www.ft.com/

meio-tempo, a gestão confusa da pandemia nos EUA e a incapacidade do país em produzir suficientes EPIs abriram espaços que a China rapidamente ocupou. A China se tornou o doador internacional mais proeminente na pandemia, deslocando os EUA à medida que aumentou dramaticamente a produção e rapidamente passou a doar recursos e equipamentos para todo o mundo, inclusive países ricos como a Itália, enquanto os EUA cambaleavam. À medida que as mortes aumentavam, Trump se queixava da falta de sorte, reclamava regularmente na televisão e espalhava mentiras e insultos nas mídias sociais, a tal ponto que ele acabaria sendo banido do Facebook e do Twitter. Em terceiro lugar, livre das convenções e restrições habituais, o governo dos EUA lançou ataques extraordinários contra outros países, desviou para si estoques de máscaras e ventiladores produzidos no exterior (geralmente na China) que estavam em trânsito para seus compradores legítimos, e insultou outros países por serem fracos demais para fazerem qualquer coisa a respeito disso. Essas depredações infligiram graves danos à legitimidade do Império Americano.[221]

A nível nacional, a ausência de coordenação federal forçou os Estados a competirem pelo fornecimento de EPIs, fazendo com

---

content/97dc7de6-940b-11ea-abcd-371e24b679ed. Acessado em: 23.03.2023.

221 DOĞANTEKIN, Vakkas. “US ‘steals’ medical supplies amid pandemic”. *Anadolu Agency*, 10 abr. 2020. Disponível em: https://www.aa.com.tr/en/americas/us-steals-medical-supplies-amid-pandemic-expert/1800001. Acessado em: 22.03.2023; JEFFERY, Lynsey. “German, French Officials Accuse U.S. of Diverting Supplies”. *NPR*, 04 abr. 2020. Disponível em: https://www.npr.org/2020/04/04/827321294/german-french-officials-accuse-u-s-of-diverting-supplies?t=1586817225869. Acessado em: 23.03.2023; WRIGHT, Bruce. “U.S. Accused of Stealing Ventilators from Barbados as Coronavirus Spreads in the Caribbean”. *Newsone*, 06 abr. 2020. Disponível em: https://newsone.com/3924158/barbados-accuses-us-ventilators-seized/. Acessado em: 24.03.2023.

que os preços aumentassem e reduzindo a eficiência das compras.[222] Enquanto isso, algumas autoridades locais (por exemplo, a cidade de Nova York e diversos Estados) impuseram *lockdowns*, mas seus governadores e prefeitos foram repreendidos publicamente por Trump que, repetidamente, incentivou seus apoiadores a "libertarem" essas áreas.[223]

A insistência de Trump de que a COVID-19 era "como a gripe"[224] foi apoiada por milícias de direita, seitas religiosas fanáticas, teóricos da conspiração e adeptos do movimento antivacinas – muitos deles abertamente adornados com parafernália nazista. Eles lideraram manifestações barulhentas contra os *lockdowns*, queimaram ritualmente máscaras faciais e ameaçaram governadores estaduais de sequestro ou coisa pior, em uma escalada que culminaria no frenético ataque ao Capitólio dos EUA, no dia 6 de janeiro de 2021.[225] Não

---

222 HOOK, Leslie; KUCHLER, Hannah. "How coronavirus broke America's healthcare system". *Financial Times*, 30 abr. 2020. Disponível em: https://www.ft.com/content/3bbb4f7c-890e-11ea-a01c-a28a3e-3fbd33. Acessado em: 23.03.2023.

223 SHEAR, M. D.; MERVOSH, S. "Trump Encourages Protest Against Governors Who Have Imposed Virus Restrictions". *The New York Times*, 17 abr. 2020. Disponível em: https://www.nytimes.com/2020/04/17/us/politics/trump-coronavirus-governors.html. Acessado em: 24.03.2023.

224 BEER, Tommy. "All the times Trump compared Covid-19 to the Flu, Even After He Knew Covid-19 was Far More Deadly". *Forbes*, 10 set. 2020. Disponível em: https://www.forbes.com/sites/tommybeer/2020/09/10/all-the-times-trump-compared-covid-19-to-the-flu-even-after-he-knew-covid-19-was-far-more-deadly/?sh=b613007f9d2f. Acessado em: 20.03.2023.

225 BAXTER, Holly. "The Americans who think that coronavirus is a hoax". *The Independent*, 20 mai. 2020. Disponível em: https://www.independent.co.uk/independentpremium/long-reads/coronavirus-conspiracy-theory-trump-us-hoax-a9498081.html. Acessado em: 20.03.2023; BECKETT, Lois. "'All the psychoses of US history': how America is victim-blaming the coronavirus dead". *The Guardian*, 21 mai. 2020. Disponível em: https://www.theguardian.com/world/2020/may/21/all-the-psychoses-of-us-history-how-america-is-victim-blaming-the-coronavirus-dead. Acessado em: 20.03.2023; BESSNER, Daniel; A'LEE

obstante, Trump os apoiou, declarando que são "ótimas pessoas" cujas "vidas foram subtraídas".[226]

A crescente crise nos EUA não se resumiu apenas a um problema de saúde pública. O impacto do coronavírus foi agravado pela extrema "flexibilidade" do mercado de trabalho estadunidense, que eliminou quase 50 milhões de postos de trabalho assim que a pandemia chegou e na medida em que a economia foi paralisada.[227] Essa "primeira onda" de desemprego foi agravada por uma segunda onda, na qual os profissionais de nível médio (gerentes de escritório, escriturários, e assim por diante) foram demitidos, pois não tinham mais funcionários nem produção para supervisionar. Esse foi um caso clássico de espiral descendente keynesiana, que só poderia ser interrompida por políticas públicas.[228] Sintomaticamente, longas filas de pedestres e automóveis se formaram rapidamente em bancos de alimentos por todo o país, enquanto moradores de rua eram arregimentados para dormir em espaços improvisados (mas escrupulosamente socialmente distantes) em estacionamentos de carros em Las Vegas, embaixo de hotéis que, embora vazios, eram luxuosos demais para eles: espetáculos assombrosos de privação e desperdício em um país há muito habituado ao sofrimento alheio.

FROST, Amber. "How the QAnon Cult Stormed the Capitol". *Jacobin*, 19 jan. 2021. Disponível em: https://www.jacobinmag.com/2021/01/q-anon-cult-capitol-hill-riot-trump. Acessado em: 20.03.2023.

226 SEVASTOPULO, D.; SHUBBER, K. "Trump cheers as anti-lockdown protests spread". *Financial Times*, 19 abr. 2020. Disponível em: https://www.ft.com/content/c8f6f413-39c4-47ce-b1ff-0e02969cb612. Acessado em: 24.03.2023.

227 ARATANI, Lauren. "US job losses pass 40m as coronavirus crisis sees claims rise 2.1m in a week". *The Guardian*, 28 mai. 2020. Disponível em: https://www.theguardian.com/business/2020/may/28/us-job-losses-unemployment-coronavirus. Acessado em: 20.03.2023.

228 TOOZE, Adam. "Shockwave: Adam Tooze on the pandemic's consequences for the world economy". *London Review of Books*, vol. 42, nº 8, 16 abr. 2020. Disponível em: https://www.lrb.co.uk/the-paper/v42/n08/adam-tooze/shockwave. Acessado em: 24.03.2023.

Diversos hospitais entraram em colapso à medida que a COVID-19 se espalhou, revelando as profundas deficiências do sistema de saúde dos EUA.[229] Enquanto os provedores de serviços de saúde contabilizavam suas perdas, já que o atendimento de emergência para pacientes com COVID-19 era muito menos lucrativo do que as cirurgias estéticas e outros tratamentos caros que foram adiados por causa da pandemia, seus funcionários foram levados ao limite. Eles tiveram que trabalhar longas horas sem remuneração adequada e sem EPIs, o que levou a uma grave perda de vidas entre enfermeiros da linha de frente e outros trabalhadores, especialmente migrantes e pessoas não-brancas, refletindo a precariedade de suas condições de trabalho e de vida.[230]

Para além dos cuidados hospitalares, a estratégia de testagem dos EUA foi lenta e limitada, em parte devido a limitações de capacidade, mas também devido à falta de coordenação. Primeiramente, não foi possível produzir testes suficientes nos primeiros meses da pandemia devido a dificuldades de abastecimento; não havia diretrizes nacionais para a distribuição e gerenciamento de testes, nem protocolos federais para reportar os resultados.[231] Essas limitações foram agravadas pela decisão de Donald Trump de transferir a responsabilidade pela testagem para os Estados, que imediatamente

---

229 HOOK, Leslie; KUCHLER, Hannah. "How coronavirus broke America's healthcare system". *Financial Times*, 30 abr. 2020. Disponível em: https://www.ft.com/content/3bbb4f7c-890e-11ea-a01c-a28a3e-3fbd33. Acessado em: 23.03.2023.

230 THE GUARDIAN. "The Guardian view on Jair Bolsonaro: a danger to Brazil, and the world". *The Guardian*, 05 abr. 2021. Disponível em: https://www.theguardian.com/commentisfree/2021/apr/05/the--guardian-view-on-jair-bolsonaro-a-danger-to-brazil-and-the-world. Acessado em: 24.03.2023.

231 THE INDEPENDENT. "Will the US ever have a national COVID-19 testing strategy?" *The Independent*, 06 dez. 2020. Disponível em: https://www.independent.co.uk/news/will-the-us-ever-have-a-national-covid19-testing-strategy-donald-trump-strategy-people-joe-biden--us-b1767005.html. Acessado em: 24.03.2023.

começaram a competir por recursos e, consequentemente, levaram ao aumento dos preços para todos (ver acima). Em segundo lugar, nunca houve um plano federal para quarentenas ou rastreamento de contatos, o que facilitou a propagação da doença.[232] Mesmo quando os Estados tentaram compensar o déficit de coordenação federal, eles tendiam a não ter os recursos para fazê-lo adequadamente.[233] Em terceiro lugar, quando os recursos federais foram disponibilizados, a maioria dos Estados carecia de serviços complementares, como residências para pessoas que não podiam se isolar em casa, refeições, assistência médica e financeira, e outros tipos de auxílios para quem estava em quarentena. Consequentemente, a adesão ao isolamento social tendia a ser baixa e irregular, novamente contribuindo para a disseminação do vírus.[234] Embora Trump tenha invocado desde o

---

232 LEWIS, Tanya. "How the U.S. Pandemic Response Went Wrong – and What Went Right – during a Year of COVID". *Scientific American*, 11 mar. 2021. Disponível em: https://www.scientificamerican.com/article/how-the-u-s-pandemic-response-went-wrong-and-what-went-right-during-a-year-of-covid/. Acessado em: 23.03.2023; MCCARTHY, Tom. "No leadership and no plan: is Trump about to fail the US on coronavirus testing?" *The Guardian*, 02 mai. 2020. Disponível em: https://www.theguardian.com/us-news/2020/may/02/donald-trump-us-coronavirus-testing. Acessado em: 23.03.2023; REICH, Robert. "Donald Trump rushed to reopen America – now Covid is closing in on him". *The Guardian*, 05 jul. 2020. Disponível em: https://www.theguardian.com/commentisfree/2020/jul/05/donald-trump-reopen-america-covid-19-coronavirus. Acessado em: 23.03.2023; STEIN, Rob; WROTH, Carmel; HURT, Alyson. "U.S. Coronavirus Testing Still Falls Short. How's Your State Doing?" *NPR*, 07 mai. 2020. Disponível em: https://www.npr.org/sections/health-shots/2020/05/07/851610771/u-s-coronavirus-testing-still-falls-short-hows-your-state-doing?t=1591694986359. Acessado em: 24.03.2023.

233 ASCHWANDEN, Christie. "Contact Tracing, a Key Way to Slow COVID-19, Is Badly Underused by the U.S.". *Scientific American*, 21 jul. 2020. Disponível em: https://www.scientificamerican.com/article/contact-tracing-a-key-way-to-slow-covid-19-is-badly-underused-by-the-u-s/. Acessado em: 20.03.2023.

234 MADAD, Syra; NUZZO, Jennifer; BOURDEAUX, Margaret. "The missing piece in America's COVID-19 isolation and quarantine strategy:

início a Lei de Produção para a Defesa, instituída durante a Guerra da Coréia, supostamente para obrigar as empresas a produzir EPIs, isso nunca foi eficaz, e a maioria dos decretos presidenciais não foi relacionada à produção de equipamentos médicos.[235]

A nível individual, o cenário foi igualmente trágico. Milhões de residentes nos EUA não têm convênio de saúde e muitos dos que têm não podiam pagar suas despesas devidas ao COVID-19. Foi relatado que as despesas individuais decorrentes do tratamento do coronavírus variavam entre US$ 100 e US$ 4.000 para aqueles que têm convênio de saúde, e até US$ 100.000 para os não têm[236] – isso em um país onde 40% das pessoas relatam não ter US$ 400 disponíveis para emergências.[237] Esses custos não apenas deixaram muitas pessoas aprisionadas em dívidas no meio de uma catástrofe econômica; eles também impediram que muitos procurassem atendimento médico por não terem como pagar, e desincentivaram tantos outros a não se

---

Wraparound services". *Health Affairs*, 10 dez. 2020. Disponível em: https://www.healthaffairs.org/do/10.1377/hblog20201207.458415/full/. Acessado em: 23.03.2023.

235 JACOBS, Andrew. "Despite Claims, Trump Rarely Uses Wartime Law in Battle Against Covid". *The New York Times*, 22 set. 2020. Disponível em: https://www.nytimes.com/2020/09/22/health/Covid-Trump-Defense-Production-Act.html. Acessado em: 23.03.2023.

236 HERMAN, Bob. "Coronavirus likely forced 27 million off their health insurance". *Axios*, 13 mai. 2020. Disponível em: https://www.axios.com/coronavirus-27-million-lost-employer-health-insurance-c77fe46a-691d-49b3-9cd2-3ad6d19df159.html. Acessado em: 23.03.2023; HOLPUCH, Amanda. "'I don't make enough': the financial cost of having Covid in the US". *The Guardian*, 12 fev. 2021. Disponível em: https://www.theguardian.com/us-news/2021/feb/12/us-financial-cost-covid-coronavirus. Acessado em: 23.03.2023.

237 YOUN, Soo. "40% of Americans don't have $400 in the bank for emergency expenses: Federal Reserve". *ABC News*, 24 mai. 2019. Disponível em: https://abcnews.go.com/US/10-americans-struggle-cover-400-emergency-expense-federal/story?id=63253846:~:text=Almost%2040%25%20of%20American%20adults,a%20Federal%20Reserve%20survey%20finds. Acessado em: 24.03.2023.

auto-isolarem quando adoeceram, já que não teriam acesso a cuidados hospitalares se deixassem de trabalhar e perdessem seus empregos.

Apesar das dramáticas falhas descritas acima, Trump declarou em março que não assumia nenhuma responsabilidade pelas consequências da pandemia e culpou, em vez disso, seu antecessor, Barack Obama, e as regras e regulamentos de saúde supostamente desatualizados que ele havia herdado.[238]

9.2 Sem nenhuma responsabilidade

A pandemia atingiu duramente a economia dos EUA, e a sua característica econômica mais significativa foi o crescimento dramático do desemprego (ver acima). Cerca de 20,5 milhões de postos de trabalho foram eliminados apenas em abril de 2020, elevando a taxa de desemprego para 14,7%, o nível mais alto desde a Grande Depressão.

Frente a esse desafio, o governo dos EUA adotou políticas fiscais expansionistas correspondentes a 16,7% do PIB, além de mais 2,4% em ações, empréstimos e garantias, que levaram o déficit fiscal a 18,7% do PIB.[239] A legislação mais importante nesse sentido foi a Lei de Auxílio, Alívio e Segurança Econômica contra o Coronavírus (na sigla em inglês, CARES), aprovada em 27 março de 2020, que forneceu cerca de 3 trilhões de dólares para a recuperação econômica, incluindo cheques de US$ 1.200 para famílias, US$ 600 em benefícios por semana, e perdão para as dívidas de pequenas empresas. Contudo, parece que a maioria desses recursos foi usada para

---

238 OPRYSKO, Caitlin. "'I don't take responsibility at all': Trump deflects blame for coronavirus testing fumble". *Politico*, 13 mar. 2020. Disponível em: https://www.politico.com/news/2020/03/13/trump-coronavirus-testing-128971. Acessado em: 23.03.2023.

239 FUNDO MONETÁRIO INTERNACIONAL – FMI. *Fiscal Monitor April 2021*: a fair shot. Washington, 2021.

resgatar grandes empresas, muitas das quais também se beneficiaram de lucros crescentes durante a pandemia.

A Lei CARES incluiu o financiamento para a chamada Operação Warp Speed, uma parceria público-privada para acelerar o desenvolvimento de vacinas contra a COVID-19 e garantir a compra da produção da Moderna, Pfizer, Merck, Novavax, Johnson & Johnson e outras grandes empresas. Essas foram parcerias desiguais aonde, essencialmente, o governo estadunidense financiava o capital privado para produzir vacinas com demanda garantida pelo próprio governo, a qualquer preço e sem riscos para as empresas farmacêuticas em caso de falha nos testes da vacina.[240] Essa foi a iniciativa federal de maior sucesso durante a pandemia. A distribuição de vacinas começou em 14 de dezembro de 2020 e avançou em um ritmo bastante rápido; já em meados de abril de 2021, 38% da população estadunidense já havia recebido pelo menos uma dose de vacina e 24% havia recebido duas doses.[241]

240 BRENNER, Robert. "Escalating plunder". *New Left Review*, vol. 123, 2020; SIROTA, David. "The US Public Paid to Develop This COVID-19 Drug. It Will Cost $3,000 a Dose". *Jacobin*, 03 jun. 2020. Disponível em: https://www.jacobinmag.com/2020/06/gilead-remdesivir-drug-coronavirus-treatment-cost-pharma. Acessado em: 24.03.2023; STONE, Judy. "The people's vaccine – Moderna's coronavirus vaccine was largely funded by taxpayer dollars". *Forbes*, 03 dez. 2020. Disponível em: https://www.forbes.com/sites/judystone/2020/12/03/the-peoples-vaccine-modernas-coronavirus-vaccine-was-largely-funded-by-taxpayer-dollars/?sh=3ccf47146303. Acessado em: 24.03.2023.

241 CARLSEN, Audrey *et al.* "How is the COVID-19 vaccination campaign going in your state?" *NPR*, 2021. Disponível em: https://www.npr.org/sections/health-shots/2021/01/28/960901166/how-is-the-covid-19-vaccination-campaign-going-in-your-state?t=1618592090650. Acessado em: 22.03.2023.

O nível de emprego se recuperou rapidamente da catástrofe, com o desemprego caindo para 6% em março de 2021.[242] A rápida perda de empregos e a recuperação acelerada revelam uma fragilidade fundamental da maior economia neoliberal do mundo: ela depende fortemente de pessoas não qualificadas, mal remuneradas, desprotegidas e em empregos precários (ironicamente chamados de "flexíveis") e não sindicalizados. Essa dificuldade foi agravada pela falta de acesso universal à saúde, o que implicou que, frequentemente, à medida que os trabalhadores perdiam seus empregos, eles e suas famílias também perdiam sua cobertura de saúde: uma tragédia para as famílias e um desastre para o coletivo.[243] A perda de renda forçou muitas pessoas a procurar emprego durante a pandemia, dificultando o auto-isolamento e o respeito às precauções recomendadas contra o coronavírus.

Apesar da rápida recuperação econômica, não há perspectiva de estabilização das finanças públicas. Em particular, a dívida pública doméstica continuará a aumentar, já que o Presidente Biden aprovou rapidamente um plano de alívio econômico para mitigar as

---

242 STATISTA. "Monthly unemployment rate in the United States from March 2021 to March 2023". *Statista*. Disponível em: https://www.statista.com/statistics/273909/seasonally-adjusted-monthly-unemployment-rate-in-the-us/. Acessado em: 28.04.2023.

243 CONLEY, Julia. "'The next crisis': up to 43 million americans could lose health insurance due to pandemic, study shows". *Common Dreams*, 10 mai. 2020. Disponível em: https://www.commondreams.org/news/2020/05/10/next-crisis-43-million-americans-could-lose-health-insurance-due-pandemic-study?amp&__twitter_impression=true. Acessado em: 22.03.2023; HEALY, Jack. "Workers Fearful of the Coronavirus Are Getting Fired and Losing Their Benefits". *The New York Times*, 10 jun. 2020. Disponível em: https://www.nytimes.com/2020/06/04/us/virus-unemployment-fired.html?referringSource=articleShare. Acessado em: 23.03.2023; HERMAN, Bob. "Coronavirus likely forced 27 million off their health insurance". *Axios*, 13 mai. 2020. Disponível em: https://www.axios.com/coronavirus-27-million-lost-employer-health-insurance-c77fe46a-691d-49b3-9cd2-3ad6d19df159.html. Acessado em: 23.03.2023.

consequências da COVID-19 no valor de US$ 1,9 trilhão, um financiamento de longo prazo adicional de US$ 3 trilhões foi proposto para fomentar a infraestrutura.[244] Enquanto isso, o foco público e midiático na pandemia ajudou o governo Trump e os Estados republicanos a aprovar legislações não relacionadas ao COVID-19 com o mínimo de escrutínio, por exemplo, reduzindo as restrições à poluição, aumentando as penalidades para o aborto e restringindo o direito de voto.[245]

9.3 "Eu não consigo respirar"

A pandemia afetou desproporcionalmente as comunidades negras, latinas e de povos originários (notoriamente, os Navajo), onde as taxas de infecção e morte pelo novo coronavírus foram significativamente acima da média nacional.[246] Por exemplo, foi

---

244 WOLF, Martin. "Larry Summers: 'I'm concerned that what is being done is substantially excessive'". *Financial Times*, 11 abr. 2021. Disponível em: https://www.ft.com/content/380ea811-e927-4fe1-aa5b--d213816e9073. Acessado em: 24.03.2023.

245 FRIEDMAN, Lisa. "E.P.A., Citing Coronavirus, Drastically Relaxes Rules for Polluters". *The New York Times*, 26 mar. 2020. Disponível em: https://www.nytimes.com/2020/03/26/climate/epa-coronavirus-pollution-rules.html. Acessado em: 23.03.2023; GLENZA, Jessica. "States use coronavirus to ban abortions, leaving women desperate: 'You can't pause a pregnancy'". *The Guardian*, 30 abr. 2020. Disponível em: https://www.theguardian.com/world/2020/apr/30/us-states-ban-abortions-coronavirus-leave-women-desperate. Acessado em: 23.03.2023.

246 CUTHBERTSON, Anthony. "Coronavirus tracked: how Covid-19 deaths in the US compare by race and ethnicity". *The Independent*, 03 jun. 2020. Disponível em: https://www.independent.co.uk/news/world/americas/coronavirus-deaths-us-race-black-white-asian-latino-racism-a9544401.html. Acessado em: 22.03.2023; FEDOR, Lauren; ZHANG, Christine. "Covid-19 pandemic hits black voters' incomes hardest, FT poll shows". *Financial Times*, 04 jun. 2020. Disponível em: https://www.ft.com/content/e22636d7-8259-4b97-bcf8-19349cee61fd?shareType=nongift. Acessado em: 23.03.2023; LERNER, Sharon. "Coronavirus numbers reflect New York City's deep economic divide". *The Intercept*, 09 abr.

demonstrado que latinos e negros tinham três vezes mais chances de serem infectados e duas vezes mais chances de morrer de coronavírus do que brancos. Ao mesmo tempo, a resposta desigual do governo à pandemia certamente ampliou as já enormes desigualdades de renda e riqueza nos EUA.[247] Isenções fiscais para os ricos, apoio ao mercado financeiro e garantias governamentais elevaram os preços dos ativos financeiros em benefício dos especuladores, enquanto a assistência aos trabalhadores e às pequenas empresas foi drasticamente insuficiente e estritamente de curto prazo.[248] A consciência

---

2020. Disponível em: https://theintercept.com/2020/04/09/nyc-coronavirus-deaths-race-economic-divide/. Acessado em: 23.03.2023; KENDI, Ibram X. "What the Racial Data Show". *The Atlantic*, 06 abr. 2020. Disponível em: https://www.theatlantic.com/ideas/archive/2020/04/coronavirus-exposing-our-racial-divides/609526/. Acessado em: 23.03.2023; OLADIPO, Gloria. "'It's like they're waiting for us to die': why Covid-19 is battering Black Chicagoans". *The Guardian*, 23 out. 2020. Disponível em: https://www.theguardian.com/us-news/2020/oct/23/covid-19-battering-black-chicagoans. Acessado em: 23.03.2023; OPPEL JUNIOR, Richard A. *et al.* "The Fullest Look Yet at the Racial Inequity of Coronavirus". *The New York Times*, 05 jul. 2020. Disponível em: https://www.nytimes.com/interactive/2020/07/05/us/coronavirus-latinos-african-americans-cdc-data.html. Acessado em: 23.03.2023.

247 POLITI, James; FONTANELLA-KHAN, James; ALIAJ, Ortenca. "Why the US pandemic response risks widening the economic divide". *Financial Times*, 17 jun. 2020. Disponível em: https://www.ft.com/content/d211f044-ecf9-4531-91aa-b6f7815a98e3. Acessado em: 23.03.2023; RUSHE, Dominic. "Making billions v making ends meet: how the pandemic has split the US economy in two". *The Guardian*, 16 ago. 2020. Disponível em: https://www.theguardian.com/us-news/2020/aug/16/us-inequality-coronavirus-pandemic-unemployment. Acessado em: 23.03.2023; THORBECKE, Catherine; MITROPOULOS, Arielle. "'Extreme inequality was the preexisting condition": how COVID-19 widened America's wealth gap". *ABC News*, 28 jun. 2020. Disponível em: https://abcnews.go.com/Business/extreme-inequality-preexisting-condition-covid-19-widened-americas/story?id=71401975&cid=social_twitter_abcn. Acessado em: 24.03.2023.

248 NOLAN, Hamilton. "There Is No Plan (For You)". *In These Times*, 14 jul. 2020. Disponível em: https://inthesetimes.com/article/

dessas desigualdades fez parte do pano de fundo das manifestações ocorridas após o assassinato por policiais de Breonna Taylor, em março de 2020, e George Floyd, em maio de 2020. O vídeo que mostra Floyd sendo sufocado, apesar de implorar repetidamente que não conseguia respirar, gerou protestos em 60 países e mais de 2 mil cidades.

Politicamente, o ano de 2020 também foi marcado pelas eleições presidenciais, em novembro, que foram vencidas por Joe Biden, do Partido Democrata. O Presidente Trump notoriamente se recusou a aceitar os resultados das urnas, alegando fraude eleitoral.[249] Trump recorreu aos tribunais repetidamente tentando derrubar o resultado eleitoral ou, pelo menos, criar dúvidas sobre ele. Embora Trump tenha eventualmente concedido a derrota, sua campanha estimulou protestos de uma infinidade de grupos de direita, culminando na invasão do Capitólio enquanto o Congresso certificava a vitória de Biden.[250]

Em suma, a resposta estadunidense à pandemia foi prejudicada pela combinação de uma extensa desindustrialização; um sistema de saúde fragmentado, inchado e ineficiente; alta desigualdade de renda e riqueza, extrema flexibilidade nos mercados de trabalho e alta informalização do trabalho; falta de um Estado de Bem-Estar Social e redes de seguridade social; sistemas político-administrativos altamente fragmentados e descentralizados que fomentam a incoerência das políticas, a competição por recursos – ao invés

---

covid-19-coronavirus-unemployment-eviction-healthcare-united-states. Acessado em: 23.03.2023.

249 BREUNINGER, Kevin. "Trump refuses to accept election results, says it's 'far from over'". *CNBC*, 07 nov. 2020. Disponível em: https://www.cnbc.com/2020/11/07/trump-refuses-to-accept-election-results-says-it-is-far-from-over.html. Acessado em: 20.03.2023.

250 BESSNER, Daniel; A'LEE FROST, Amber. "How the QAnon Cult Stormed the Capitol". *Jacobin*, 19 jan. 2021. Disponível em: https://www.jacobinmag.com/2021/01/q-anon-cult-capitol-hill-riot-trump. Acessado em: 20.03.2023.

de seu compartilhamento – e ineficiências sistêmicas; e, acima de tudo, a relutância do governo federal em reconhecer a gravidade do problema e agir para enfrentá-lo e optar, ao invés disso, pelo jogo político destrutivo.

CAPÍTULO X

BRASIL: DESIGUALDADES E CATÁSTROFES

A trajetória da pandemia foi especialmente trágica no Brasil. Indiscutivelmente, o país teve a pior resposta à pandemia no mundo: o Brasil foi o único país onde o governo não apenas negligenciou seus deveres básicos, mas ativamente *sabotou* medidas que poderiam ter contido a pandemia e protegido a população: o Brasil foi o maior experimento da estratégia de "imunidade de rebanho" em tempos modernos. O número de mortes no país chegou a 1 mil em 12 de abril de 2020, 10 mil em 11 de maio, 100 mil em 10 de agosto, 200 mil em 9 de janeiro de 2021 e 400 mil em 1º de maio, para ultrapassar 700 mil no início de 2023.[251] As coisas se deterioraram consideravelmente desde o surgimento de variantes mais contagiosas. No dia 8 de abril de 2021, o número de mortes em 24 horas atingiu 4.250, o maior patamar do mundo. O sistema de saúde entrou em colapso em diversas cidades, onde o oxigênio teve que ser racionado,

251 Ver: WORLD HEALTH ORGANIZATION – WHO. Disponível em: https://covid19.who.int/region/amro/country/br. Acessado em: 27.04.2023; WORLDOMETERS. Disponível em: https://www.worldometers.info/coronavirus/country/brazil/. Acessado em: 27.04.2023.

os leitos de UTI estavam totalmente ocupados e faltavam funcionários e equipamentos. Relatos dramáticos descreveram pacientes sendo amarrados em suas macas para serem intubados, por falta de anestesia. Centenas morreram em macas, no chão dos hospitais ou em casa, mesmo quando suas famílias podiam comprar tubos de oxigênio no mercado paralelo.[252] Não há dúvida de que esses eventos trágicos foram impulsionados pelo Presidente Jair Bolsonaro, cujas escolhas desencadearam uma tragédia sem precedentes no país, potencialmente com implicações ao redor do mundo.[253]

10.1 As raízes da tragédia

A tragédia brasileira foi resultado da convergência de três fatores. Primeiramente, foi mostrado nos capítulos V e VII que sociedades mais igualitárias com Estados fortes implementando políticas coordenadas geralmente enfrentaram a pandemia com maior eficácia, ao passo que sociedades desiguais com Estados fracos, governos indiferentes e políticas mal coordenadas tenderam a ter resultados piores. O fracasso estrondoso do Brasil pode ser visto por ambos os ângulos. Embora o país tivesse recursos econômicos suficientes para enfrentar a pandemia (por exemplo, o PIB per capita do Brasil é em torno de US$ 9.000, enquanto o do Vietnã mal chega a US$ 2.500), o Brasil é notoriamente um dos países mais desiguais do planeta: um quarto da sua população vive na pobreza, apesar de sua grande

---

252 PELLEGRINI, Aline. "O cenário trágico nos hospitais do Brasil que chega a 300 mil mortos". *Nexo*, 24 mar. 2021. Disponível em: https://www.nexojornal.com.br/expresso/2021/03/24/O-cen%C3%A1rio-tr%C3%A1gico-nos-hospitais-do-Brasil-que-chega-a-300-mil-mortos. Acessado em: 23.03.2023.

253 MATTOSO, C. "Vice do Amazonas diz que política de imunidade de rebanho apoiada por Bolsonaro levou Manaus ao colapso". *Folha de São Paulo*, 05 mai. 2021. Disponível em: https://www1.folha.uol.com.br/colunas/painel/2021/05/vice-do-amazonas-diz-que-politica-de-imunidade-de-rebanho-apoiada-por-bolsonaro-levou-manaus-ao-colapso.shtml. Acessado em: 23.03.2023.

economia, sofisticada indústria manufatureira, e poderosos setores extrativistas e do agronegócio. Essas desigualdades profundas e sobrepostas criaram graves vulnerabilidades entre as populações desfavorecidas.[254]

O Brasil sempre sofreu de limitações políticas e institucionais agudas, mas elas se agravaram significativamente a partir de 2014, com a crise econômica incomparavelmente sem precedentes nesse período, e que foi seguida em 2016 por um golpe de Estado jurídico-parlamentar que destituiu a Presidenta eleita, Dilma Rousseff. Os governos no poder desde 2016 patrocinaram "reformas" neoliberais que aumentaram a precariedade do trabalho, degradaram a rede de seguridade social e deixaram os serviços públicos dramaticamente subfinanciados. Essas reformas foram respaldadas pela Emenda Constitucional 55, que congelou por 20 anos as despesas não-financeiras do governo federal em termos reais. Essas "reformas" destrutivas, juntamente com a ascensão da extrema-direita no país, culminaram com a eleição de Jair Bolsonaro, em 2018.[255] Ex-oficial

---

254 "A desigualdade torna difícil para as pessoas verem a si mesmas e aos outros como iguais e merecedoras da mesma consideração. [A desigualdade] leva à percepção de que o poder público existe para servir aos mais ricos e controlar os pobres". (SAKAMOTO, Leonardo. "Coronavírus: Brasil mostra que é projetado para matar pobre em pandemia". *Uol*, 06 mai. 2020. Disponível em: https://noticias.uol.com.br/colunas/leonardo-sakamoto/2020/05/06/coronavirus-brasil-mostra-que-e-projetado-para-matar-pobre-em-pandemia.htm?cmpid=copiaecola. Acessado em: 24.03.2023 (tradução nossa).

255 Para uma revisão da economia política do Brasil nesse período, ver Loureiro e Saad Filho (LOUREIRO, Pedro Mendes; SAAD FILHO, Alfredo. "The Limits of Pragmatism: the Rise and Fall of the Brazilian Workers' Party (2002-2016)". *Latin American Perspectives*, vol. 46, nº 1, 2019), Saad Filho e Boffo (SAAD FILHO, Alfredo; BOFFO, Marco. "The corruption of democracy: corruption scandals, class alliances, and political authoritarianism in Brazil". *Geoforum*, vol. 124, ago. 2021. Disponível em: https://www.sciencedirect.com/science/article/pii/S0016718520300373. Acessado em: 23.03.2023), Saad Filho e Morais (SAAD FILHO, Alfredo; MORAIS, Lecio. *Brazil*: Neoliberalism Versus Democracy. Londres: Pluto, 2018); para uma ilustração do impacto do

expulso do Exército, Bolsonaro é amplamente conhecido por seus impulsos autoritários, discursos fascistas, ameaças à Constituição e, cada vez mais, também pela corrupção. Seus caprichos, sua personalidade desequilibrada e suas preferências políticas desempenharam um papel importante no que viria a ser a catástrofe brasileira. Em outras palavras, as desigualdades arraigadas, as disfuncionalidades institucionais, a crise econômica e os desastres políticos contribuíram para o massacre imposto pela pandemia, e para as políticas públicas que seriam implementadas – ou não – para enfrentá-la.

Em segundo lugar, a Constituição brasileira de 1988 projetou um Estado de Bem-Estar Social inspirado pelo sistema escandinavo, incluindo um sistema de saúde universal e gratuito (Sistema Único de Saúde – SUS), inspirado no NHS britânico. O SUS é reconhecido como um sistema de saúde exemplar no Sul Global. No entanto, mesmo antes da pandemia já tinha ficado claro que o SUS estava sendo sistematicamente degradado e privado de recursos pelos governos pós-2016. Esses processos foram marcados pelo afastamento dramático de milhares de médicos cubanos que atuavam nas regiões mais remotas do Brasil, em 2018, por motivos puramente políticos. Milhares de mortes por COVID-19 podem ser atribuídas diretamente à falta de pessoal treinado, leitos de UTI, ventiladores, tubos de oxigênio e até luvas e medicamentos nos hospitais públicos.[256] Em

---

golpe contra a Presidenta Dilma Rousseff sobre a pobreza e a desigualdade, ver 247 (BRASIL 247. "Desigualdade cresceu em todos os trimestres após o golpe contra Dilma". *Brasil 247*, 15 ago. 2019. Disponível em: https://www.brasil247.com/brasil/desigualdade-cresceu-em-todos-os-trimestres-apos-o-golpe-contra-dilma-nkkpcroh. Acessado em: 22.03.2023) e Douglas (DOUGLAS, B. "Number of Brazilians Living in Poverty Rises 2 Million in a Year". *Bloomberg*, 05 dez. 2018. Disponível em: https://www.bloomberg.com/news/articles/2018-12-05/number-of-brazilians-living-in-poverty-rises-2-million-in-a-year. Acessado em: 22.03.2023).

256 ORTEGA, Francisco; ORSINI, Michael. "Governing COVID-19 without government in Brazil: Ignorance, neoliberal authoritarianism, and the collapse of public health leadership". *Global Public Health*, vol. 15,

parte como consequência das desigualdades sociais e econômicas do país, e em parte por causa das limitações impostas ao sistema de saúde por decisões políticas, o Brasil tem sofrido recentemente com surtos de dengue, chikungunya, zika, H1N1 e outras pragas que, invariavelmente, afligem desproporcionalmente os mais marginalizados e vulneráveis, especialmente os pobres, desempregados, a população negra e as comunidades indígenas.[257]

---

nº 9, 2020; RICARDO, Luis. "Sinpro condena falta de investimento do governo na saúde pública". *SinPro*, 19 mar. 2020. Disponível em: https://www.sinprodf.org.br/sinpro-condena-falta-de-investimento-do-governo-na-saude-publica/. Acessado em: 23.03.2023; ROCHA, Rudi *et al.* "Effect of socioeconomic inequalities and vulnerabilities on health-system preparedness and response to COVID-19 in Brazil: a comprehensive analysis". *The Lancet*, vol. 9, nº 6, jun. 2021. Disponível em: https://www.thelancet.com/journals/langlo/article/PIIS2214-109X(21)00081-4/fulltext. Acessado em: 23.03.2023; SALLUH, Jorge Ibrain Figueira; LISBOA, Thiago. "Critical Care in Brazil". *ICU Management and Practice*, vol. 16, nº 3, 2016. Disponível em:https://healthmanagement.org/c/icu/issuearticle/critical-care-in-brazil-1. Acessado em: 24.03.2023.

257 DE NEGRI, Fernanda *et al.* "Chances de óbito por COVID-19 entre os trabalhadores formais: Evidências do estado do Rio de Janeiro". *Nota Técnica n. 76 – IPEA*, 2020. Disponível em: http://repositorio.ipea.gov.br/handle/11058/10301. Acessado em: 22.03.2023; GARCIA, Leila Posenato; SILVA, Gabriela Drummond Marques da. "Doenças Transmissíveis e Situação Socioeconômica no Brasil: Análise Espacial". *Texto para Discussão No. 2263 – IPEA*, Brasília, dez. 2016. Disponível em: https://www.ipea.gov.br/portal/index.php?option=com_content&view=article&id=29193%3Atd-2263-doencas-transmissiveis-e-situacao-socioeconomica-no-brasil-analise-espacial&catid=390%3A2016&directory=1&Itemid=1. Acessado em: 23.03.2023; MARINHO, Fátima *et al.* "Disparidades raciais no excesso de mortalidade em tempos de Covid-19 em São Paulo". *Informativo Desigualdades raciais e Covid-19*, nº 8, Cebrap, 2021. Disponível em: https://cebrap.org.br/pesquisas/desigualdades-raciais-e-covid-19/. Acessado em: 23.03.2023; NERI, Marcelo; SOARES, Wagner. "Desigualdade social e saúde no Brasil". *Cadernos de Saúde Pública*, vol. 18, 2002. Disponível em: https://www.scielo.br/scielo.php?script=sci_arttext&pid=S0102-311X2002000700009. Acessado em: 23.03.2023; OXFAM. "A pandemia de coronavírus escancara desigualdades brasileiras". *Oxfam Brasil*, 23 abr. 2020. Disponível em: https://www.oxfam.org.br/

Em terceiro lugar, enquanto a pandemia se espalhava pelo mundo todo, o Presidente Bolsonaro minimizou sistematicamente os riscos porque as medidas de precaução poderiam prejudicar a sua imagem, sugeririam uma fraqueza "feminina" no governo ou na população, ou colocariam em risco sua reeleição. Excepcionalmente entre os líderes dos maiores países do mundo, o Presidente brasileiro não "hesitou" quando o país foi confrontado com a pandemia. Muito pelo contrário, Bolsonaro se decidiu rapidamente e passou a prejudicar deliberada e sistematicamente a segurança da população e tentou ativamente impedir qualquer forma de resposta coordenada ou efetiva das instituições políticas e de saúde do país. O Presidente culpou a esquerda pela "histeria", referiu-se à doença como "uma gripezinha" que afetaria apenas os fracos e fracassados, e proclamou que "não seremos [muito atingidos] (...) até porque o brasileiro (...) não pega nada. Você vê o cara pulando em esgoto ali, sai, mergulha, tá certo? E não acontece nada com ele".[258] Bolsonaro criticava constantemente os prefeitos e governadores que tentavam impor *lockdowns*, regras de distanciamento social ou uso obrigatório de máscaras; ao mesmo tempo em que promovia curas falsas para a COVID-19 (especialmente a ivermectina e a hidroxicloroquina, que ele ordenou que fossem compradas em negócios manchados por denúncias de corrupção.[259] O Presidente sabotou todas as etapas

---

noticias/pandemia-de-coronavirus-escancara-desigualdades-brasileiras/. Acessado em: 23.03.2023.

258 SILVA, Rafael; PASTI, Daniel. "Da 'gripezinha' ao 'e daí?': as falas de Bolsonaro em cada fase da pandemia". *A Gazeta*, 05 mai. 2020. Disponível em: https://www.agazeta.com.br/es/politica/da-gripezinha-ao-e-dai-as-falas-de-bolsonaro-em-cada-fase-da-pandemia-0520. Acessado em: 24.03.2023; UOL. "Bolsonaro: brasileiro tem que ser estudado. Pula no esgoto e nada acontece". *Uol*, 26 mar. 2020. Disponível em: https://noticias.uol.com.br/politica/ultimas-noticias/2020/03/26/bolsonaro-brasileiro-tem-que-ser-estudado-cai-no-esgoto-e-nada-acontece.htm. Acessado em: 20.03.2023.

259 BRASIL 247. "A história secreta da cloroquina, o novo documentário da TV 247". *Brasil 247*, 06 mai. 2021. Disponível em: https://www.brasil247.com/midia/a-historia-secreta-da-cloroquina-o-

do plano nacional de vacinação, organizou e participou de diversos eventos públicos sem máscara e negligenciou o sistema de saúde, enquanto, ao mesmo tempo, usava a pandemia para desviar a atenção da implementação de uma série de políticas neoliberais, incluindo a remoção de proteções aos trabalhadores e ao meio ambiente.

10.2 O papel do indivíduo na História

Frente a um número crescente de mortos pelo coronavírus, Bolsonaro perguntou retoricamente "quer que eu faça o quê?", e alegou que ele não era "responsável por nada", já que "todos nós vamos morrer um dia". Quando o número de mortes ultrapassou 260 mil, Bolsonaro reclamou que as pessoas estavam de "frescura" e "mimimi" com a pandemia e, aqueles que exigiam que as vacinas fossem compradas eram uns "idiotas": "só se for [comprar vacinas] na casa da sua mãe!"[260] À medida que as mortes se acumulavam, Bolsonaro continuou a agradar seus principais apoiadores entre a classe média alta, o capital, a extrema direita e os conglomerados empresariais das igrejas pentecostais. Seus ministros da Saúde (quatro, no primeiro ano da pandemia) invariavelmente tiveram problemas quando desafiaram a obsessão de Bolsonaro em minimizar a pandemia, evitando qualquer forma de *lockdown* ou distanciamento

---

novo-documentario-da-tv-247-xnz4f6r4. Acessado em: 20.03.2023; GUSSEN, Ana Flávia. "O que há por trás do lobby de Bolsonaro pelo uso da cloroquina". *Carta Capital*, 01 mar. 2021. Disponível em: https://www.cartacapital.com.br/politica/o-que-ha-por-tras-do-lobby-de-bolso-naro-pelo-uso-da-cloroquina/. Acessado em: 23.03.2023.

260 PEREIRA, Filipe. "Bolsonaro: 'tem idiota que diz 'vai comprar vacina'. só se for na casa da tua mãe!'" *O Povo*, 04 mar. 2021. Disponível em: https://www.opovo.com.br/noticias/politica/2021/03/04/bolsonaro---tem-idiota-que-diz--vai-comprar-vacina---so-se-for-na-casa-da-tua--mae.html. Acessado em: 23.03.2023; RIBEIRO, Matheus. "Brasil, 200 mil mortes por Covid: 200 frases de Bolsonaro minimizando a pandemia". *Yahoo Notícias*, 07 jan. 2021. Disponível em: https://br.noticias.yahoo.com/200-frases-de-bolsonaro-minimizando-a-pandemia-do-coronavirus-203647435.html. Acessado em: 23.03.2023.

social e, acima de tudo, se Bolsonaro suspeitasse que eles poderiam ameaçá-lo eleitoralmente com exibições inoportunas de competência.[261] O comportamento de Bolsonaro merece uma análise psiquiátrica. Ele nunca teve que explicar em detalhes a sua necropolítica[262] e,

---

261 Ver Harris e Schipani (HARRIS, B.; SCHIPANI, A. "Jair Bolsonaro triggers furore by firing Brazil's health minister". *Financial Times*, 16 abr. 2020. Disponível em: https://www.ft.com/content/5c362cbc-aadf-4849-94a6-ed9b19ef0a29. Acessado em: 23.03.2023), Lipton *et al.* (LIPTON, Eric *et al.* "He could have seen what was coming: behind Trump's failure on the virus". *The New York Times*, 11 abr. 2020. Disponível em: https://www.nytimes.com/2020/04/11/us/politics/coronavirus-trump-response.html#click=https://t.co/njIugzJ3bq. Acessado em: 23.03.2023; LIPTON, Eric *et al.* "Brazil President Embraces Unproven 'Cure' as Pandemic Surges". *The New York Times*, 13 jun. 2020. Disponível em: https://www.nytimes.com/2020/06/13/world/americas/virus-brazil-bolsonaro-chloroquine.html. Acessado em: 23.03.2023), Phillips e Phillips (PHILLIPS, Tom; PHILLIPS, Dom. "Bolsonaro dragging Brazil towards coronavirus calamity, experts fear". *The Guardian*, 12 abr. 2020. Disponível em: https://www.theguardian.com/world/2020/apr/12/bolsonaro-dragging-brazil-towards-coronavirus-calamity-experts-fear. Acessado em: 23.03.2023), Richmond (RICHMOND, Matthew Aaron. "'A Little Flu' Could Be Fatal for Jair Bolsonaro". *Jacobin*, 31 mar. 2020. Disponível em: https://jacobinmag.com/2020/03/jair-bolsonaro-coronavirus-covid-political-crisis. Acessado em: 23.03.2023), Silva e Pasti (SILVA, Rafael; PASTI, Daniel. "Da 'gripezinha' ao 'e daí?': as falas de Bolsonaro em cada fase da pandemia". *A Gazeta*, 05 mai. 2020. Disponível em: https://www.agazeta.com.br/es/politica/da-gripezinha-ao-e-dai-as-falas-de-bolsonaro-em-cada-fase-da-pandemia-0520. Acessado em: 24.03.2023). O conceito de "populismo médico" pode oferecer insights úteis para a compreensão da abordagem de Bolsonaro à pandemia (LASCO, Gideon. "Medical Populism and the COVID-19 Pandemic". *Global Public Health*, vol. 15, nº 10, 2020; SPEED, Ewen; MANNION, Russell. "Populism and health policy: three international case studies of right-wing populist policy frames". *Sociology of Health & Illness*, vol. 42, nº 8, 2020).

262 A noção de necropolítica de Mbembe (MBEMBE, Achille. "Necropolitics". *Public Culture*, vol. 15, nº 1, 2003, p. 11, tradução nossa) parte do pressuposto de que "a expressão máxima da soberania reside, em grande medida, no poder e na capacidade de ditar quem pode viver e quem deve morrer". Essa modalidade de política responde, portanto, "pelas várias maneiras pelas quais, em nosso mundo

quando questionado a respeito, respondia com insultos e ameaças de violência. Não é surpresa que Bolsonaro nunca lamentou as centenas de milhares de vidas perdidas sob seu governo.

A arrogância, os insultos e as mentiras de Bolsonaro eram de caráter semelhante aos de outros líderes autoritários "espetaculares", mesmo que o discurso de Bolsonaro tendendo a ser ainda mais grosseiro, cruel e imprevisível do que os demais (Donald Trump, Jarosław Kaczyński e Rodrigo Duterte são cavalheiros mansos e educados em comparação com Jair Bolsonaro). Em tempos "normais", os ataques brutais aos adversários muitas vezes foram suficientes para salvar esses líderes de problemas políticos, especialmente se eles fossem apoiados por um Congresso flexível, um Judiciário simpático e uma mídia tolerante ("haha, isso é maldoso mesmo... mas ele é assim, o que podemos fazer, ele realmente é uma figura, mas ele é genuíno, e, de qualquer forma, ninguém é perfeito", e assim por diante, em um embaraçoso rol de justificativas para o que deveria ser imperdoável) – um salvo-conduto que jamais teria sido estendido a líderes políticos de esquerda.

Foi sintomático das arraigadas desigualdades no Brasil que a pandemia tenha chegado ao país por meio de turistas ricos voltando das férias em estações de esqui na Itália, mas a primeira pessoa a

---

contemporâneo, as armas são empregadas no interesse da destruição máxima das pessoas e da criação de mundos de morte, formas novas e únicas de existência social em que vastas populações são submetidas a condições de vida que lhes conferem o *status* de mortos-vivos" (MBEMBE, Achille. "Necropolitics". *Public Culture*, vol. 15, nº 1, 2003, p. 40, tradução nossa). Para uma análise mais detalhada, ver Mbembe (MBEMBE, Achille. *Necropolitics*. Durham: Duke University Press, 2019). Para o caso brasileiro, ver Jorge (JORGE, Manuela da Rosa. "Bolsonaro's Brazil in Times of COVID-19: a Necropolitical Pharmakon". *E-International Relations*, 19 mai. 2020. Disponível em: https://www.e-ir.info/2020/05/19/bolsonaros-brazil-in-times-of-covid-19-a-necropolitical-pharmakon/. Acessado em: 23.03.2023).

morrer foi uma de suas empregadas domésticas.[263] A pandemia foi avançando a partir daí, escorrendo dos ricos para matar principalmente os pobres, primeiro na periferias das ricas cidades de São Paulo e Rio de Janeiro e, depois, atingindo as regiões pobres do Norte e Nordeste, onde seu impacto foi multiplicado pela precariedade da habitação, saúde, nutrição e outras circunstâncias que acometem a população pobre. Tanto nas regiões ricas quanto nas pobres, o coronavírus se espalhou primeiro entre os pobres, e com maior letalidade também.[264]

À medida que o vírus se espalhava, Bolsonaro se recusava insistentemente a impor um *lockdown* nacional, seguindo Donald Trump ao declarar que curas charlatanescas resolveriam o problema e que, de qualquer forma, pessoas com histórico de atleta "como eu" não precisam se preocupar com a COVID-19.[265] Seus subordinados

---

263 NUNES, João. "The COVID-19 pandemic: securitization, neoliberal crisis, and global vulnerabilization". *Cadernos de Saúde Pública*, vol. 36, nº 4, 2020; RUDAN, Igor. "A cascade of causes that led to the COVID-19 tragedy in Italy and in other European Union countries". *Journal of Global Health*, vol. 10, nº 1, 2020. Disponível em: https://www.ncbi.nlm.nih.gov/pmc/articles/PMC7125421/. Acessado em: 23.03.2023; SAAD FILHO, Alfredo. "Coronavirus: how Brazil became the second worst affected country in the world". *The Conversation*, 29 jun. 2020. Disponível em: https://theconversation.com/coronavirus-how-brazil-became-the-second-worst-affected-country-in-the-world-141102. Acessado em: 23.03.2023; SAKAMOTO, Leonardo. "Coronavírus: Brasil mostra que é projetado para matar pobre em pandemia". *Uol*, 06 mai. 2020. Disponível em: https://noticias.uol.com.br/colunas/leonardo-sakamoto/2020/05/06/coronavirus-brasil-mostra-que-e-projetado-para-matar-pobre-em-pandemia.htm?cmpid=copiaecola. Acessado em: 24.03.2023.

264 MARINO, Aluizio *et al*. "Circulação para trabalho explica concentração de casos de Covid-19". *Carta Maior*, 02 jul. 2020. Disponível em: https://www.cartamaior.com.br/?/Editoria/Sociedade-e-Cultura/Circulacao-para-trabalho-explica-concentracao-de-casos-de-Covid-19/52/48008. Acessado em: 23.03.2023.

265 MAIA, Gustavo. "Quem tem 'bom preparo' não tem que se preocupar com Covid-19, diz Bolsonaro". *O Globo*, 02 set. 2020. Disponível em:

concordaram, e altos funcionários do Ministério da Fazenda afirmaram que "é bom que as mortes se concentrem entre os idosos. (...) Isso melhorará nosso desempenho econômico, pois reduzirá nosso déficit previdenciário".[266] Ao se recusar a agir, Bolsonaro deixou a questão nas mãos dos prefeitos e governadores, mas eles nunca receberam recursos adequados do governo federal, e o Presidente da República nunca deixou de criticar as medidas de saúde pública tomadas em qualquer nível da Administração Pública.[267]

O negacionismo de Brasília colidiu com pressões locais, levando a uma colcha de retalhos de regras que Bolsonaro usou como argumento contra as restrições em geral: *shoppings centers* fecharam em algumas cidades, mas permaneceram abertos ao público em cidades vizinhas, diferentes regulamentações sobre o uso de máscaras e transporte público foram aplicadas em cada cidade e Estado, e regras estabelecidas de acordo com os lobbies locais ao invés de evidências médicas, muitas vezes focando mais na proteção dos lucros do que

---

https://oglobo.globo.com/sociedade/quem-tem-bom-preparo-nao-tem-que-se-preocupar-com-covid-19-diz-bolsonaro-24620080. Acessado em: 23.03.2023.

266 COLE, Brendan. "Brazil Government Aide Says COVID-19's Toll on Elderly Will Reduce Pension Deficit As Country's Outbreak Escalates". *Newsweek*, 27 mai. 2020. Disponível em: https://www.newsweek.com/brazil-government-aide-says-covid-19s-toll-elderly-will-reduce-pension-deficit-countrys-1506830. Acessado em: 22.03.2023.

267 BAHIA, Ligia *et al.* "A tragédia brasileira do coronavírus/covid-19: Uma análise do desgoverno do governo federal, 2020-2021". *Documento entregue à Comissão Parlamentar de Inquérito (CPI) da Covid-19 do Senado Federal*, 28 abr. 2021. Disponível em: https://www.clacso.org/en/a-tragedia-brasileira-do-coronavirus-covid-19/. Acessado em: 20.03.2023; NICOLELIS, Miguel. "Brazil's Pandemic Is a 'Biological Fukushima' That Threatens the Entire Planet". *Scientific American*, 07 mai. 2021. Disponível em: https://www.scientificamerican.com/article/brazils-pandemic-is-a-lsquo-biological-fukushima-rsquo-that-threatens-the-entire-planet/. Acessado em: 23.03.2023; RICHMOND, Matthew Aaron. "'A Little Flu' Could Be Fatal for Jair Bolsonaro". *Jacobin*, 31 mar. 2020. Disponível em: https://jacobinmag.com/2020/03/jair-bolsonaro-coronavirus-covid-political-crisis. Acessado em: 23.03.2023.

na saúde pública. Inevitavelmente, em pouco tempo as políticas passaram a fazer pouco sentido até mesmo em cidades individuais (por exemplo, em São Paulo, em meados de 2020, os *shopping centers* estavam abertos, mas os parques públicos estavam fechados).[268] O cabo-de-guerra entre Bolsonaro, governadores e prefeitos culminou nas ameaças do Presidente, em abril de 2021, de mobilizar as Forças Armadas *contra* os *lockdowns* locais. Era algo inimaginável.

Conforme a crise se agravava e o contraste entre o consenso global emergente e o caos no Brasil se tornava mais evidente, grandes setores da classe média e da grande imprensa se distanciaram de Bolsonaro e passaram a criticá-lo em termos cada vez mais estridentes. Por sua vez, o Presidente radicalizou seu discurso para reforçar sua base de apoio. Ele provocou brigas diárias com a mídia, inventou mentiras graves sobre a pandemia, xingou seus críticos, e fez ameaças crescentes contra o *establishment* político, o Supremo Tribunal Federal, a Constituição, a mídia, a esquerda, o ex-Presidente Lula e todas as outras fontes de oposição. À medida que sua popularidade caia, Bolsonaro intensificava seus ataques, ameaçando abertamente um golpe de Estado e aumentando a sua dependência dos militares.[269] O Presidente chegou a tentar um "autogolpe" em março de 2021 e outro em setembro, mas falhou porque o alto comando militar refez os cálculos e se recusou a apoiar sua aventura. Nesse meio tempo, a testagem em massa para COVID-19 nunca decolou, o rastreamento de contatos nunca chegou a começar e o país só teve uma campanha

---

268 BONDUKI, Nabil. "Bruno Covas: por que os shoppings estão abertos e os parques fechados?" *Folha de São Paulo*, 22 jun. 2020. Disponível em: https://www1.folha.uol.com.br/colunas/nabil-bonduki/2020/06/bruno-covas-por-que-os-shoppings-estao-abertos-e-os-parques-fechados.shtml. Acessado em: 20.03.2023.

269 MERCIER, Daniela; GORTÁZAR, Naiara Galarraga. "Bolsonaro da alas al golpismo en un acto contra la cuarentena". *El País*, 20 abr. 2020. Disponível em: https://elpais.com/internacional/2020-04-20/el-presidente-bolsonaro-da-alas-al-golpismo-en-un-acto-con-seguidores.html. Acessado em: 23.03.2023.

de vacinação por pressão dos governadores e pela decisão do Supremo Tribunal Federal – certamente um caso único no mundo.

As crescentes divergências em torno dos *lockdowns* e outras políticas de prevenção não se deveram exclusivamente à postura, perversidade ou a possíveis problemas de saúde mental de Jair Bolsonaro.[270] Elas tinham uma base material; primeiro, na vulnerabilidade econômica da maioria dos trabalhadores em uma economia pobre, desigual e altamente desregulada. Mais da metade dos trabalhadores no Brasil está no setor informal, e eles teriam pouca segurança econômica em um *lockdown*; sua sobrevivência dependeria estritamente das transferências de renda estatais, às quais Bolsonaro e seu ministro da Fazenda, Paulo Guedes, se opuseram firmemente.[271] Em segundo lugar, muitos empregadores eram contra *lockdowns*, distanciamento social e até uso de máscaras, por acharem que prejudicariam suas vendas e seus lucros. Por sua vez, um *lockdown* deixaria milhões de trabalhadores e pequenos empresários sem renda e muitas empresas sem conseguir vender nem ter acesso a crédito, dando plausibilidade às declarações de Bolsonaro sobre um *trade-off* entre saúde e economia, e reforçando a necessidade de proteger a última. Perversamente, os *lockdowns* também empurraram os pobres para casas superlotadas, sem saneamento nem acesso à água potável e, com o aumento do desemprego, também sem alimentos ou medicamentos.[272] Nas favelas do Rio de Janeiro, os traficantes

---

270 SCHWARTSMAN, Hélio. "Bolsonaro é louco?" *Folha de São Paulo*, 23 jan. 2021. Disponível em: https://www1.folha.uol.com.br/colunas/helioschwartsman/2021/01/bolsonaro-e-louco.shtml. Acessado em: 24.03.2023.

271 SAAD FILHO, Alfredo; FEIL, Fernanda. "COVID-19 in Brazil: how Jair Bolsonaro created a calamity". *The Conversation*, 23 abr. 2021. Disponível em: https://theconversation.com/covid-19-in-brazil-how-jair-bolsonaro-created-a-calamity-159066. Acessado em: 23.03.2023.

272 MERCIER, Daniela; GORTÁZAR, Naiara Galarraga. "Bolsonaro da alas al golpismo en un acto contra la cuarentena". *El País*, 20 abr. 2020. Disponível em: https://elpais.com/internacional/2020-04-20/

tomaram a iniciativa de impor um *lockdown*, a fim de reduzir os riscos à saúde da comunidade e melhorar seu próprio ambiente de negócios.[273] Nenhuma política de combate à pandemia é sustentável nessas circunstâncias.

Os estágios iniciais da crise foram acompanhados por uma subnotificação significativa das vítimas.[274] Em meados de 2020, para cada dez mortes por COVID-19, outras oito foram atribuídas à categoria genérica de "síndrome respiratória aguda grave" (SRAG).[275] Até o final do ano, com o aprimoramento dos sistemas de notificação, o Brasil registrou 226.528 mortes por todas as doenças respiratórias, das quais 195.000 foram atribuídas à COVID-19. Isso deixa um restante de 31.500 mortes atribuídas à SRAG enquanto, nos seis anos anteriores, o número médio de mortes por SRAG foi de apenas 5.600.[276] Essas mortes não incluem aquelas devidas ao impacto indireto da pandemia, especialmente as atribuídas

---

el-presidente-bolsonaro-da-alas-al-golpismo-en-un-acto-con-seguidores.html. Acessado em: 23.03.2023.

273 SCHIPANI, Andres; HARRIS, Bryan. "Drug gangs in Brazil's favelas enforce coronavirus lockdown". *Financial Times*, 31 mai. 2020. Disponível em: https://www.ft.com/content/aaef1591-2fc5-4e6f-ab84-0e83b5a146ca. Acessado em: 24.03.2023.

274 COLLUCCI, Cláudia. "Subnotificação esconde ao menos 30% das mortes, diz estudo". *Folha de São Paulo*, 04 mai. 2021. Disponível em: https://www1.folha.uol.com.br/equilibrioesaude/2021/05/subnotificacao-dos-casos-de-covid-esconde-ate-30-das-mortes-mostra-estudo.shtml. Acessado em: 22.03.2023.

275 ROSSI, Amanda; BUONO, Renata. "As mortes incógnitas da pandemia". *Piauí*, 15 jun. 2020. Disponível em: https://piaui.folha.uol.com.br/as-mortes-incognitas-da-pandemia/. Acessado em: 23.03.2023; SIVAKUMARAN, Shanya; DAVIES, Gwyneth; AL SALLAKH, Mohammad. "Coronavirus can cause lasting lung damage – but the effects may ease over time". *The Conversation*, 18 jun. 2020. Disponível em: https://theconversation.com/coronavirus-can-cause-lasting-lung-damage-but-the-effects-may-ease-over-time-140398. Acessado em: 24.03.2023.

276 Dados de http://info.gripe.fiocruz.br/.

erroneamente a outra causa por falta de testes, objeções familiares à palavra "coronavírus" no atestado de óbito de seus entes queridos,[277] ou identificação incorreta, já que o coronavírus devasta não apenas os pulmões, mas também o coração, os rins, o cérebro e outros órgãos. Além disso, ocorreram inúmeras mortes prematuras devido à incapacidade de pacientes com câncer ou outras doenças de obter os cuidados que, em tempos normais, estariam disponíveis para eles.[278]

10.3 Bolsonaro toma a iniciativa

A única medida significativa para proteger os pobres foi proposta por partidos de esquerda no Congresso, oferecendo transferências de renda emergenciais de R$ 600 por mês durante a pandemia para 65 milhões de pessoas (de uma população de 210 milhões): o programa de transferência de renda mais generoso da história brasileira.[279] Bolsonaro e seu ministro da Fazenda, o ex-*Chicago Boy* Paulo Guedes, rejeitaram-no com o argumento neoliberal da "contenção fiscal". Sob crescente pressão, Bolsonaro ofereceu R$ 200 por mês. A esquerda pautou a votação do programa e a medida foi aprovada como parte de um "Orçamento de Guerra", contornando os limites do déficit

---

277 CATRACA LIVRE. "Família ameaça médico que anotou suspeita de COVID-19 em óbito". *Catraca Livre*, 12 abr. 2020. Disponível em: https://catracalivre.com.br/cidadania/familia-ameaca-medico-que-anotou-suspeita-de-COVID-19-em-obito/. Acessado em: 23.03.2023.

278 USP. "Com poucos testes de covid-19, mortes por todas as causas viram dado crucial". *Jornal da USP*, 08 mai. 2020. Disponível em: https://jornal.usp.br/atualidades/calculo-do-pico-da-covid-19-deve-levar-em-conta-quantidade-de-mortes/. Acessado em: 22.03.2023.

279 RICHMOND, Matthew Aaron. "'A Little Flu' Could Be Fatal for Jair Bolsonaro". *Jacobin*, 31 mar. 2020. Disponível em: https://jacobinmag.com/2020/03/jair-bolsonaro-coronavirus-covid-political-crisis. Acessado em: 23.03.2023; SAAD FILHO, Alfredo; FEIL, Fernanda. "COVID-19 in Brazil: how Jair Bolsonaro created a calamity". *The Conversation*, 23 abr. 2021. Disponível em: https://theconversation.com/covid-19-in-brazil-how-jair-bolsonaro-created-a-calamity-159066. Acessado em: 23.03.2023.

fiscal. Para a metade inferior dos assalariados, esse programa de transferência aumentou a renda mais do que a pandemia a havia reduzido, paradoxalmente diminuindo a pobreza e neutralizando o impacto gerador de desigualdade da pandemia.[280]

Surpreendentemente, tendo em vista sua atuação completamente negativa durante a pandemia, Bolsonaro não perdeu tempo em apresentar o auxílio à renda como "sua" concessão aos pobres, junto com outras medidas expansionistas, incluindo linhas de crédito para pequenas e médias empresas. Seu índice de aprovação aumentou entre os pobres, enquanto ele declinava entre a classe média.[281] Entretanto, o programa de auxílio emergencial acabou com o início de um novo ano fiscal, em janeiro de 2021, e foi substituído, em abril, por um auxílio bem menor de R$ 250 mensais por três meses, condicionado a reformas mais profundas da Administração Pública e cortes fiscais em outros programas.[282] A falta de apoio federal à renda impossibilitou que Estados e municípios impusessem *lockdowns* locais, praticamente garantindo a continuidade da pandemia.

Assim como em outros países, as pesquisas de opinião no Brasil mostraram uma correlação entre o descaso com a pandemia e o apoio ao líder autoritário "espetacular". Nesses países, as mortes tendem a ser atribuídas à vontade divina, ao destino, à má sorte ou

---

280 NASSIF-PIRES, Luiza; CARVALHO, Laura; RAWET, Eduardo. "Multidimensional Inequality and COVID-19 in Brazil". *Public Policy Brief*, nº 153, 2020. Disponível em: http://www.levyinstitute.org/files/download.php?file=ppb_153.pdf&pubid=2690. Acessado em: 23.03.2023.

281 RICHMOND, Matthew Aaron. "'A Little Flu' Could Be Fatal for Jair Bolsonaro". *Jacobin*, 31 mar. 2020. Disponível em: https://jacobinmag.com/2020/03/jair-bolsonaro-coronavirus-covid-political-crisis. Acessado em: 23.03.2023.

282 LONDRES, Mariana; AGUIAR, Plínio. "Congresso Nacional aprova a PEC que recria auxílio emergencial". *R7*, 12 mar. 2021. Disponível em: https://noticias.r7.com/prisma/r7-planalto/congresso-nacional--aprova-a-pec-que-recria-auxilio-emergencial-12032021. Acessado em: 23.03.2023.

às próprias vítimas, por causa de sua fragilidade inata ou comportamento irresponsável. Além disso, o crescente número de mortos e a exaustão da população com as políticas erráticas implementadas no Brasil tenderam a aumentar a tolerância ao risco em uma sociedade já acostumada à desigualdade, ao crime, à violência, a doenças, comportamentos de risco, mortes, e desrespeito aos outros. Muitas pessoas continuaram a visitar seus amigos, fazer compras nas principais ruas comerciais e se reunir em bares e restaurantes. O uso de máscaras sempre foi limitado. O vírus continuou a se espalhar, alimentando o desastre.

Por fim, a pandemia ofereceu uma oportunidade ao governo Bolsonaro de implementar políticas destrutivas com mínimo escrutínio público. Em maio de 2020, o ministro do Meio Ambiente, Ricardo Salles, foi flagrado em vídeo declarando, durante uma reunião ministerial, que:

> precisa ter um esforço nosso aqui, enquanto estamos nesse momento de tranquilidade no aspecto de cobertura de imprensa, porque só se fala de COVID, e ir passando a boiada, e mudando todo o regramento [ambiental], e simplificando normas.[283]

Isso levaria, por exemplo, à sua tentativa de abolir as "zonas de proteção permanente" ao redor dos manguezais do Brasil e outros ecossistemas costeiros frágeis, que mais tarde seriam revogadas na Justiça.[284] Ataques semelhantes foram lançados contra a proteção

---

283 SPRING, Jake. "Brazil minister calls for environmental deregulation while public distracted by COVID". *Reuters*, 22 mai. 2020. Disponível em: https://www.reuters.com/article/us-brazil-politics-environment-idUSKBN22Y30Y. Acessado em: 24.03.2023.

284 BBC. "Brazil judge stymies plan to revoke mangrove protection". *BBC News*, 30 set. 2020. Disponível em: https://www.bbc.com/news/world-latin-america-54350180. Acessado em: 20.03.2023.

de comunidades indígenas e quilombolas,[285] enquanto o governo acelerava seu programa de privatizações e intensificava a repressão contra os dissidentes. Por último, mas não menos importante, a pandemia também desviou a atenção pública dos escândalos de corrupção envolvendo a família do Presidente.[286]

Para piorar a situação, no dia em que o país atingiu 4 mil mortes por COVID-19 em 24 horas, e um total de cerca de 350 mil mortes, no início de abril de 2021, a Câmara dos Deputados aprovou proposta legislativa permitindo a compra de vacinas contra a COVID-19 por empresas privadas, em violação direta à Constituição. Essa rota paralela às vacinas permitiria aos ricos contornar o programa de vacinação liderado pelo SUS, e reduziria as pressões políticas para torná-lo bem-sucedido em nível nacional. Essa tentativa foi frustada a seguir, mas mais tempo e mais vidas foram perdidas

---

285 Ver Scaldaferri (SCALDAFERRI, Lucas Ribeiro. "Bolsonaro promove genocídio contra os povos indígenas". *Esquerda Online*, 06 ago. 2020. Disponível em: https://esquerdaonline.com.br/2020/08/06/bolsonaro-promove-genocidio-contra-os-povos-indigenas/. Acessado em: 24.03.2023), Rocha (ROCHA, Camila. "Os vetos de Bolsonaro à lei de proteção de indígenas e quilombolas". *Nexo*, 08 jul. 2020. Disponível em: https://www.nexojornal.com.br/expresso/2020/07/08/Os-vetos-de-Bolsonaro-%C3%A0-lei-de-prote%C3%A7%C3%A3o-de-ind%C3%ADgenas-e-quilombolas. Acessado em: 23.03.2023) e CEBRAP. *Desigualdades raciais e covid-19*. Disponível em: https://cebrap.org.br/pesquisas/desigualdades-raciais-e-covid-19/. Acessado em: 28.04.2023.

286 ALVES, Renato. "Money-laundering scheme a Bolsonaro family business?" *The Brazilian Report*, 16 mar. 2021. Disponível em: https://brazilian.report/power/2021/03/16/money-laundering-scheme-a-bolsonaro-family-business/. Acessado em: 20.03.2023; THE GUARDIAN. "The Guardian view on Modi's mistakes: a pandemic that is out of control". *The Guardian*, 23 abr. 2021. Disponível em: https://www.theguardian.com/world/commentisfree/2021/apr/23/the-guardian-view-on-modis-mistakes-a-pandemic-that-is-out-of-control. Acessado em: 24.03.2023; LONDOÑO, Ernesto; ANDREONI, Manuela; CASADO, Letícia. "'A Family Business:' Graft Investigation Threatens Brazil's Bolsonaro". *The New York Times*, 28 ago. 2020. Disponível em: https://www.nytimes.com/2020/08/28/world/americas/brazil-bosonaro-corruption.html. Acessado em: 23.03.2023.

inutilmente. Nesse meio tempo, as Forças Armadas impediam que civis acessassem suas unidades de saúde, mesmo quando a ocupação chegava a 100% em hospitais civis, enquanto as instalações militares muitas vezes tinham 85% de capacidade ociosa.[287]

10.4 Seguindo em frente

Depois de mais de 400 mil mortes notificadas, o fato do discurso e comportamento tóxicos de Jair Bolsonaro ainda encontrarem apoio entre amplos (mas, felizmente, declinantes) segmentos da população é uma triste advertência de que debates políticos podem ter consequências letais. Bolsonaro tem responsabilidade pessoal pela tragédia brasileira, mas isso não se deve apenas à sua incompetência, estupidez, condições de saúde mental, ou à perversidade de seus apoiadores, embora esses sejam, sem dúvidas, fatores contribuintes. O Presidente brasileiro promoveu ativamente a disseminação da COVID-19 de modo a obter ganhos políticos.[288] Bolsonaro se beneficiou diretamente da corrosão dos laços sociais, da deslegitimação das políticas e instituições públicas e do aprofundamento das divisões políticas, na medida em que preparam o terreno para seu objetivo final de autoperpetuação no poder por meio de um golpe de Estado. Esse perigo permanecerá enquanto ele estiver no governo; enquanto isso, a população continuou exposta ao coronavírus. O resultado foi o crescimento exponencial das mortes, a pior contração econômica da história brasileira e o crescente caos social e político. Enquanto isso se passava, as reformas neoliberais, o desmantelamento do Estado e a destruição do meio ambiente continuaram no topo da agenda governamental.

---

287 FILGUEIRAS, Luiz. "Que país é esse?" *BNews*, 08 abr. 2021. Disponível em: https://www.bnews.com.br/artigo/1431,que-pais-e-esse.html. Acessado em: 23.03.2023.

288 BRUM, Eliane. "Pesquisa revela que Bolsonaro executou uma 'estratégia institucional de propagação do coronavírus'". *El País*, 21 jan. 2021. Disponível em: https://brasil.elpais.com/brasil/2021-01-21/pesquisa-revela-que-bolsonaro-executou-uma-estrategia-institucional-de-propagacao-do-virus.html. Acessado em: 22.03.2023.

CAPÍTULO XI

ÍNDIA: DA ARROGÂNCIA AO DESASTRE[289]

No início de junho de 2021, a Índia tinha registrado quase 30 milhões de casos e 350 mil mortes por COVID-19; o país atingiu 45 milhões de casos e 530 mil mortes no início de 2023, colocando-a em segundo lugar na lista "oficial" de países mais afetados pela pandemia (esses números são altamente subestimados).[290] O número crescente de mortos e as inúmeras tragédias que ele engloba foram, inquestionavelmente, consequências da arrogância, do descuido e do oportunismo do primeiro-ministro Narendra Modi, do Partido

---

289 Nicolás Águila é coautor deste capítulo.

290 GETTLEMAN, Jeffrey *et al.* "As covid-19 Devastates India, Deaths Go Undercounted". *The New York Times*, 24 abr. 2021. Disponível em: https://www.nytimes.com/2021/04/24/world/asia/india-coronavirus-deaths.html?referringSource=articleShare. Acessado em: 23.03.2023; THE ECONOMIST. "India is struggling with a catastrophic second wave". *The Economist*, 24 abr. 2021. Disponível em: https://www.economist.com/asia/2021/04/24/india-is-struggling-with-a-catastrophic-second-wave. Acessado em: 23.03.2023; ver também WORLDOMETERS. Disponível em: https://www.worldometers.info/coronavirus/#countries. Acessado em: 04.05.2023.

do Povo Indiano (BJP na sigla em hindi) – partido ligado ao nacionalismo hindu e uma das maiores e mais agressivas organizações associadas ao neoliberalismo autoritário no mundo.

11.1 A primeira onda

No dia 24 de março de 2020, o governo liderado pelo primeiro-ministro Modi anunciou, subitamente, um rigoroso *lockdown* nacional que, teoricamente, confinaria o maior número de pessoas no mundo. O *lockdown* foi imposto com um aviso prévio de apenas 4 horas e sem medidas de compensação econômica. Inevitavelmente, isso desencadeou um caos quase inimaginável na medida em que vários milhões de migrantes, trabalhadores diaristas, pobres e suas famílias foram repentinamente privados de seus empregos e dinheiro e, consequentemente, de alimentação e moradia. Muitas pessoas desesperadas e sem um tostão se viram obrigadas a retornar às suas aldeias para sobreviver e correram para comprar passagens de ônibus, trem ou qualquer outro meio de transporte disponível, a qualquer preço, e onde o distanciamento social era impossível. Outros tantos decidiram viajar centenas de quilômetros a pé ou amontoados ilegalmente em caminhões, sofrendo o risco de morrerem de acidentes, fome ou exaustão.[291] A confusão levou à morte de até mil pessoas, incluindo pelo menos 12 vítimas de violência policial, geralmente sem nenhuma justificativa,[292] além de diversas vítimas de violência

---

291 LAKHANI, Somya. "Shaheen Bagh sit-in protest cleared amid coronavirus lockdown". *The Indian Express*, 24 mar. 2020. Disponível em: https://indianexpress.com/article/cities/delhi/shaheen-bagh-protests-delhi-coronavirus-6328815/. Acessado em: 23.03.2023.

292 CHOWDHURY, Sayandeb; NARAYANAN, Rajendran. "A made-in-India shock doctrine, with a little help from Latin America". *MR Online*, 27 abr. 2021. Disponível em: https://mronline.org/2021/04/27/a-made-in-india-shock-doctrine-with-a-little-help-from-latin-america/. Acessado em: 22.03.2023; KRISHNAN, Murali. "Police excesses for lockdown violation led to 12 deaths: Study". *Hindustan Times*, 26 mai. 2020. Disponível em: https://www.hindustantimes.com/india-news/

contra os muçulmanos, que foram brutalmente acusados pela extrema-direita ligada ao BJP de serem "disseminadores do vírus".[293] A descontrolada migração em massa espalhou o coronavírus por toda a Índia: um erro político imprudente e desnecessário, que gerou uma tragédia.[294] Essa não foi a primeira vez que o governo de Modi gerou pânico generalizado com mudanças políticas mal concebidas; a ocorrência anterior mais grave foi a súbita desmonetização das notas de 500 e 1.000 rúpias, em 2016, que não atingiu nenhum de seus objetivos declarados e causou enormes perdas e estresse para muitas pessoas pobres.[295]

Apesar do imperativo de confrontar o coronavírus, sempre foi óbvio que o *lockdown* teria eficiência limitada na Índia, dada a pobreza e as condições de vida precárias de centenas de milhões de pessoas, o fato de que a ampla maioria dos trabalhadores (possivelmente mais de 95%) está no setor informal e carece da maioria das formas de proteção social,[296] além da superlotação, escassez de água, saneamento precário e possibilidades limitadas de isolamento

---

police-excesses-for-lockdown-violation-led-to-12-deaths-study/story-qj5dZ68nxPBc3B0HbSBg3L.html. Acessado em: 23.03.2023.

293 LOH, Jennifer Ung; WILSON, Kalpana; PUREWAL, Navtej. "Weaponising the COVID-19 crisis in India". *Feminist Review*, 08 mai. 2020. Disponível em: https://femrev.wordpress.com/2020/05/08/weaponising-the-covid-19-crisis-in-india-a-view-from-feminist-review-issue-119/. Acessado em: 23.03.2023.

294 GHOSH, Jayati. "A critique of the Indian government's response to the COVID-19 pandemic". *Journal of Industrial and Business Economics*, vol. 47, 2020; GHOSH, Jayati. "Covid-19 in India – profits before people". *Social Europe*, 27 abr. 2021. Disponível em: https://www.socialeurope.eu/covid-19-in-india-profits-before-people. Acessado em: 23.03.2023.

295 CHANDRASEKHAR, C. P.; GHOSH, Jayati. "The Financialization of Finance? Demonetization and the Dubious Push to Cashlessness in India". *Development and Change*, vol. 49, nº 2, 2015.

296 GHOSH, Jayati. "A critique of the Indian government's response to the COVID-19 pandemic". *Journal of Industrial and Business Economics*, vol. 47, 2020.

em suas próprias casas para centenas de milhões de pessoas.[297] O *lockdown* criou não apenas desafios em termos de saúde pública e dificuldades econômicas generalizadas, mas também levou ao aumento da violência de gênero e abuso sexual, especialmente contra mulheres Dalit.[298]

Nesse ínterim, o governo introduziu uma estratégia de testagem altamente limitada que presumia que não havia transmissão local do vírus e, por isso, se concentrava nas fronteiras do país.[299] Essa estratégia pode ter sido motivada, em parte, por uma visão equivocada da prevalência do coronavírus na Índia e, em parte, pela falta de capacidade laboratorial para processar um grande número de testes; por exemplo, em Uttar Pradesh, o Estado mais populoso da Índia, um único laboratório de testes deveria atender 30 milhões de habitantes.[300] Embora os laboratórios particulares tenham aumentado rapidamente sua capacidade de testagem, seus preços

---

297 NEWSCLICK. "COVID 19 lockdown has exposed major gaps in social protection systems, says report". *Newsclick*, 06 mai. 2020. Disponível em: https://www.newsclick.in/India-Lockdown-COVID-19-Migrant-Workers-Housing-Land-Rights. Acessado em: 22.03.2023.

298 LOH, Jennifer Ung; WILSON, Kalpana; PUREWAL, Navtej. "Weaponising the COVID-19 crisis in India". *Feminist Review*, 08 mai. 2020. Disponível em: https://femrev.wordpress.com/2020/05/08/weaponising-the-covid-19-crisis-in-india-a-view-from-feminist-review-issue-119/. Acessado em: 23.03.2023.

299 FERRY, Mathieu *et al.* "Una tragedia humanitaria en ciernes". *Viento Sur*, 17 mai. 2020. Disponível em: https://vientosur.info/una-tragedia-humanitaria-en-ciernes/. Acessado em: 23.03.2023.

300 RUKMINI, S. "India had one of the world's strictest lockdowns. Why are cases still rising?" *The Guardian*, 04 jul. 2020. Disponível em: https://www.theguardian.com/commentisfree/2020/jul/04/india-lockdowns-cases-rising-. Acessado em: 23.03.2023; YADAV, Prashant *et al.* "India's COVID-19 testing capacity must grow by a factor of 10: here's how that can happen". *Center for Global Development*, 04 jun. 2020. Disponível em: https://www.cgdev.org/publication/indias-covid-19-testing-capacity-must-grow-factor-10-heres-how-can-happen. Acessado em: 24.03.2023.

eram invariavelmente altos demais para a maioria da população. Por fim, o sistema de saúde indiano é notoriamente frágil; a grande maioria das pessoas não pode pagar por serviços privados de saúde, as instituições públicas operam rotineiramente em capacidade máxima, os serviços são subfinanciados e existem diferenças regionais significativas em termos de acesso, disponibilidade e qualidade dos cuidados de saúde.[301] Os ventiladores são numericamente limitados e não podem ser produzidos no país. Ademais, a disponibilidade de leitos de UTI é baixa para os padrões internacionais (de acordo com o Banco Mundial, a Índia tinha 0,53 leitos hospitalares para cada mil pessoas, o que está significativamente abaixo da média mundial de 2,9 leitos por mil habitantes). Fatalmente, como seria revelado mais tarde, os suprimentos de oxigênio para fins médicos também eram limitados.

A primeira onda de COVID-19 atingiu o pico em meados de setembro de 2020, quando a média semanal de novos casos atingiu 93.199; em seguida, os casos diminuíram até meados de fevereiro de 2021, quando a média semanal atingiu "apenas" 11.145 novos casos.

11.2 Autoritarismo

As políticas do governo Modi foram marcadas pelo autoritarismo e pela brutalidade. O governo impôs o *lockdown* invocando a Lei de Gestão de Desastres de 2005, que permite ao governo central tomar medidas extraordinárias e exige que as autoridades locais implementem os comandos centrais.[302] Contudo, havia um padrão

---

301 DENNIS, Subin. "How Modi's Failures Led to India's Covid Catastrophe". *Tribune*, 06 mai. 2021. Disponível em: https://tribunemag.co.uk/2021/05/how-modis-failures-led-to-indias-covid-catastrophe. Acessado em: 22.03.2023.

302 GUL, Rahul. "Explained: the legal framework behind the lockdown". *National Herald*, 06 mai. 2020. Disponível em: https://www.nationalheraldindia.com/india/explained-the-legal-framework-behind-the-lockdown. Acessado em: 23.03.2023.

inadequado de coordenação entre os diferentes níveis de governo. Por exemplo, o governo nacional emitiu mais de 4 mil novas regras durante os dois meses do *lockdown*,[303] frequentemente sem consulta nem tempo de preparação para as autoridades locais. Esperava-se que os governos estaduais cumprissem as regras do momento e fornecessem um conjunto crescente de medidas de alívio econômico e de saúde sem, entretanto, terem os recursos ou a capacidade de implementação para tal, e com severas limitações em sua capacidade de contrair empréstimos.[304]

Enquanto isso, o governo nacional aproveitou a oportunidade para reprimir os protestos que vinham se organizando desde a introdução de leis que discriminam muçulmanos, em dezembro de 2019, centradas nas reformas do Registro Nacional de Cidadãos e na Emenda à Lei de Cidadania. O governo imediatamente atacou os dissidentes, e acusou os organizadores dos protestos e jornalistas usando as severas leis antiterroristas da Índia.[305] Outras ondas de protesto se seguiram, culminando no que provavelmente foi a maior greve da história, em 26 de novembro de 2020, envolvendo até 250

---

303 THE ECONOMIST. "INDIA'S bureaucrats are fighting covid-19 with red tape". *The Economist*, 13 jun. 2020. Disponível em: https://www.economist.com/asia/2020/06/11/indias-bureaucrats-are-fighting-covid-19-with-red-tape?utm_campaign=coronavirus-special-edition&u%E2%80%A6. Acessado em: 23.03.2023.

304 GHOSH, Jayati. "A critique of the Indian government's response to the COVID-19 pandemic". *Journal of Industrial and Business Economics*, vol. 47, 2020.

305 ELLIS-PETERSEN, Hannah. "India's Covid-19 app fuels worries over authoritarianism and surveillance". *The Guardian*, 04 mai. 2020. Disponível em: https://www.theguardian.com/world/2020/may/04/how-safe-is-it-really-privacy-fears-over-india-coronavirus-app. Acessado em: 22.03.2023; LAKHANI, Somya. "Shaheen Bagh sit-in protest cleared amid coronavirus lockdown". *The Indian Express*, 24 mar. 2020. Disponível em: https://indianexpress.com/article/cities/delhi/shaheen-bagh-protests-delhi-coronavirus-6328815/. Acessado em: 23.03.2023.

milhões de pessoas.[306] Por fim, o governo ordenou que o Twitter censurasse mensagens e desativasse as contas que criticassem a forma com que lidou com a pandemia.[307]

O governo nacional lançou, relativamente cedo, um aplicativo de rastreamento de contatos que tanto instituições quanto indivíduos foram ordenados a instalar, impondo penalidades para aqueles que desobedecessem. Este se tornou o aplicativo mais rapidamente baixado na história, atingindo 50 milhões de *downloads* em duas semanas e 181 milhões de usuários em maio de 2021, mesmo que essa seja ainda uma proporção baixa da população indiana.[308] O aplicativo exige uma quantidade considerável de informações pessoais e foi projetado para permitir que os usuários avaliem seus próprios sintomas e calculem o risco de infecção. Ele também tem acesso a dados de GPS e Bluetooth para acompanhar o *status* e a localização dos usuários. O aplicativo foi motivo de graves preocupações, porque as informações são enviadas para servidores controlados pelo governo nacional, que, por sua vez, se recusou a explicar como pretendia usar esses dados, quem tem acesso a eles, e por quanto tempo. Embora o governo insista que os dados são anônimos, ele se negou a explicar

---

306 CROWLEY, Thomas. "'This is a revolution, Sir'". *Jacobin*, 01 dez. 2020. Disponível em: https://www.jacobinmag.com/2020/12/general-strike-india-modi-bjp-cpm-bihar. Acessado em: 22.03.2023.

307 BBC. "India Covid: Anger as Twitter ordered to remove critical virus posts". *BBC News*, 26 abr. 2021. Disponível em: https://www.bbc.co.uk/news/world-asia-56883483. Acessado em: 23.03.2023.

308 Ver Upadhyay (UPADHYAY, Harsh. "Aarogya Setu app enters 150 Mn user club in 4 months". *Entracker*, 12 ago. 2020. Disponível em: https://entrackr.com/2020/08/aarogya-setu-app-enters-150-mn-user-club-in-4-months/. Acessado em: 24.03.2023), Vikram (VIKRAM, Kumar. "Not many takers for Aarogya Setu app, Delhi and Chandigarh see highest users". *New Indian Express*, 21 mar. 2021. Disponível em: https://www.newindianexpress.com/nation/2021/mar/21/not-many-takers-for-aarogya-setu-appdelhi-and-chandigarh-see-highest-users-2279311.html. Acessado em: 24.03.2023) e AAROGYA SETU. Disponível em: https://www.aarogyasetu.gov.in/. Acessado em: 19.04.2023.

como, ou a divulgar os códigos de programação usados pelo aplicativo. Os termos de uso do aplicativo também isentavam o governo de qualquer responsabilidade, e o país não possui uma lei de privacidade de dados. Como se podia prever, logo apareceram violações de privacidade dos usuários, como a publicação de detalhes pessoais de pacientes em quarentena, além de evidências de que a polícia em Karnataka rastreou indivíduos usando seus dados de GPS.[309]

11.3 A segunda onda

Em janeiro de 2021, Modi declarou que: "com soluções criadas na Índia, controlamos a propagação do vírus e melhoramos nossa infraestrutura de saúde".[310] Em fevereiro, uma resolução do BJP afirmou que:

> pode-se dizer com orgulho que a Índia (...) derrotou o COVID-19 sob a liderança capaz, sensata, comprometida e visionária do primeiro-ministro Modi (...). O partido elogia inequivocamente sua liderança por apresentar a Índia ao mundo como uma nação orgulhosa e vitoriosa na luta contra o COVID-19.[311]

---

309 AL DAHDAH, Marine; ALAM, Mohammad Javed. "Tracing Apps to Fight Covid-19. Are surveillance technologies effective?" *Books & Ideas*, 18 mai. 2020. Disponível em: https://booksandideas.net/Tracing-Apps-to-Fight-Covid-19.html. Acessado em: 20.03.2023; ELLIS-PETERSEN, Hannah. "India's Covid-19 app fuels worries over authoritarianism and surveillance". *The Guardian*, 04 mai. 2020. Disponível em: https://www.theguardian.com/world/2020/may/04/how-safe-is-it-really-privacy-fears-over-india-coronavirus-app. Acessado em: 22.03.2023.

310 THE ECONOMIST. "India is struggling with a catastrophic second wave". *The Economist*, 24 abr. 2021. Disponível em: https://www.economist.com/asia/2021/04/24/india-is-struggling-with-a-catastrophic-second-wave. Acessado em: 23.03.2023.

311 RACHMAN, Gideon. "Narendra Modi and the perils of Covid hubris". *Financial Times*, 26 abr. 2021. Disponível em: https://www.

No início de março, o ministro da Saúde disse que estava no "fim do jogo da pandemia do COVID-19".[312] A confiança do governo também pode ser vista na declaração de Modi de que o país era a "farmácia do mundo".[313] A indústria farmacêutica indiana, composta por mais de 3 mil empresas e 10 mil fábricas, é a terceira maior do mundo em volume e fornece 20% dos medicamentos genéricos e 62% das vacinas do mundo.[314] Das vacinas contra a COVID-19, o país rapidamente começou a produzir a Covishield, Johnson & Johnson, Covaxin, Sputnik V e ZyCoV-D.[315]

Entretanto, o governo e o BJP não poderiam estar mais equivocados. Em meados de fevereiro de 2021, houve um aumento impressionante nos casos de coronavírus (em 22 de abril, a Índia teve quase 333 mil casos, o maior número diário já registrado até então, e esse recorde seria superado por vários dias consecutivos pelo país). Os números reais provavelmente foram muito mais altos, tendo em vista a falta de testes e a prática generalizada de subnotificação, às vezes por pressão política, com algumas estimativas sugerindo que o número real de casos e mortes é entre 10 e 30 vezes maior do que os

---

ft.com/content/fa3096ff-4325-4a02-97fd-89095e44d5c1. Acessado em: 23.03.2023.

312 Press Trust of India, 2021.

313 MUMBAI MIRROR. "PM Narendra Modi: Amid Covid-19 pandemic, India has become world's pharmacy". *Mumbai Mirror*, 07 mar. 2021. Disponível em: https://mumbaimirror.indiatimes.com/news/india/pm-narendra-modi-amid-covid-19-pandemic-india-has-become-worlds-pharmacy/articleshow/81375010.cms. Acessado em: 23.03.2023.

314 AVHAD, Pratik. "The Indian pharmaceutical industry: the 'pharmacy of the world'?" *Deloitte*, 20 mar. 2020. Disponível em: https://blogs.deloitte.co.uk/health/2020/03/the-indian-pharmaceutical-industry-the-pharmacy-of-the-world.html. Acessado em: 20.03.2023.

315 MENON, Shruti. "Covid-19: how India missed its vaccination target". *BBC News*, 31 dez. 2021. Disponível em: https://www.bbc.co.uk/news/world-asia-india-55571793. Acessado em: 23.03.2023.

relatados pelo governo.[316] As consequências já previsíveis se seguiram: os hospitais ficaram sem leitos ou oxigênio, os bancos de sangue se esgotaram, e os necrotérios ficaram tão cheios que os corpos eram cremados em massa, deixados para decompor em casa ou nas ruas, ou eram simplesmente jogados no rio Ganges.[317] A situação era tão terrível que surgiram mercados negros para tubos de oxigênio e outros equipamentos de saúde.[318]

O aumento das infecções foi parcialmente atribuído à variante conhecida como "duplamente mutante" ou Delta (B.1.617) que aparentemente teria surgido no país.[319] Em resumo, o governo pouco

---

316 GETTLEMAN, Jeffrey *et al.* "As covid-19 Devastates India, Deaths Go Undercounted". *The New York Times*, 24 abr. 2021. Disponível em: https://www.nytimes.com/2021/04/24/world/asia/india-coronavirus-deaths.html?referringSource=articleShare. Acessado em: 23.03.2023; THE ECONOMIST. "India is struggling with a catastrophic second wave". *The Economist*, 24 abr. 2021. Disponível em: https://www.economist.com/asia/2021/04/24/india-is-struggling-with-a-catastrophic-second-wave. Acessado em: 23.03.2023.

317 THE GUARDIAN. "The Guardian view on Modi's mistakes: a pandemic that is out of control". *The Guardian*, 23 abr. 2021. Disponível em: https://www.theguardian.com/world/commentisfree/2021/apr/23/the-guardian-view-on-modis-mistakes-a-pandemic-that-is-out-of-control. Acessado em: 24.03.2023.

318 ROY, Arundhati. "We are witnessing a crime against humanity". *The Guardian*, 28 abr. 2021. Disponível em: https://www.theguardian.com/news/2021/apr/28/crime-against-humanity-arundhati-roy-india-covid-catastrophe?CMP=Share_AndroidApp_Other. Acessado em: 23.03.2023.

319 O nome surge a partir das duas mutações-chave (embora tenha mais de uma dúzia) da variante. Cientificamente, o nome "duplamente mutante" é impreciso, pois o vírus sofre mutações o tempo todo e existem muitas outras cepas com duas mutações. Ver Doucleff (DOUCLEFF, Michaeleen. "People are talking about a 'double mutant' variant in India. What Does That Mean?" *NPR*, 24 abr. 2021. Disponível em: https://www.npr.org/sections/goatsandsoda/2021/04/24/988744811/people-are-talking-about-a-double-mutant-variant-in-india-what-does-that-mean. Acessado em: 22.03.2023), Rao (RAO, Ankita. "India is hiding its Covid crisis – and the whole world will suffer for it". *The*

fez para se preparar para a inevitável segunda onda; não expandiu a capacidade hospitalar, nem aumentou a produção ou os estoques de EPIs e oxigênio, além de não aumentar o suficiente a capacidade de testagem em massa.[320]

O governo central também errou no cálculo da transmissibilidade do coronavírus, pois permitiu que partidas de críquete e festivais religiosos continuassem a ocorrer com requisitos mínimos de distanciamento social e uso de máscaras. Impressionantes 25 milhões de pessoas participaram do festival Kumbh Mela desde janeiro de 2021, e 2 milhões de devotos se reuniram para tomar banho no rio Ganges em 12 de abril, na cidade de Haridwar. O governo acusou seus críticos de serem "ignorantes" e "hindufóbicos".[321] Do mesmo

---

Guardian, 06 mai. 2021. Disponível em: https://www.theguardian.com/commentisfree/2021/may/06/india-covid-crisis-narenda-modi-government-hiding. Acessado em: 23.03.2023) e Sample e Davis (SAMPLE, Ian; DAVIS, Nicola. "What do we know about the Indian coronavirus variant?" *The Guardian*, 19 abr. 2021. Disponível em: https://www.theguardian.com/world/2021/apr/19/what-do-we-know-about-the-indian-coronavirus-variant. Acessado em: 24.03.2023).

320 TANEJA, Pradeep; BALI, Azad Singh. "India's staggering COVID crisis could have been avoided. But the government dropped its guard too soon". *The Conversation*, 23 abr. 2021. Disponível em: https://theconversation.com/indias-staggering-covid-crisis-could-have-been-avoided-but-the-government-dropped-its-guard-too-soon-159538. Acessado em: 24.03.2023.

321 ELLIS-PETERSEN, Hannah; HASSAN, Aakash. "Kumbh Mela: how a superspreader festival seeded Covid across India". *The Guardian*, 30 mai. 2021. Disponível em: https://www.theguardian.com/world/2021/may/30/kumbh-mela-how-a-superspreader-festival-seeded-covid-across-india. Acessado em: 22.03.2023; FARRER, Martin. "Why is India seeing such a huge surge in Covid-19 cases?" *The Guardian*, 21 abr. 2021. Disponível em: https://www.theguardian.com/world/2021/apr/21/why-is-india-seeing-such-a-huge-surge-in-covid-19-cases. Acessado em: 23.03.2023; SAFI, Michael; DHILLON, Amrit. "Ganges crowds highlight distancing challenges as Covid cases soar in India". *The Guardian*, 12 abr. 2021. Disponível em: https://www.theguardian.com/world/2021/apr/12/ganges-crowds-highlight-distancing-challenges-as-covid-cases-soar-in-india. Acessado em: 24.03.2023.

modo, Modi realizou enormes comícios sem máscara até 17 de abril, perseguindo seu sonho de vencer as eleições no estado de Bengala Ocidental (onde, não obstante, o BJP falhou miseravelmente). Nesse ponto, o número diário de novos casos já ultrapassava 200 mil.[322]

Apesar de um início promissor em meados de janeiro de 2021, o programa de vacinação indiano atrasou em muito e, no final de abril, apenas cerca de 10% da população havia tomado a primeira dose da vacina. O governo demorou para iniciar o processo de compra, não financiou adequadamente os fornecedores locais e demorou para aprovar vacinas estrangeiras para uso doméstico.[323] A produção de vacinas não se expandiu com rapidez suficiente em grande parte devido à escassez de insumos, mas em alguns casos em razão da proibição de exportação de insumos dos EUA. Além disso, um grande número de vacinas foi ou exportado por razões comerciais ou usado em exercícios de "diplomacia de vacina",[324] talvez na tentativa de rivalizar com a China, até que uma proibição de exportações foi imposta no final de março.[325] Para piorar a situação, o governo nacional responsabilizou os Estados pela vacinação, que, de repente, descobriram que tinham que competir por doses

---

322 THE GUARDIAN. "The Guardian view on Modi's mistakes: a pandemic that is out of control". *The Guardian*, 23 abr. 2021. Disponível em: https://www.theguardian.com/world/commentisfree/2021/apr/23/the-guardian-view-on-modis-mistakes-a-pandemic-that-is-out-of-control. Acessado em: 24.03.2023.

323 THE ECONOMIST. "India is struggling with a catastrophic second wave". *The Economist*, 24 abr. 2021. Disponível em: https://www.economist.com/asia/2021/04/24/india-is-struggling-with-a-catastrophic-second-wave. Acessado em: 23.03.2023.

324 KOLHATKAR, Sonali. "India's Pandemic Disaster: the Responsibility of Modi and the BJP". *Socialist Project – The Bullet*, 03 mai. 2021. Disponível em: https://socialistproject.ca/2021/05/india-pandemic-disaster-modi-bjp/. Acessado em: 23.03.2023.

325 FINDLAY, Stephanie; PEEL, Michael; MANCINI, Donato. "India blocks vaccine exports in blow to dozens of nations". *Financial Times*, 25 mar. 2021. Disponível em: https://www.ft.com/content/5349389c-8313-41e0-9a67-58274e24a019. Acessado em: 23.03.2023.

escassas sem financiamento suficiente e com preços cada vez mais altos por causa da guerra de lances engendrada pelo governo em Déli. Consequentemente, as instalações onde os indianos podem se vacinar gratuitamente eram severamente limitadas, enquanto as pessoas ricas podiam facilmente pagar preços altos para serem vacinadas em instalações privadas.[326]

11.4 A economia

A pandemia desencadeou um desastre econômico. O PIB caiu 8% em 2020, agravando a já fraca posição dos membros mais vulneráveis da sociedade indiana. Milhões de pessoas precisam de sua renda diária para sobreviver e pagar suas dívidas, e dependem da migração interna para conseguir empregos. Trabalhadores remunerados diariamente, incluindo os sem-teto e sem-terra, trabalhadores migrantes, trabalhadores agrícolas, crianças que moram na rua, pessoas com deficiência, idosos, comunidades tribais e outras comunidades remotas, mulheres solteiras e tantos outros foram severamente atingidos pela pandemia e pela crise econômica, e sofreram perdas significativas de renda e surtos de fome e violência.[327] Cerca de 120 milhões de empregos foram perdidos em abril de 2020, levando a uma taxa recorde de desemprego de 23,5%,[328] que caiu para 6,5% em janeiro de 2021. No entanto, uma pesquisa em outubro mostrou

---

326 GHOSH, Jayati. "Covid-19 in India – profits before people". *Social Europe*, 27 abr. 2021. Disponível em: https://www.socialeurope.eu/covid-19-in-india-profits-before-people. Acessado em: 23.03.2023.

327 NEWSCLICK. "COVID-19 lockdown has exposed major gaps in social protection systems, says report". *Newsclick*, 06 mai. 2020. Disponível em: https://www.newsclick.in/India-Lockdown-COVID-19-Migrant-Workers-Housing-Land-Rights. Acessado em: 22.03.2023.

328 TRADING ECONOMICS. "India Unemployment Rate". *Trading Economics*. Disponível em: https://tradingeconomics.com/india/unemployment-rate. Acessado em: 19.04.2023.

que apenas 3% dos entrevistados estavam recebendo a mesma renda que tinham antes da pandemia.[329]

Apesar dessas dificuldades, a resposta fiscal do governo foi extremamente limitada, em parte devido a temores de que pudesse desencadear um rebaixamento no risco-soberano do país.[330] Inicialmente, não apenas o governo não aumentou seus gastos o suficiente, mas ficou até mesmo abaixo do orçamento de modo a limitar o déficit fiscal, dada a queda acentuada na arrecadação de impostos devido à crise sanitária e aos *lockdowns*.[331] Após seis semanas de *lockdown*, o governo finalmente anunciou um pacote supostamente equivalente a 10% do PIB, mas apenas 1% foi na forma de medidas fiscais expansionistas; o restante foi por meio de concessão de crédito, o que não implicava desembolsos fiscais adicionais.[332]

---

329 CHOWDHURY, Sayandeb; NARAYANAN, Rajendran. "A made-in-India shock doctrine, with a little help from Latin America". *MR Online*, 27 abr. 2021. Disponível em: https://mronline.org/2021/04/27/a-made-in-india-shock-doctrine-with-a-little-help-from-latin-america/. Acessado em: 22.03.2023; VYAS, Mahesh. "The jobs bloodbath of April 2020". *Centre for Monitoring Indian Economy Pvt. Ltd.*, 05 mai. 2020. Disponível em: https://cmie.com/kommon/bin/sr.php?kall=warticle&dt=2020-05-05%2008:22:21&msec=776. Acessado em: 28.03.2023.

330 AHMED, Aftab; KUMAR, Manoj. "Exclusive: India set to cap stimulus package at $60 billion to protect credit rating, sources say". *Reuters*, 01 mai. 2020. Disponível em: https://www.reuters.com/article/us-health-coronavirus-india-economy-excl/exclusive-india-set-to-cap-stimulus-package-at-60-billion-to-protect-credit-rating-sources-say-idINKBN22D5JX?edition-redirect=in. Acessado em: 20.03.2023.

331 CHANDRASEKHAR, C. P.; GHOSH, Jayati. "Economic Contraction and the Fiscal Stance of the Indian Government". *International Development Economics Associates*, 16 jun. 2020. Disponível em: https://www.networkideas.org/featured-articles/2020/06/economic-contraction-and-the-fiscal-stance-of-the-indian-government/. Acessado em: 22.03.2023.

332 GHOSH, Jayati. "A critique of the Indian government's response to the COVID-19 pandemic". *Journal of Industrial and Business Economics*, vol. 47, 2020.

Eventualmente, o governo foi levado a aumentar seus gastos e, diante da queda na arrecadação de impostos, o déficit fiscal atingiu 12,3% do PIB, enquanto a dívida pública atingiu 89,6% do PIB. Entretanto, os gastos adicionais e as receitas perdidas foram de apenas 3,3% do PIB, e os novos empréstimos, ações e garantias totalizaram 5,1% do PIB, ficando significativamente abaixo do estímulo governamental nas EAs e até mesmo em muitas EDs.[333] Pior ainda, o orçamento fiscal para 2021-2022 mostrou uma diminuição nos gastos com saúde, educação, alimentação e garantia de emprego rural.[334] Isso dificilmente será uma base sólida para a recuperação econômica de longo prazo.

11.5 A exceção de Kerala

O estado de Kerala, no sudoeste do país, foi o símbolo de esperança na Índia durante a primeira onda da pandemia: no início de agosto de 2020, o Estado havia registrado apenas 94 mortes em uma população de 36 milhões.[335]

O sucesso de Kerala resultou não apenas da resposta imediata das autoridades de saúde pública, mas também do seu investimento contínuo no sistema de saúde universal (todo vilarejo tem um centro de saúde e equipe médica) e na educação (suas taxas de alfabetização

---

333 FUNDO MONETÁRIO INTERNACIONAL – FMI. *Fiscal Monitor April 2021*: a fair shot. Washington, 2021.

334 CHOWDHURY, Sayandeb; NARAYANAN, Rajendran. "A made-in-India shock doctrine, with a little help from Latin America". *MR Online*, 27 abr. 2021. Disponível em: https://mronline.org/2021/04/27/a-made-in-india-shock-doctrine-with-a-little-help-from-latin-america/. Acessado em: 22.03.2023.

335 JENKINS, David; RAM, Lipin. "Kerala's Pandemic Response Owes Its Success to Participatory Politics". *Novara Media*, 07 ago. 2020. Disponível em: https://novaramedia.com/2020/08/07/keralas-pandemic-response-owes-its-success-to-participatory-politics/. Acessado em: 23.03.2023.

e expectativa de vida são as mais altas da Índia).[336] O Estado é governado pela Frente Democrática de Esquerda, uma coalizão de partidos marxistas e de esquerda, e o governo local envolve ativamente os sindicatos e as organizações da sociedade civil. Kerala tem um Índice de Desenvolvimento Humano (IDH) relativamente alto, apesar de sua baixa renda per capita, e um bom histórico de resolução de crises sanitárias, como a do vírus Nipah, em 2018, assim como as frequentes inundações que acometem o Estado.[337] Economicamente, Kerala tem a vantagem de receber mais remessas do que qualquer outro Estado indiano, principalmente de trabalhadores qualificados no Golfo. O Estado também é um importante polo turístico.[338]

O estado de Kerala foi um dos primeiros na Índia a introduzir medidas de precaução, incluindo a imposição de um *lockdown* estadual antes mesmo do nacional ter sido prescrito. Além disso, o governo de Kerala implementou mecanismos para identificar, isolar e tratar os habitantes infectados, incluindo o controle das fronteiras.[339] Em parte, a resposta precoce (a partir de 20 de janeiro de 2020) foi

---

336 VARGHESE, Sanjana. "Why has Kerala been so successful in tackling coronavirus?" *The New Statesman*, 21 mai. 2020. Disponível em: https://www.newstatesman.com/world/asia/2020/05/kerala-coronavirus-cases-response-india-KK-Shailaja. Acessado em: 24.03.2023.

337 KRISHNA, Yadul. "India's Kerala Is Combating COVID-19 Through Participatory Governance". *Socialist Project*, 28 mai. 2020. Disponível em: https://socialistproject.ca/2020/05/india-kerala-combating-covid-19-participatory-governance/. Acessado em: 23.03.2023.

338 KURIAN, Oommen. "How the Indian state of Kerala flattened the coronavirus curve". *The Guardian*, 21 abr. 2020. Disponível em: https://www.theguardian.com/commentisfree/2020/apr/21/kerala-indian-state-flattened-coronavirus-curve. Acessado em: 23.03.2023.

339 SPINNEY, Laura. "The coronavirus slayer! How Kerala's rock star health minister helped save it from Covid-19". *The Guardian*, 14 mai. 2020. Disponível em: https://www.theguardian.com/world/2020/may/14/the-coronavirus-slayer-how-keralas-rock-star-health-minister-helped-save-it-from-covid-19?CMP=share_btn_tw. Acessado em: 24.03.2023.

necessária devido à forte conexão entre o Estado e Wuhan, o local de origem do vírus na China.

O governo incluiu diferentes grupos (inclusive organizações religiosas e da sociedade civil) no desenho e implementação das políticas públicas, o que garantiu o apoio da comunidade e evitou resistência a elas, como, por exemplo, contra o fechamento de locais destinados a cultos religiosos. Ademais, o governo criou uma força comunitária para lidar com a crise, à qual se inscreveram mais de 300 mil voluntários. Eles foram treinados, receberam EPIs e foram pagos para fornecer alimentos, itens essenciais e assistência aos que estavam confinados. O governo também criou cozinhas comunitárias para alimentar os que passavam fome.

A estratégia consistiu em promover distanciamento físico e medidas de precaução sanitária antes mesmo da imposição do *lockdown*. O governo contratou rastreadores manuais de contato, que usavam dados anônimos de GPS obtidos por celulares e filmagens de circuito fechado de televisão (CFTV), e postou na internet um número para ligar se as pessoas tivessem entrado em contato com alguém que testou positivo para COVID-19. O governo local também conseguiu se comunicar de forma eficaz em diversos idiomas a fim de conscientizar a população sobre a pandemia. Além disso, uma linha de apoio à saúde mental foi disponibilizada para as pessoas em quarentena, bem como uma linha de ajuda no WhatsApp para vítimas de violência doméstica.[340] Também foi criado um grupo de WhatsApp para informar sobre as medidas governamentais relativas à pandemia.[341] O governo de Kerala transformou casas flutuantes

---

340 VARGHESE, Sanjana. "Why has Kerala been so successful in tackling coronavirus?" *The New Statesman*, 21 mai. 2020. Disponível em: https://www.newstatesman.com/world/asia/2020/05/kerala-coronavirus-cases-response-india-KK-Shailaja. Acessado em: 24.03.2023.

341 SPINNEY, Laura. "The coronavirus slayer! How Kerala's rock star health minister helped save it from Covid-19". *The Guardian*, 14 mai. 2020. Disponível em: https://www.theguardian.com/world/2020/

usadas para turismo em alas de isolamento, abrigou migrantes em prédios vazios e entregou refeições para crianças em casa. Ademais, apoiou a produção de desinfetantes para as mãos e máscaras faciais, e Kerala foi o primeiro Estado indiano a fornecer *kits* de teste rápido: tudo isso enquanto o Estado era discriminado pelo governo nacional, e apesar das suas severas limitações de recursos próprios.[342]

Apesar desses êxitos, Kerala teve que enfrentar desafios espinhosos na segunda onda da pandemia, quando foi o segundo Estado mais afetado, atrás apenas de Maharashtra. O aumento de casos em Kerala foi atribuído ao afrouxamento precoce das restrições e ao cumprimento insuficiente das demais medidas de controle. Isso levou a um aumento da dependência na fiscalização policial, incluindo multas para aqueles que não usavam máscaras ou não mantinham o distanciamento social.[343] As eleições locais e festivais religiosos também podem ter contribuído para o aumento de casos. Não obstante, o Estado continuou a ter sucesso em outros aspectos. Por exemplo, Kerala foi o único Estado indiano que não sofreu falta de oxigênio durante a segunda onda, porque aumentou sua capacidade de produção em 60% desde o início da pandemia, o que permitiu inclusive abastecer Estados vizinhos.[344] Kerala também testou mais

---

may/14/the-coronavirus-slayer-how-keralas-rock-star-health-minister-helped-save-it-from-covid-19?CMP=share_btn_tw. Acessado em: 24.03.2023.

342 CHOWDHURY, Anis; SUNDARAM, Jomo. "Kerala Covid-19 Response Model for Emulation". *Inter Press Service*, 09 abr. 2020. Disponível em: http://www.ipsnews.net/2020/04/kerala-covid-19-response-model-emulation/. Acessado em: 22.03.2023.

343 JACOB, Jeemon. "Why Kerala is not following Covid protocols". *India Today*, 26 abr. 2021. Disponível em: https://www.indiatoday.in/india-today-insight/story/why-kerala-is-not-following-covid-protocols-1795236-2021-04-26. Acessado em: 23.03.2023.

344 DUTTA, Prabhash. "Why Kerala is not facing oxygen crisis in Covid-19 second wave". *Indian Today*, 27 abr. 2021. Disponível em: https://www.indiatoday.in/coronavirus-outbreak/story/kerala-oxygen-crisis-covid-19-second-wave-1795603-2021-04-27. Acessado em: 22.03.2023.

pessoas relativamente cedo, o que permitiu-lhe lidar melhor com os pacientes e diminuir a necessidade de oxigênio. Além disso, em meados de abril de 2021, Kerala tinha vacinado mais de 14% da sua população, significativamente acima da média nacional.[345]

O caso de Kerala mostra, por um lado, como mesmo um Estado com soberania limitada e recursos estritamente racionados pode enfrentar uma pandemia de forma eficiente, desde que goze de legitimidade e tenha forte capacidade de planejamento. Por outro lado, também mostra como a sorte pode mudar sob a pressão implacável de um vírus persistente, que invade a sociedade por qualquer fresta que encontra. A lição que fica, portanto, é que a melhor forma de proteger a população é através de sistemas de controle criteriosos e abrangentes, vinculados a uma estratégia drástica de eliminação do coronavírus. Qualquer deslize pode permitir que o vírus se reforce, tornando extremamente caro e potencialmente impossível eliminá-lo no futuro – o que é exatamente a mesma lição das demais experiências ao redor do mundo.

---

345 MATHRUBHUMI. "COVID vaccination: Kerala focuses on frontline workers in 2nd phase". *Mathrubhumi*, 11 fev. 2021. Disponível em: https://english.mathrubhumi.com/news/kerala/covid-vaccination-kerala-focuses-on-frontline-workers-in-2nd-phase-1.5429845. Acessado em: 22.03.2023.

CONSIDERAÇÕES FINAIS

Esse livro trata do neoliberalismo e das crises em três de suas dimensões: a economia, a política e a saúde. O livro analisa os significados do neoliberalismo na teoria e suas implicações para a vida cotidiana, e argumenta que o neoliberalismo é melhor compreendido como o estágio ou modo de existência contemporâneo do capitalismo, impulsionado pela financeirização. O neoliberalismo e a financeirização transformaram as estruturas de produção e reprodução social, com implicações para os padrões de acumulação, emprego, consumo e vários outros aspectos da vida social na maioria dos países.

O neoliberalismo também esteve ligado a importantes desenvolvimentos na esfera política. Ele foi originalmente constituído por distintos caminhos políticos em cada país, seja em democracias longamente estabelecidas, ditaduras militares, ou mesmo em conjunto com transições para a democracia política. Não obstante, em geral, nos anos 1990, uma forma democrática do neoliberalismo tornou-se hegemônica globalmente. Isso se deu, em parte, por razões nacional-históricas e, em parte, por razões instrumentais, já que, em troca de liberdades civis básicas, os regimes democráticos poderiam oferecer ao capital (financeiro) e ao império estadunidense[346] segurança

346 O termo "império estadunidense" é usado aqui no sentido desenvolvido por Panitch e Gindin (PANITCH, Leo; GINDIN, Sam. *The Making of*

jurídica, garantia de um papel político dominante, e legitimidade para justificar as consequências desiguais do neoliberalismo enquanto expressões do bem comum.

Apesar desses pontos fortes, as formas políticas democráticas tiveram que enfrentar tensões e deslocamentos devido às implicações econômicas do neoliberalismo, que tendem a aprofundar as desigualdades, deteriorar o padrão de emprego e concentrar o poder econômico, político e midiático. Deste modo, o neoliberalismo corrói sistematicamente as igualdades civis que dão base real à democracia política. Em última instância, o sistema de acumulação obteve estabilidade apenas através do enrijecimento institucional e do estreitamento do campo da democracia – que foram impostos para isolar as estruturas econômicas, políticas públicas e processos políticos que definem e protegem o neoliberalismo dos caprichos da *accountability* eleitoral ou de qualquer forma de influência da maioria. Isso foi feito por meio de reformas institucionais que incorporaram o neoliberalismo ao tecido constitucional da nação. Por exemplo, as leis consagraram tetos de déficit fiscal, bancos centrais independentes, metas de inflação e o imperativo da privatização e da "concorrência", enquanto uma enxurrada de propaganda promovia a financeirização da vida cotidiana e glorificava o consumo excessivo como a essência da boa vida. A consequência inevitável de proteger as instituições neoliberais foi o estreitamento do debate político devido à interdição das discussões sobre as questões econômicas e as leis e instituições a elas vinculadas. Isso tornou cada vez mais difícil desafiar o sistema de acumulação por meio das regras que o próprio neoliberalismo havia imposto: sob o neoliberalismo, a superioridade do "mercado" (qualquer que fosse sua definição) e o imperativo do controle da inflação não podiam ser questionados.[347]

Global Capitalism: the Political Economy of American Empire. Londres: Verso, 2012).

347 SAAD FILHO, Alfredo; BOFFO, Marco. "Authoritarian Neoliberalism, Covid-19, and the Future of Democracy". *In*: REGELMANN,

A alternância "democrática" no poder de partidos políticos comprometidos com versões marginalmente distintas do neoliberalismo ajudou a calibrar o processo de extensão da lei do valor através das várias esferas da reprodução social, a comercialização da provisão de bens e serviços públicos, a difusão do imperativo do lucro e as crescentes desigualdades econômicas. Em outras palavras, o neoliberalismo constrói um ambiente político totalitário que sustenta sua própria reprodução ampliada enquanto, ao mesmo tempo, ele transforma a democracia política em um invólucro puramente formal: sem conteúdo real, mas garantindo a estrutura institucional para o funcionamento do próprio neoliberalismo. A rigidez institucional e o encolhimento dos espaços políticos dificultaram a obtenção, pelos Estados e sociedades, de soluções negociadas para as contradições, limitações e crises emergentes sob o neoliberalismo.

Essa forma "madura" do neoliberalismo foi abalada pela CFG, que minou severamente a hegemonia ideológica das finanças e a noção de que o "livre mercado" poderia embasar a forma ideal de organização social. A crise de legitimidade do sistema de acumulação pode ser vista sob dois ângulos. Por um lado, tornou-se amplamente aceito que há um problema de risco moral sob o neoliberalismo, já que grandes instituições financeiras podem obter lucros crescentes, mas, ao mesmo tempo, reivindicam sistematicamente o direito de socializar suas perdas porque são "grandes demais para falir". Isso lhes permite controlar a "economia real" e sequestrar políticas e recursos públicos por meio de incessantes demandas de autopreservação às custas do restante da sociedade, com implicações fortemente adversas para a distribuição de renda e riqueza. Essa prática política sob o neoliberalismo contraria a justificativa moral do lucro privado, que é baseada no incentivo a investir com sabedoria e prudência para colher ganhos e evitar perdas. Contudo, se a sociedade deve arcar com essas perdas, especialmente quando elas são elevadas, a

---

Ada-Charlotte (Coord.). *The Crisis and the Future of Democracy*. Brussels: Rosa Luxemburg Foundation, 2021.

justificativa para os lucros – pelo menos nas finanças e, potencialmente, de maneira mais geral – desaparece. Cada vez mais, desde a CFG, vemos que o capitalismo neoliberal é sustentado em grande medida pela "compulsão silenciosa das relações econômicas"[348] apoiada pelo poder do Estado, e despidas dos confortos da ideologia. Ao mesmo tempo, desde a CFG, os governos das EAs vêm investindo recursos nos bancos na esperança de que eles ofereçam crédito a empresas e famílias e impulsionem o crescimento econômico. Entretanto, dada a estagnação econômica no Norte Global, muitas instituições financeiras usaram esses recursos para, primeiro, aumentar suas reservas e limpar seus balanços financeiros, e, em seguida, transferir enormes quantias de fundos (públicos) para atividades especulativas tanto no Norte quanto no Sul Global, perpetuando um sistema parasitário de acumulação que oscila perigosamente entre a estagnação e bolhas especulativas desestabilizadoras.

A CFG levou à introdução de políticas de "austeridade fiscal" em muitos países, supostamente para cobrir os custos da crise, em geral, e para resgatar o mercado financeiro, especificamente. No entanto, essas políticas só poderiam ser sustentadas por meios autoritários, dada a criação de grandes grupos de "perdedores" econômicos desde as transições para o neoliberalismo, e dada a perda de legitimidade do neoliberalismo e da financeirização após a CFG. Inevitavelmente, isso foi seguido pela alienação e, dada a anterior destruição da esquerda, surgiu um vácuo político no qual as potenciais fontes de oposição foram dissolvidas em anomia, esmagadas pela extrema-direita ou arrebatadas por líderes neoliberais autoritários "espetaculares" prometendo resolver os problemas que os "perdedores" eram incapazes de enfrentar. A ascensão desses líderes autoritários foi facilitada por um crescente desprezo à ciência, às evidências e às verdades já estabelecidas, que frequentemente degenerou em um apego quase religioso a indivíduos que emitem

348 MARX, Karl. O *Capital*, volume 1. Harmondsworth: Penguin, 1976, p. 899.

declarações reconfortantes mas enganosas, e cujas transgressões são automaticamente perdoadas porque eles parecem ser "autênticos".

Quando estavam em campanha eleitoral, esses líderes falavam em alto e bom som contra determinados aspectos do neoliberalismo, mesmo que liderassem partidos políticos ou movimentos de massa associados ao nacionalismo, imperialismo, militarismo ou fascismo. Contudo, ao chegarem a posições de poder, esses líderes autoritários invariavelmente implementaram políticas que intensificaram o neoliberalismo e trouxeram perdas substanciais à sua própria base eleitoral. Apesar do desconforto dos comentaristas convencionais, a personalidade atraente desses líderes muitas vezes serviu para desculpar a sua incompetência e a disfuncionalidade de seus governos. Surpreendentemente, seus índices de aprovação geralmente se mantiveram elevados, apesar da multiplicação de desastres em seus governos, incluindo, eventualmente, perdas catastróficas de vidas durante a pandemia. Este livro argumenta que esse arranjo político é intrinsecamente instável, e é provável que ele leve a uma política desestabilizadora e de crise permanente.

A análise dessas circunstâncias levou à identificação de três paradoxos do neoliberalismo. Primeiramente, o *paradoxo econômico*, isto é, a provisão sem precedentes de condições favoráveis à acumulação sob o neoliberalismo levou a uma desaceleração acentuada do investimento e do crescimento do PIB. Isso foi seguido pelo *paradoxo político* de que a consolidação das democracias neoliberais excluiu o domínio econômico do debate político, minou a representação dos pobres e limitou severamente a capacidade dos Estados de lidar com os conflitos sociais. Por fim, o *paradoxo do autoritarismo*, ou seja, as crises econômicas e políticas no sistema de acumulação promoveram a personalização da política em torno de líderes "espetaculares" e o surgimento de modos autoritários de governança como a nova forma política dominante do neoliberalismo. Esses líderes implementaram uma política de gestão de crises através da promoção de divisões sociais e da manipulação de ressentimentos visando intensificar a exclusão, a opressão e a exploração, que inevitavelmente minam a sua própria base de apoio. Esses três paradoxos, em última análise, decorrem da hegemonia do capital portador de juros sobre os recursos econômicos, as instituições, as leis e o sistema político (nominalmente democrático) sob o neoliberalismo. Por sua vez, a política neoliberal foi amplamente eviscerada e fossilizada em um conjunto de partidos e instituições indiferentes à maioria, e que servem às finanças acima de qualquer consideração pelo bem-estar social. Nessas circunstâncias, em que tanto a economia quanto o sistema político são regulados pelos imperativos da exploração, extração e reprodução da exclusão, a interação entre os três paradoxos do neoliberalismo provavelmente abrirá espaços para novas formas de fascismo.

Essas pressões culminaram na "Grande Estagnação" e no surgimento do neoliberalismo autoritário após a CFG. Em janeiro de 2020, o mundo foi atingido pela pandemia da COVID-19. Além de suas incontáveis vítimas, a pandemia desencadeou uma profunda crise econômica que só pôde ser contida por níveis sem precedentes de intervenção do setor público para apoiar a produção e a demanda, compensar o impacto contracionista dos *lockdowns* e arcar com os custos da pandemia com a saúde pública e a estabilidade econômica. Essas intervenções terão consequências de longo prazo para o funcionamento do capitalismo.

A pandemia atingiu um mundo já sob pressão devido à desaceleração da economia estadunidense, à estagnação já consolidada na Zona do Euro e no Japão, a crescentes conflitos entre os EUA e a China, a Rússia e o Irã, à grave instabilidade na Ásia Central, no Oriente Médio e no Norte da África, e com países e sistemas de saúde pública ao redor do mundo muito menos resilientes depois de 40 anos de reformas neoliberais em nome da "concorrência" e de "ganhos de eficiência". O surgimento da COVID-19 em um contexto de economias estagnadas e capacidades estatais enfraquecidas expôs as limitações do neoliberalismo e, potencialmente, reforçou suas tendências excludentes, com graves implicações para a prosperidade econômica de longo prazo, a democracia, e a legitimidade do sistema de acumulação.

Nessas tensas circunstâncias, a pandemia trouxe à tona a incompetência, falsidade e descaso pela vida de alguns dos políticos mais proeminentes do nosso tempo. Em particular, os líderes autoritários "espetaculares" que surgiram após a CFG, e que tendiam a prosperar sob crises políticas que eles alimentavam deliberadamente, falharam de maneira miserável. Apesar de seus discursos bombásticos e promessas fantasiosas, esses líderes mostraram-se mal preparados para proteger as vidas e os meios de subsistência da população e, em meio à tragédia, provaram-se incapazes de demonstrar compaixão, liderar a nação em luto, encontrar formas de resolver o problema e curar as feridas coletivas. Independentemente desses fracassos estrondosos, a popularidade dos líderes "espetaculares" nunca desmoronou completamente; longe disso, ela tendeu apenas a oscilar na margem. Esse desdobramento é surpreendente demais para ser atribuído ao acaso ou a alguma "virtude" oculta desses líderes brutais e incompetentes. Muito pelo contrário, sua popularidade é o reflexo da busca desesperada, por parte dos perdedores, de soluções para os problemas do neoliberalismo que eles não podem encontrar em nenhum outro lugar. Isto é, a tração política de líderes obviamente fracassados se deve a um profundo mal-estar no neoliberalismo, impulsionado por suas limitações econômicas, consequências socialmente destrutivas e pelo agravamento do impasse político em vários países.

As falhas políticas e as experiências de sucesso no enfrentamento da pandemia sugerem seis lições principais.

Primeiramente, os Estados neoliberais podem ser eficientes na proteção dos lucros e dos interesses dos privilegiados, e podem resgatar as finanças de desastres auto-infligidos. No entanto, esses mesmos Estados podem ter grande dificuldade em desempenhar funções de governança seguramente mais importantes, especialmente a proteção da população das devastações do infortúnio e a garantia de empregos, renda e serviços básicos. Isso deve ser feito por questões de justiça e de política econômica distributiva (ver abaixo); essas políticas também podem apoiar medidas eficazes de saúde pública, já que a segurança empregatícia e de renda tornará a população mais saudável e, em uma pandemia, possibilitará que mais pessoas possam ficar em casa, aliviando a pressão sobre os sistemas de saúde e acelerando a recuperação econômica. Os custos não devem ser um obstáculo: como as autoridades públicas têm fornecido, repetidamente, centenas de bilhões de dólares para os bancos, fundos de hedge e grandes empresas, elas certamente podem apoiar os cidadãos vulneráveis e financiar um sistema de saúde universal e resiliente – desde que haja vontade política para isso.

Em segundo lugar, quanto mais os ideólogos e políticos neoliberais reconstruíram o Estado nos moldes neoliberais, e quanto mais eles impuseram a mercantilização da reprodução social, menor se tornou a capacidade desses Estados de mobilizar recursos e dedicar *expertise* para enfrentar emergências.[349] Essa limitação foi particularmente óbvia no Quarteto da Calamidade.

Em terceiro lugar, não há um nítido *trade-off* entre a saúde e a economia. Isto é, a alegação de que os países devem escolher uma posição ao longo de um suposto *continuum* entre o *lockdown* (com perda mínima de vidas no curto prazo, mas altos custos econômicos) e uma estratégia de "imunidade de rebanho" (com a composição oposta de custos e benefícios) era um princípio falacioso para as políticas públicas.[350] Longe disso, o que ficou provado é que a economia não pode funcionar se a população estiver insegura ou enferma. A experiência também mostra que, na ausência de vacinas ou de tratamentos eficazes, os países que resistiram aos *lockdowns*

---

349 ASSA, Jacob; CALDERON, Cecilia. "Privatization and pandemic: a cross-country analysis of COVID-19 rates and health-care financing structures". *New School for Social Research*, 2020. Disponível em: https://ideas.repec.org/p/new/wpaper/2008.html. Acessado em: 19.04.2023.

350 LEVY YEYATI, Eduardo; FILIPPINI, Federico. "Social and economic impact of COVID-19". *Brookings Global Working Paper No. 158*, jun. 2021, p. 5. Disponível em: https://www.think-asia.org/bitstream/handle/11540/13776/Social-and-economic-impact-COVID.pdf?sequence=1. Acessado em: 23.03.2023.

e flertaram com a "imunidade de rebanho" tenderam a sofrer catástrofes humanas muito maiores *assim como* colapsos econômicos mais graves. Esses desdobramentos reforçam a importância de políticas públicas integradas, da capacidade do Estado e de uma forte base manufatureira, em contraste com a sistemática depredação da economia e do setor público sob o neoliberalismo.

Em quarto lugar, foi possível combater o coronavírus de diversas formas. Em particular, provou-se falso o suposto *trade-off* entre a democracia e o combate bem-sucedido ao coronavírus, porque os países tiveram um melhor ou pior desempenho dependendo de sua capacidade estatal e das políticas públicas, e não de seus regimes políticos. Já que era possível enfrentar eficazmente a pandemia em um sistema político democrático (tal como na Austrália, Dinamarca, Finlândia, Islândia e Nova Zelândia), a transição para uma ordem política ainda mais autoritária sob o impacto da COVID-19 foi uma farsa: o objetivo principal, em muitos dos casos, não era implementar políticas de saúde adequadas, mas disfarçar falhas políticas no curto prazo e aumentar o controle social por governos neoliberais autoritários no longo prazo. Os países "bem-sucedidos" tiveram combinações distintas de capacidade estatal; ações premeditadas, centralizadas e coordenadas; recursos econômicos; tecnologia; testes; rastreamento; capilaridade dos sistemas de saúde, e controle social. *Esses são os princípios e as características de uma política industrial bem-sucedida, aplicados à área da saúde.*[351] Em contraste, os Estados "fracassados" tendiam a ser desorganizados, desarticulados e a terem sido mais radicalmente reestruturados pelas "reformas"

351 Para um argumento similar, ver Ferrannini *et al.* (FERRANNINI, Andrea *et al.* "Industrial policy for sustainable human development in the post-Covid19 era". *World Development*, vol. 137, 2021. Disponível em: https://www.sciencedirect.com/science/article/abs/pii/S0305750X20303429. Acessado em: 23.03.2023). Para um contra-exemplo das consequências da fragmentação, ver Peel (PEEL, Michael. "Belgium's fight against Covid hindered by regional rivalries". *Financial Times*, 04 nov. 2020. Disponível em: https://www.ft.com/content/fb00d2ff-a56b-4327-9dfd-695dc4c741f7. Acessado em: 23.03.2023).

neoliberais, além de terem se desindustrializado, fragmentado suas próprias cadeias produtivas em nome da "globalização", e introduzido relações de concorrência ao invés de cooperação em seus sistemas de saúde. Os países "fracassados" também tenderam a agir tardiamente e de má vontade, a impor *lockdowns* com relutância, e a não ter EPIs, leitos de UTI e ventiladores suficientes. Por essas razões, a COVID-19 foi uma *pandemia com características neoliberais*, na qual as imposições do neoliberalismo foram diretamente responsáveis por milhões de mortes.

Em quinto lugar, a pandemia revelou como o culto neoliberal da maximização individual e da competição fomentou o nacionalismo e o racismo, descreditou a ciência e alimentou a individualização da verdade. Isso foi profundamente corrosivo, pois se a verdade estiver aberta à "escolha" não haverá possibilidade de diálogo entre pessoas com diferentes pontos de vista.

Em sexto lugar, o ônus econômico da COVID-19 será muito maior do que o da CFG. A maioria dos governos, especialmente nas EAs, gastou enormes quantias durante a pandemia, além de baixar as taxas de juros sempre que possível (dadas as taxas excepcionalmente baixas que já prevaleciam há uma década). Muitos governos sinalizaram sua intenção de cobrir esses custos implementando uma "nova austeridade fiscal" o mais rápido possível. Isso seria insustentável. A austeridade fiscal é injustificável em termos econômicos e será vista como ilegítima, tendo em vista o aumento da riqueza dos mais ricos devido ao apoio governamental ao mercado de ativos. Também é impossível para os pobres e o que restou dos serviços públicos arcarem com o fardo do ajuste. As políticas de austeridade só poderiam ser impostas pela força; e essas políticas, suas implicações regressivas e a repressão que deve acompanhá-las minariam a legitimidade dos governos e prejudicariam sua base de massas, o que seria especialmente problemático para os governos autoritários apoiados pelos "perdedores". Essas limitações sugerem a probabilidade de ocorrer um longo período de crise política com implicações imprevisíveis. A única maneira justa de cobrir os custos da pandemia e financiar a transição para uma economia democrática e sustentável é por meio de uma tributação progressiva, confisco das fortunas geradas durante a COVID-19, nacionalizações estratégicas, desmonte de empresas monopolistas quando necessário, e uma ousada estratégia de crescimento econômico "verde" abordando as mudanças climáticas, que é essencial para a sobrevivência coletiva no longo prazo.[352]

As evidências e lições descritas acima sugerem que, ao longo da pandemia, diversos governos neoliberais se concentraram na proteção dos interesses de curto prazo do capital ao invés da proteção da vida da população. Embora isso seja chocante, essa escolha não deveria ser surpreendente, já que o capitalismo sempre envolveu a prioridade aos lucros frente às pessoas. As milhões de mortes na pandemia evidenciaram, para quem se der ao trabalho de observar, as limitações do sistema de acumulação: o neoliberalismo é regressivo, suas formas políticas são antidemocráticas, um setor financeiro gigantesco é pior do que inútil, e o capitalismo é inerentemente explorador. No calor da pandemia, vários regimes neoliberais autoritários impuseram uma necropolítica baseada em seu próprio interesse egoísta e em busca do máximo lucro, centrada em "manter a economia aberta", independentemente da perda de vidas. Este foi um dano social absoluto tingido de atitudes reacionárias e racistas, e que vitimizou desproporcionalmente os pobres, as minorias e os desprotegidos. Essa política foi sintomática das perversidades do neoliberalismo. Isso nunca deve ser esquecido, nem perdoado.

Daqui se conclui que as crises sobrepostas na economia, política e saúde são *consequências do neoliberalismo*, e elas não podem ser enfrentadas efetivamente por, ou através de, ajustes marginais no sistema de acumulação, uma volta à "austeridade fiscal", ou a um comprometimento renovado ao "livre mercado"; mesmo a mera tentativa de se fazer isso minará o que resta da democracia. O

352 SAAD FILHO, Alfredo. *Progressive Policies for Economic Development*: Economic Diversification and Social Inclusion after Climate Change. Londres: Routledge, 2021.

reconhecimento dessas limitações pode ter implicações não apenas para a legitimidade dos líderes políticos, mas até mesmo para a viabilidade do modo de produção. Nesse sentido, as políticas expansionistas implementadas pelo Presidente dos EUA, Joe Biden, no início de 2021, poderiam oferecer – se tivessem sido implementadas – ao neoliberalismo global um caminho de sobrevivência mais promissor do que o neoliberalismo ortodoxo perseguido pelo Reino Unido e pela UE, mas ambas as abordagens permaneceram limitadas pelas estruturas regressivas que, ao fim e ao cabo, buscavam proteger.

As respostas bem-sucedidas à pandemia mostraram que o Estado pode assumir um papel progressista, especialmente quando suspende o funcionamento normal das finanças e do "mercado" e mobiliza recursos diretamente para atender a necessidades sociais, para as quais a *accountability* democrática é importante tanto em princípio quanto por razões de eficiência. Afinal, apesar das reivindicações insistentes dos neoliberais obstinados, quem além do Estado pode cuidar da população, resgatar setores econômicos essenciais, impor *lockdowns*, conter a implosão das bolsas de valores e financiar novas vacinas? Essas lições podem orientar os esforços futuros para lidar com outras crises do neoliberalismo, principalmente aquelas relacionadas à produção de alimentos, abastecimento de água e mudança climática.[353] Elas também podem orientar os desafios contra o sistema dominante de acumulação, em geral, e contra a violência do neoliberalismo autoritário, especificamente. Por fim, as lições aqui aprendidas podem instruir a busca por um modo de existência social que privilegie a proteção da vida, dos meios de subsistência e do bem-estar, promova a igualdade econômica e civil, restaure as capacidades do Estado e garanta a coletividade e a irredutível sociabilidade da espécie humana.[354]

---

353 SAAD FILHO, Alfredo. *Progressive Policies for Economic Development*: Economic Diversification and Social Inclusion after Climate Change. Londres: Routledge, 2021.

354 Ver, contudo, Macfarlane (MACFARLANE, Laurie. "Covid has forced a neoliberal retreat. But state intervention isn't always progressive". *The*

As dificuldades da pandemia mostraram, timidamente, que a economia é um sistema social caracterizado por fortes interdependências (nós *somos* a economia), que estamos unidos como seres humanos e que a provisão universal de serviços básicos é muito mais eficiente do que a oferta de serviços privatizados, fragmentados e com fins de lucro. Segue-se que, em primeiro lugar, cabe ao Estado garantir o acesso universal a serviços básicos, empregos e renda, abrindo caminho para a transformação de setores essenciais (mas altamente rentáveis) em setores públicos. Isso pode oferecer uma contribuição decisiva para a desfinanceirização da economia e a transformação das crises *no* neoliberalismo em uma crise geral *do* neoliberalismo, ao mesmo tempo em que pode apontar para o caminho para uma resolução progressista e democrática dos impasses contemporâneos.[355] Em segundo lugar, as respostas às crises no neoliberalismo devem se basear em valores internacionalistas, já que apenas soluções globais podem ser eficazes em um mundo integrado: nós realmente estamos juntos nesse processo histórico.[356] Essas verdades podem preparar o terreno para uma política humana e de esperança, organizada em torno das preocupações decisivas da esquerda com a igualdade,

---

Guardian, 29 abr. 2021. Disponível em: https://www.theguardian.com/commentisfree/2021/apr/29/neoliberalism-authoritarian-capitalism-covid-crisis-state-intervention. Acessado em: 23.03.2023).

355 GINDIN, Sam. "The Coronavirus and the Crisis This Time". *Socialist Project - The Bullet*, 10 abr. 2020. Disponível em: https://socialistproject.ca/2020/04/coronavirus-and-the-crisis-this-time. Acessado em: 23.03.2023; HENWOOD, Doug. "A few ambitious points on fighting the crisis". *LBO News from Doug Henwood*, 20 mar. 2020. Disponível em: https://lbo-news.com/2020/03/20/a-few-ambitious--points-on-fighting-the-crisis/?fbclid=IwAR2k5vz91AwG7hl_foOmbWVGEEPwn0WdQivEmXWGGfaeNBWBGPFloo0-UKY. Acessado em: 23.03.2023; SAAD FILHO, Alfredo. "Crisis in Neoliberalism or Crisis of Neoliberalism?" *Socialist Register*, 2011.

356 TNI. "Coronavirus: the need for a progressive internationalist response". *Transnational Institute*, 26 mar. 2020. Disponível em: https://www.tni.org/en/article/coronavirus-the-need-for-a-progressive-internationalist-response. Acessado em: 22.03.2023.

a coletividade, e a democracia política e econômica, e contra uma forma (nitidamente zumbi de) neoliberalismo.[357]

Na questão imediata da COVID-19, as políticas progressistas devem proporcionar solidariedade financeira e médica, apoiar a disseminação irrestrita de conhecimentos e tecnologias, e prover cuidados de saúde para todos de acordo com suas necessidades, a fim de salvar vidas em toda parte. Sem essa orientação global,

> nós corremos o risco de reforçar as maneiras pelas quais o vírus alimentou a retórica política de movimentos nativistas e xenófobos – uma política profundamente entranhada no autoritarismo, uma obsessão por controles de fronteiras e um patriotismo nacional do tipo "meu país em primeiro lugar".[358]

Por outro lado, sem essa abordagem internacionalista, nossas sociedades permanecerão presas em uma "vulnerabilidade mutuamente assegurada", pois a circulação do coronavírus no Sul Global limitará drasticamente a capacidade de contenção da pandemia no Norte Global e, ao mesmo tempo, transformará o Sul em um caldeirão onde novas variantes surgirão incessantemente e, inevitavelmente, escaparão do controle.

A construção de alternativas ao sistema de acumulação dominante requer a integração das demandas econômicas, políticas e sanitárias,

---

357 Para argumentos semelhantes, ver Büscher *et al.* (BÜSCHER, Bram *et al.* "Planning for a world beyond COVID-19: five pillars for post-neoliberal development". *World Development*, vol. 140, abr. 2021. Disponível em: https://doi.org/10.1016/j.worlddev.2020.105357. Acessado em: 22.03.2023) e Gupta *et al.* (GUPTA, Joyeeta *et al.* "COVID-19, poverty and inclusive development". *World Development*, vol. 145, set. 2021. Disponível em: https://doi.org/10.1016/j.worlddev.2021.105527. Acessado em: 23.03.2023).

358 HANIEH, Adam. "This is a Global Pandemic – Let's Treat it as Such". *Verso*, 27 mar. 2020. Disponível em: https://www.versobooks.com/blogs/4623-this-is-a-global-pandemic-let-s-treat-it-as-such. Acessado em: 23.03.2023.

dentre outras, para construir um programa de expansão da democracia e para trazer à tona a incompatibilidade entre o capitalismo e a democracia e, por sua vez, ressaltar as complementaridades entre a democracia política, a democracia econômica e o socialismo. O dia seguinte da pandemia mais devastadora nos últimos cem anos é o momento correto para imaginarmos novas formas de organização social baseadas na solidariedade, nos valores humanos e no respeito à natureza, que sirvam à maioria e que evitem a repetição dos sofrimentos vividos em 2020 e 2021. Este livro mostrou que a tendência é de longa estagnação econômica e crescente autoritarismo com políticas racistas e reacionárias, potencialmente levando a novas formas de fascismo. No entanto, há também fortes contratendências que apontam para a possibilidade de ressurgimento da esquerda.

O neoliberalismo nunca esteve tão instável nem sua hegemonia tão frágil, e suas limitações e perversidades foram alarmantemente reveladas pela pandemia. Com a combinação de crises e choques sistemáticos se tornando cada vez mais graves, o capitalismo pode estar enfrentando sua maior crise até hoje. Dadas essas devastações e desastres, é de se esperar uma onda de protestos organizada por aqueles que lutam por um mundo mais igualitário, justo e sustentável. Eles estão certos e devem vencer, pelo bem da humanidade e do planeta.

A pandemia da COVID-19 pode ter acontecido por acaso, mas não foi inesperada, e expôs a desumanidade e criminalidade do capitalismo neoliberal. A pandemia mostrou que não há política de saúde sem solidariedade, democracia, igualdade, capacidade do Estado e política industrial – todas anátemas ao neoliberalismo. A pandemia revelou nitidamente tanto as limitações do neoliberalismo autoritário quanto o imperativo de superá-las. Estou cautelosamente otimista de que o capitalismo não pode escapar dessa situação. Agora é a hora de imaginar que tipo de sociedade pode servir à maioria e evitar a repetição da tragédia que nos foi infligida.

REFERÊNCIAS BIBLIOGRÁFICAS

AAROGYA SETU. Disponível em: https://www.aarogyasetu.gov.in/. Acessado em: 19.04.2023.

ABBASI, Kamran. "Covid-19: Social murder, they wrote – elected, unaccountable, and unrepentant". *British Medical Journal*, vol. 372, nº 314, fev. 2021. Disponível em: http://dx.doi.org/10.1136/bmj.n314. Acessado em: 20.03.2023.

ACHCAR, Gilbert. "How Can We Revive Herd Immunity to Fascism?" *The Nation*, 19 dez. 2021. Disponível em: https://www.thenation.com/article/world/fascism-trump-neoliberalism-capitalism/. Acessado em: 20.03.2023.

AGAMBEN, Giorgio. "Biosecurity and Politics". Trad. D. Alan Dean. *Medium*, 11 mai. 2020. Disponível em: https://medium.com/@ddean3000/biosecurity-and-politics-giorgio-agamben-396f9ab3b6f4. Acessado em: 20.03.2023.

______. "Clarifications". Trad. Adam Kotsko. *Itself Blog*, 17 mar. 2020. Disponível em: https://itself.blog/2020/03/17/giorgio-agamben-clarifications/. Acessado em: 20.03.2023.

______. "Requiem for the Students". Trad. D. Alan Dean. *Medium*, 23 mai. 2020. Disponível em: https://medium.com/@ddean3000/requiem-for-the-students-giorgio-agamben-866670c11642. Acessado em: 20.03.2023.

______. "The Invention of an Epidemic". *European Journal of Psychoanalysis*, 2020. Disponível em: https://www.asc.uw.edu.pl/wp-content/uploads/2022/03/Giorgio-Agamben-Invention-of-an-Epidemic.pdf. Acessado em: 08.05.2023.

AGÜERO, Jorge M. "COVID-19 and the rise of intimate partner violence". *World Development*, vol. 137, jan. 2021. Disponível em: https://doi.org/10.1016/j.worlddev.2020.105217. Acessado em: 20.03.2023.

AHMED, Aftab; KUMAR, Manoj. "Exclusive: India set to cap stimulus package at $60 billion to protect credit rating, sources say". *Reuters*, 01 mai. 2020. Disponível em: https://www.reuters.com/article/us-health-coronavirus-india-economy-excl/exclusive-india-set-to-cap-stimulus-package-at-60-billion-to-protect-credit-rating-sources-say-idINKBN22D5JX?edition-redirect=in. Acessado em: 20.03.2023.

AL DAHDAH, Marine; ALAM, Mohammad Javed. "Tracing Apps to Fight Covid-19. Are surveillance technologies effective?" *Books & Ideas*, 18 mai. 2020. Disponível em: https://booksandideas.net/Tracing-Apps-to-Fight-Covid-19.html. Acessado em: 20.03.2023.

ALBO, Greg; FANELLI, Carlo. "Austerity Against Democracy: An Authoritarian Phase of Neoliberalism?" *Socialist Project*, 2014. Disponível em: https://socialistproject.ca/content/uploads/2014/08/AusterityAgainstDemocracy.pdf. Acessado em: 28.03.2023.

AL-GHARBI, Musa. "Disposable People: Coronavirus and the lifestyles of the professional-managerial class". *The Baffler*, 01 abr. 2020. Disponível em: https://thebaffler.com/latest/disposable-people-algharbi. Acessado em: 20.03.2023.

ALVAREDO, Facundo; CHANCEL, Lucas; PIKETTY, Thomas; SAEZ, Emmanuel; ZUCMAN, Gabriel. *World Inequality Report, 2018*. Disponível em: https://wir2018.wid.world/. Acessado em: 20.03.2023.

ALVES, Renato. "Money-laundering scheme a Bolsonaro family business?" *The Brazilian Report*, 16 mar. 2021. Disponível em: https://brazilian.report/power/2021/03/16/money-laundering-scheme-a-bolsonaro-family-business/. Acessado em: 20.03.2023.

AMARO, Silvia. "European Central Bank takes its pandemic bond buying to 1.35 trillion euros to try to prop up economy". *CNBC*, 04 jun. 2020. Disponível em: https://www.cnbc.com/2020/06/04/european-central-bank-ramps-up-its-pandemic-bond-buying-to-1point35-trillion-euros.html. Acessado em: 20.03.2023.

ANDERSEN, Hayley. "Unlike the UK, many African nations have an effective test and trace system – this is why". *The Independent*, 17 dez. 2020. Disponível em: https://www.independent.co.uk/voices/africa-test-and-trace-covid-b1774982.html. Acessado em: 20.03.2023.

ARATANI, Lauren. "US job losses pass 40m as coronavirus crisis sees claims rise 2.1m in a week". *The Guardian*, 28 mai. 2020. Disponível em: https://www.theguardian.com/business/2020/may/28/us-job-losses-unemployment-coronavirus. Acessado em: 20.03.2023.

ASCHWANDEN, Christie. "Contact Tracing, a Key Way to Slow COVID-19, Is Badly Underused by the U.S.". *Scientific American*, 21 jul. 2020. Disponível em: https://www.scientificamerican.com/article/contact-tracing-a-key-way-to-slow-covid-19-is-badly-underused-by-the-u-s/. Acessado em: 20.03.2023.

ASHMAN, Sam; FINE, Ben. "Neo-liberalism, varieties of capitalism, and the shifting contours of South Africa's financial system". *Transformation*, vol. 81, nº 2, 2013.

ASSA, Jacob; CALDERON, Cecilia. "Privatization and pandemic: a cross-country analysis of COVID-19 rates and health-care financing structures". *New School for Social Research*, 2020. Disponível em: https://ideas.repec.org/p/new/wpaper/2008.html. Acessado em: 19.04.2023.

ATKINSON, Andrew. "George Osborne, Architect of U.K. Austerity, Says New Cuts Needed Post-Crisis". *Bloomberg*, 20 abr. 2020. Disponível em: https://www.bloomberg.com/news/articles/2020-04-20/architect-of-u-k-austerity-says-retrenchment-needed-post-crisis. Acessado em: 20.03.2023.

AVHAD, Pratik. "The Indian pharmaceutical industry: the 'pharmacy of the world'?" *Deloitte*, 20 mar. 2020. Disponível em: https://blogs.deloitte.co.uk/health/2020/03/the-indian-pharmaceutical-industry-the-pharmacy-of-the-world.html. Acessado em: 20.03.2023.

AYERS, Alison; SAAD FILHO, Alfredo. "Democracy Against Neoliberalism: Paradoxes, Limitations, Transcendence". *Critical Sociology*, vol. 41, nº 4-5, 2015.

______. "The twilight of formal democracy: contradictions of accumulation and the political crisis of neoliberalism". *Journal of Australian Political Economy*, vol. 86, 2020.

BACKHOUSE, Roger; BOIANOVSKY, Mauro. "Secular stagnation: the history of a macroeconomic heresy". *European Journal of the History of Economic Thought*, vol. 23, nº 6, 2016.

BAHIA, Ligia *et al*. "A tragédia brasileira do coronavírus/covid-19: Uma análise do desgoverno do governo federal, 2020-2021". *Documento entregue à Comissão Parlamentar de Inquérito (CPI) da Covid-19 do Senado Federal*, 28 abr. 2021. Disponível em: https://www.clacso.org/en/a-tragedia-brasileira-do-coronavirus-covid-19/. Acessado em: 20.03.2023.

BARRERA-ALGARÍN, Evaristo *et al*. "COVID-19, neoliberalismo y sistemas sanitarios en 30 países de Europa: repercusiones en el número de falecidos". *Revista Española de Salud Pública*, vol. 94, 2020. Disponível em: https://recyt.fecyt.es/index.php/RESP/article/view/85707. Acessado em: 20.03.2023.

BAXTER, Holly. "The Americans who think that coronavirus is a hoax". *The Independent*, 20 mai. 2020. Disponível em: https://www.independent.co.uk/independentpremium/long-reads/coronavirus-conspiracy-theory-trump-us-hoax-a9498081.html. Acessado em: 20.03.2023.

BBC. "Brazil judge stymies plan to revoke mangrove protection". *BBC News*, 30 set. 2020. Disponível em: https://www.bbc.com/news/world-latin-america-54350180. Acessado em: 20.03.2023.

______. "Coronavirus: Hydroxychloroquine ineffective says Fauci". *BBC News*, 29 jul. 2020. Disponível em: https://www.bbc.co.uk/news/world-us-canada-53575964. Acessado em: 22.03.2023.

______. "Coronavirus: Sweden's Tegnell admits too many died". *BBC News*, 03 jun. 2020. Disponível em: https://www.bbc.co.uk/news/world-europe-52903717. Acessado em: 22.03.2023.

______. "India Covid: Anger as Twitter ordered to remove critical virus posts". *BBC News*, 26 abr. 2021. Disponível em: https://www.bbc.co.uk/news/world-asia-56883483. Acessado em: 23.03.2023.

BECKETT, Lois. "'All the psychoses of US history': how America is victim-blaming the coronavirus dead". *The Guardian*, 21 mai. 2020. Disponível em: https://www.theguardian.com/world/2020/may/21/all-the-psychoses-of-us-history-how-america-is-victim-blaming-the-coronavirus-dead. Acessado em: 20.03.2023.

BEER, Tommy. "All the times Trump compared Covid-19 to the Flu, Even After He Knew Covid-19 was Far More Deadly". *Forbes*, 10 set. 2020. Disponível em: https://www.forbes.com/sites/tommybeer/2020/09/10/all-the-times-trump-compared-covid-19-to-the-flu-even-after-he-knew-covid-19-was-far-more-deadly/?sh=b613007f9d2f. Acessado em: 20.03.2023.

BERBEROGLU, Berch (Coord.). *The global rise of authoritarianism in the 21st century*: crisis of neoliberal globalization and the nationalist response. Abingdon: Routledge, 2021.

BERENGAUT, Ariana A. "Democracies are Better at Fighting Outbreaks". *The Atlantic*, 24 fev. 2020. Disponível em: https://www.theatlantic.com/ideas/archive/2020/02/why-democracies-are-better-fighting-outbreaks/606976/. Acessado em: 20.03.2023.

BESSNER, Daniel; A'LEE FROST, Amber. "How the QAnon Cult Stormed the Capitol". *Jacobin*, 19 jan. 2021. Disponível em: https://www.jacobinmag.com/2021/01/q-anon-cult-capitol-hill-riot-trump. Acessado em: 20.03.2023.

BIALASIEWICZ, Luiza; ECKES, Christina. "'Individual sovereignty' in pandemic times – a contradiction in terms?" *Political Geography*, vol. 85, mar. 2021. Disponível em: https://doi.org/10.1016/j.polgeo.2020.102277. Acessado em: 20.03.2023.

BIJL, Marja. "The Covid-19 crisis is exacerbating gender inequalities – but who cares?" *Social Europe*, 5 mai. 2020. Disponível em: https://www.socialeurope.eu/the-covid-19-crisis-is-exacerbating-gender-inequalities--but-who-cares. Acessado em: 20.03.2023.

BISSETT, Amy Nelmes. "Elimination policy, business funds, and total transparency: Jacinda Ardern is showing how to lead a country through crisis". *The Independent*, 17 abr. 2020. Disponível em: https://www.independent.co.uk/news/world/australasia/jacinda-ardern-new-zealand-coronavirus-world-leaders-mental-health-cases-a9470531.html. Acessado em: 20.03.2023.

BOFFO, Marco; SAAD FILHO, Alfredo; FINE, Ben. "Neoliberal Capitalism: the Authoritarian Turn". *In*: PANITCH, Leo; ALBO, Gregory (Coord.). *Socialist Register*, 2019.

BONDUKI, Nabil. "Bruno Covas: por que os shoppings estão abertos e os parques fechados?" *Folha de São Paulo*, 22 jun. 2020. Disponível em: https://www1.folha.uol.com.br/colunas/nabil-bonduki/2020/06/bruno-covas-por-que-os-shoppings-estao-abertos-e-os-parques-fechados.shtml. Acessado em: 20.03.2023.

BONEFELD, Werner. *The strong state and the free economy*. Londres: Rowman & Littlefield, 2017.

BOOTH, Robert. "Delaying England's winter lockdown 'caused up to 27,000 extra Covid deaths'". *The Guardian*, 18 mar. 2021. Disponível em: https://www.theguardian.com/uk-news/2021/mar/18/delaying-englands-winter-lockdown-caused-up-to-27000-extra-covid-deaths. Acessado em: 20.03.2023.

BOURGERON, Théo. "'Let the virus spread': a doctrine of pandemic management for the libertarian-authoritarian capital accumulation regime". *Organization*, 25 fev. 2021. Disponível em: https://journals.sagepub.com/doi/10.1177/1350508421995741. Acessado em: 20.03.2023.

BOWMAN, Sam; SERODIO, Pedro. "Live free and die: Sweden's coronavirus experience". *The Critic*, 26 mai. 2020. Disponível em: https://thecritic.co.uk/live-free-and-die-swedens-coronavirus-experience/. Acessado em: 20.03.2023.

BOYLE, David. *Broke*: Who Killed the Middle Classes? Londres: Fourth Estate, 2013.

BRASIL 247. "A história secreta da cloroquina, o novo documentário da TV 247". *Brasil 247*, 06 mai. 2021. Disponível em: https://www.brasil247.com/midia/a-historia-secreta-da-cloroquina-o-novo-documentario-da-tv-247-xnz4f6r4. Acessado em: 20.03.2023.

______. "Desigualdade cresceu em todos os trimestres após o golpe contra Dilma". *Brasil 247*, 15 ago. 2019. Disponível em: https://www.brasil247.com/brasil/desigualdade-cresceu-em-todos-os-trimestres-apos-o-golpe-contra-dilma-nkkpcroh. Acessado em: 22.03.2023.

______. "Prefeito bolsonarista, para quem a cura da Covid-19 viria de igrejas, é internado em hospital de luxo com a doença". *Brasil 247*, 13 abr. 2020. Disponível em: https://www.brasil247.com/regionais/sudeste/prefeito-bolsonarista-para-quem-a-cura-da-covid-19-viria-de-igrejas-e-internado-em-hospital-de-luxo-com-a-doenca. Acessado em: 23.03.2023.

BRENNER, Robert. "Escalating plunder". *New Left Review*, vol. 123, 2020.

______. *Interview on the Current Crisis*. Disponível em: www.hani.co.kr/arti/society/societygeneral/335869.html. Acessado em: 15.05.2023.

BREUNINGER, Kevin. "Trump refuses to accept election results, says it's 'far from over'". *CNBC*, 07 nov. 2020. Disponível em: https://www.cnbc.com/2020/11/07/

trump-refuses-to-accept-election-results-says-it-is-far-from-over.html. Acessado em: 20.03.2023.

BRODEUR, Abel *et al.* "A literature review of the economics of COVID-19". *Journal of Economic Surveys*, vol. 35, nº 4, abr. 2021. Disponível em: https://onlinelibrary.wiley.com/doi/10.1111/joes.12423. Acessado em: 20.03.2023.

BROOKS, Chris. "Follow the money: employers are behind the rush to reopen". *Labor Notes*, 21 mai. 2020. Disponível em: https://www.labornotes.org/2020/05/follow-money-employers-are-behind-rush-reopen. Acessado em: 20.03.2023.

BROWN, Wwndy. *Undoing the Demos*: Neoliberalism's Stealth Revolution. Nova York: Zone Books, 2015.

BRUFF, Ian. "Neoliberalism and authoritarianism". *In*: SPRINGER, Simon; BIRCH, Kean; MacLEAVY, Julie (Coord.). *Handbook of Neoliberalism*. Nova York: Routledge, 2016.

______. "The Rise of Authoritarian Neoliberalism". *Rethinking Marxism*, vol. 26, nº 1, 2014.

BRUFF, Ian; TANSEL, Cemal Burak (Coord.). *Authoritarian Neoliberalism*: Philosophies, Practices, Contestations. Abingdon: Routledge, 2020.

BRUM, Eliane. "Pesquisa revela que Bolsonaro executou uma 'estratégia institucional de propagação do coronavírus'". *El País*, 21 jan. 2021. Disponível em: https://brasil.elpais.com/brasil/2021-01-21/pesquisa-revela-que-bolsonaro-executou-uma-estrategia-institucional-de-propagacao-do-virus.html. Acessado em: 22.03.2023.

BURKE, Jason; OKIROR, Samuel. "Africa's fragile health systems rush to contain coronavirus". *The Guardian*, 20 mar. 2020. Disponível em: https://www.theguardian.com/world/2020/mar/20/africas-fragile-health-systems-rush-to-contain-coronavirus. Acessado em: 22.03.2023.

BÜSCHER, Bram *et al.* "Planning for a world beyond COVID-19: five pillars for post-neoliberal development". *World Development*, vol. 140, abr. 2021. Disponível em: https://doi.org/10.1016/j.worlddev.2020.105357. Acessado em: 22.03.2023.

CABRAL, Sam. "Covid 'hate crimes' against Asian Americans on rise". *BBC News*, 21 mai. 2021. Disponível em: https://www.bbc.co.uk/news/world-us-canada-56218684. Acessado em: 22.03.2023.

CADUFF, Carlo. "What Went Wrong: Corona and the World after the Full Stop". *Medical Anthropology Quarterly*, vol. 34, nº 4, 2020.

CARLSEN, Audrey *et al.* "How is the COVID-19 vaccination campaign going in your state?" *NPR*, 2021. Disponível em: https://www.npr.org/sections/health-shots/2021/01/28/960901166/how-is-the-covid-19-vaccination-campaign-going-in-your-state?t=1618592090650. Acessado em: 22.03.2023.

CATRACA LIVRE. "Família ameaça médico que anotou suspeita de COVID-19 em óbito". *Catraca Livre*, 12 abr. 2020. Disponível em: https://catracalivre.com.br/cidadania/familia-ameaca-medico-que-anotou-suspeita-de-COVID-19-em-obito/. Acessado em: 23.03.2023.

CEBRAP. *Desigualdades raciais e Covid-19*. Disponível em: https://cebrap.org.br/pesquisas/desigualdades-raciais-e-covid-19/. Acessado em: 28.04.2023.

CHAMAYOU, Grégoire. *La société ingouvernable*: une généalogie du libéralisme autoritaire. Paris: La fabrique, 2018.

CHANDRASEKHAR, C. P.; GHOSH, Jayati. "Economic Contraction and the Fiscal Stance of the Indian Government". *International Development Economics Associates*, 16 jun. 2020. Disponível em: https://www.networkideas.org/featured-articles/2020/06/economic-contraction-and-the-fiscal-stance-of-the-indian-government/. Acessado em: 22.03.2023.

______. "The Financialization of Finance? Demonetization and the Dubious Push to Cashlessness in India". *Development and Change*, vol. 49, nº 2, 2015.

CHEETHAM, Joshua. "Navajo Nation: the people battling America's worst coronavirus outbreak". *BBC News*, 16 jun. 2020. Disponível em: https://www.bbc.co.uk/news/world-us-canada-52941984. Acessado em: 22.03.2023.

CHOWDHURY, Anis; SUNDARAM, Jomo. "Kerala Covid-19 Response Model for Emulation". *Inter Press Service*, 09 abr. 2020. Disponível em: http://www.ipsnews.net/2020/04/kerala-covid-19-response-model-emulation/. Acessado em: 22.03.2023.

CHOWDHURY, Sayandeb; NARAYANAN, Rajendran. "A made-in-India shock doctrine, with a little help from Latin America". *MR Online*, 27 abr. 2021. Disponível em: https://mronline.org/2021/04/27/a-made-in-india-shock-doctrine-with-a-little-help-from-latin-america/. Acessado em: 22.03.2023.

CHRISTOPHERS, Brett; FINE, Ben. "The Value of Financialization and the Financialization of Value". *In*: MADER, Philip; MERTENS, Daniel; VAN DER ZWAN, Natascha (Coord.). *The Routledge International Handbook of Financialization*. Londres: Routledge, 2019.

CLAESON, Mariam; HANSON, Stefan. "The Swedish COVID-19 strategy revisited". *The Lancet*, vol. 397, nº 10285, mai. 2021. Disponível em: https://www.thelancet.com/journals/lancet/article/PIIS0140-6736(21)00885-0/fulltext. Acessado em: 22.03.2023.

CLIFFE, Jeremy. "Coronavirus hits the Global South". *The New Statesman*, 22 abr. 2020. Disponível em: https://www.newstatesman.com/world/south-america/2020/04/coronavirus-hits-global-south. Acessado em: 22.03.2023.

COBURG, Tom. "The £5.5bn PPE scandal that goes to the core of government incompetence – and that's just for starters". *The Canary*, 11 jul. 2020. Disponível em: https://www.thecanary.co/uk/analysis/2020/07/11/the-5-5bn-ppe-scandal-that-goes-to-the-core-of-government-incompetence-and-thats-just-for-starters/. Acessado em: 22.03.2023.

COCKBURN, Patrick. "Britain will seek coronavirus 'herd immunity' covertly or by default – thanks to the failure of lockdown". *The Independent*, 25 set. 2020. Disponível em: https://www.independent.co.uk/voices/boris-johnson-coronavirus-testing-nhs-covid-app-herd-immunity-b599887.html. Acessado em: 22.03.2023.

COLE, Brendan. "Brazil Government Aide Says COVID-19's Toll on Elderly Will Reduce Pension Deficit As Country's Outbreak Escalates". *Newsweek*, 27 mai. 2020. Disponível em: https://www.newsweek.com/brazil-government-aide-says-covid-19s-toll-elderly-will-reduce-pension-deficit-countrys-1506830. Acessado em: 22.03.2023.

COLLINS, Chuck; OCAMPO, Omar; PASLASKI, Sophia. "Billionaire Bonanza 2020: Wealth Windfalls, Tumbling Taxes, and Pandemic Profiteers". *Policy Studies*, 23 abr. 2020. Disponível em: https://ips-dc.org/wp-content/uploads/2020/04/Billionaire-Bonanza-2020.pdf. Acessado em: 22.03.2023.

COLLINSON, Alex. "The new class divide – how Covid-19 exposed and exacerbated workplace inequality in the UK". *TUC*, 18 mai. 2020. Disponível em: https://www.tuc.org.uk/blogs/new-class-divide-how-covid-19-exposed-and-exacerbated-workplace-inequality-uk. Acessado em: 22.03.2023.

COLLUCCI, Cláudia. "Subnotificação esconde ao menos 30% das mortes, diz estudo". *Folha de São Paulo*, 04 mai. 2021. Disponível em: https://www1.folha.uol.com.br/equilibrioesaude/2021/05/subnotificacao-dos-casos-de-covid-esconde-ate-30-das-mortes-mostra-estudo.shtml. Acessado em: 22.03.2023.

COMMISSION ON GROWTH AND DEVELOPMENT – CGD. *The Growth Report*: Strategies for Sustained Growth and Inclusive Development. World Bank Group, 2008. Disponível em: https://openknowledge.worldbank.org/handle/10986/6507. Acessado em: 22.03.2023.

CONLEY, Julia. "'The next crisis': up to 43 million americans could lose health insurance due to pandemic, study shows". *Common Dreams*, 10 mai. 2020. Disponível em: https://www.commondreams.org/news/2020/05/10/next-crisis-43-million-americans-could-lose-health-insurance-due-pandemic-study?amp&__twitter_impression=true. Acessado em: 22.03.2023.

CONN, David; LEWIS, Paul. "Documents contradict UK government stance on Covid-19 'herd immunity'". *The Guardian*, 12 abr. 2020. Disponível em: https://www.theguardian.com/world/2020/apr/12/documents-contradict-uk-government-stance-on-covid-19-herd-immunity. Acessado em: 22.03.2023.

CONTI, Josie. "Ricardo Darín em entrevista disse: 'É muito difícil lutar contra a pandemia de imbecis'". *Contioutra*, 12 abr. 2020. Disponível em: https://www.contioutra.com/ricardo-darin-em-entrevista-disse-e-muito-dificil-lutar-contra-a-pandemia-de-imbecis/. Acessado em: 22.03.2023.

COOKSON, C. "UK's original coronavirus plan risked 'hundreds of thousands' dead". *Financial Times*, 16 mar. 2020. Disponível em: https://www.ft.com/content/249daf9a-67c3-11ea-800d-da70cff6e4d3. Acessado em: 22.03.2023.

CROUCH, Colin. "Post-Democracy and Populism". *The Political Quarterly*, vol. 90, 2019.

______. *Post-Democracy After the Crisis*. Cambridge: Polity Press, 2020.

CROWLEY, Thomas. "This is a revolution, Sir". *Jacobin*, 01 dez. 2020. Disponível em: https://www.jacobinmag.com/2020/12/general-strike-india-modi-bjp-cpm-bihar. Acessado em: 22.03.2023.

CSERNATONI, Raluca. "New states of emergency: normalizing techno-surveillance in the time of COVID-19". *Global Affairs*, vol. 6, nº 3, 2020.

CUNNINGHAM, Sam. "Liverpool vs Atletico Madrid: the Champions League match that should never have happened". *INews*, 21 abr. 2020. Disponível em: https://inews.co.uk/sport/football/champions-league/liverpool-atletico-madrid-coronavirus-merseyside-spain-champions-league-fixture-march-2020-420585. Acessado em: 22.03.2023.

CUTHBERTSON, Anthony. "Coronavirus tracked: how Covid-19 deaths in the US compare by race and ethnicity". *The Independent*, 03 jun. 2020. Disponível em: https://www.independent.co.uk/news/world/americas/coronavirus-deaths-us-race-black-white-asian-latino-racism-a9544401.html. Acessado em: 22.03.2023.

DALE, Gareth. "Lockdown Politics: a response to Panagiotis Sotiris". *Historical materialism*, 03 dez. 2020. Disponível em: https://www.historicalmaterialism.org/blog/lockdown-politics-response-to-panagiotis-sotiris. Acessado em: 22.03.2023.

DANG, Hai-Anh; NGUYEN, Cuong Vit. "Gender Inequality during the COVID-19 Pandemic: Income, Expenditure, Savings and Lob Loss". *World Development*, vol. 140, out. 2020. Disponível em: https://www.iza.org/publications/dp/13824/gender-inequality-during-the-covid-19-pandemic-income-expenditure-savings-and-job-loss#:~:text=Our%20findings%20suggest%20that%20women,current%20consumption%20and%20increase%20savings. Acessado em: 22.03.2023.

DARDOT, Pierre; LAVAL, Christian. *The new way of the world*: on neoliberal society. Londres: Verso, 2013.

DAVIDSON, Neil. "Crisis neoliberalism and regimes of permanent exception". *Critical Sociology*, vol. 43, nº 4-5, 2017.

DAVIDSON, Neil; SAULL, Richard. "Neoliberalism and the far-right: a contradictory embrace". *Critical Sociology*, vol. 43, nº 4-5, 2017.

DAVIES, Harry. "Private firm running UK PPE stockpile was sold in middle of pandemic". *The Guardian*, 22 abr. 2020. Disponível em: https://www.theguardian.com/world/2020/apr/22/revealed-private-firm-running-uk-ppe-stockpile-was-sold-in-middle-of-pandemic. Acessado em: 22.03.2023.

DAVIS, Mike. "The monster is finally at the door". *MROnline*, 19 mar. 2020. Disponível em: https://mronline.org/2020/03/19/mike-davis-on-covid-19-the-monster-is-finally-at-the-door/. Acessado em: 22.03.2023.

______. *The Monster Enters*: COVID-19, Avian Flu, and the Plagues of Capitalism. Nova York: OR Books, 2020.

DE NEGRI, Fernanda *et al.* "Chances de óbito por COVID-19 entre os trabalhadores formais: Evidências do Estado do Rio de Janeiro". *Nota Técnica n. 76 - IPEA*, 2020. Disponível em: http://repositorio.ipea.gov.br/handle/11058/10301. Acessado em: 22.03.2023.

DECERF, Benoit *et al.* "Lives and livelihoods: estimates of the global mortality and poverty effects of the Covid-19 pandemic". *Working Paper No. 48*, International Inequalities Institute, London School of Economics and Political Science, 2020. Disponível em: http://eprints.lse.ac.uk/105825/. Acessado em: 22.03.2023.

DENNIS, Subin. "How Modi's Failures Led to India's Covid Catastrophe". *Tribune*, 06 mai. 2021. Disponível em: https://tribunemag.co.uk/2021/05/how-modis-failures-led-to-indias-covid-catastrophe. Acessado em: 22.03.2023.

DOBBS, Richard *et al.* "Debt and (not much) deleveraging". *McKinsey Global Institute Report*, fev. 2015. Disponível em: https://www.mckinsey.com/featured-insights/employment-and-growth/debt-and-not-much-deleveraging. Acessado em: 22.03.2023.

DOĞANTEKIN, Vakkas. "US 'steals' medical supplies amid pandemic". *Anadolu Agency*, 10 abr. 2020. Disponível em: https://www.aa.com.tr/en/americas/us-steals-medical-supplies-amid-pandemic-expert/1800001. Acessado em: 22.03.2023.

DOUCLEFF, Michaeleen. "People are talking about a 'double mutant' variant in India. What Does That Mean?" *NPR*, 24 abr. 2021. Disponível em: https://www.npr.org/sections/goatsandsoda/2021/04/24/988744811/people-are-talking-about-a-double-mutant-variant-in-india-what-does--that-mean. Acessado em: 22.03.2023.

DOUGLAS, B. "Number of Brazilians Living in Poverty Rises 2 Million in a Year". *Bloomberg*, 05 dez. 2018. Disponível em: https://www.bloomberg.com/news/articles/2018-12-05/number-of-brazilians-living-in-poverty-rises-2-million-in-a-year. Acessado em: 22.03.2023.

DUMÉNIL, Gérard; LÉVY, Dominique. *The Crisis of Neoliberalism*. Cambridge: Harvard University Press, 2011.

DUTTA, Prabhash. "Why Kerala is not facing oxygen crisis in Covid-19 second wave". *Indian Today*, 27 abr. 2021. Disponível em: https://www.indiatoday.in/coronavirus-outbreak/story/kerala-oxygen-crisis-covid-19-second-wave-1795603-2021-04-27. Acessado em: 22.03.2023.

EDGECLIFFE-JOHNSON, Andrew. "Corporate America experiences 'K-shaped' recovery". *Financial Times*, 29 dez. 2020. Disponível em: https://www.ft.com/content/258b74d8-6bac-47e5-a675-8f091b25db3e. Acessado em: 22.03.2023.

EGGER, Peter; ZHU, Jiaqing. "How Covid-19 travels in- and outside of value chains and then affects the stock market: evidence from China". *The World Economy*, mai. 2021. Disponível em: https://www.ncbi.nlm.nih.gov/pmc/articles/PMC8242808/. Acessado em: 22.03.2023.

EICHENGREEN, Barry. "Secular stagnation: the long view". *American Economic Review*, vol. 105, nº 5, 2015.

ELLIOTT, Larry. "Dozens of poorer nations seek IMF help amid coronavirus crisis". *The Guardian*, 27 mar. 2020. Disponível em: https://www.theguardian.com/world/2020/mar/27/dozens-poorer-nations-seek-imf-help-coronavirus-crisis. Acessado em: 22.03.2023.

______. "IMF estimates global Covid cost at $28tn in lost output". *The Guardian*, 13 out. 2020. Disponível em: https://www.theguardian.com/business/2020/oct/13/imf-covid-cost-world-economic-outlook. Acessado em: 22.03.2023.

ELLIS-PETERSEN, Hannah. "India's Covid-19 app fuels worries over authoritarianism and surveillance". *The Guardian*, 04 mai. 2020. Disponível em: https://www.theguardian.com/world/2020/may/04/how-safe-is-it-really-privacy-fears-over-india-coronavirus-app. Acessado em: 22.03.2023.

ELLIS-PETERSEN, Hannah; HASSAN, Aakash. "Kumbh Mela: how a superspreader festival seeded Covid across India". *The Guardian*, 30 mai. 2021. Disponível em: https://www.theguardian.com/world/2021/may/30/kumbh-mela-how-a-superspreader-festival-seeded-covid-across-india. Acessado em: 22.03.2023.

EVANS, Trevor. "The crisis of finance-led capitalism in the United States of America". *Working Paper No. 51*. Berlim: Institute for International Political Economy, 2015.

FABRY, Adam. *The Political Economy of Hungary*: from State Capitalism to Authoritarian Neoliberalism. Cham: Palgrave Pivot, 2019.

FARRER, Martin. "Why is India seeing such a huge surge in Covid-19 cases?" *The Guardian*, 21 abr. 2021. Disponível em: https://www.theguardian.com/world/2021/apr/21/why-is-india-seeing-such-a-huge-surge-in-covid-19-cases. Acessado em: 23.03.2023.

FEDOR, Lauren; ZHANG, Christine. "Covid-19 pandemic hits black voters' incomes hardest, FT poll shows". *Financial Times*, 04 jun. 2020. Disponível em: https://www.ft.com/content/e22636d7-8259-4b97-bcf8-19349cee61fd?shareType=nongift. Acessado em: 23.03.2023.

FERRANNINI, Andrea *et al.* "Industrial policy for sustainable human development in the post-Covid19 era". *World Development*, vol. 137, 2021. Disponível em: https://www.sciencedirect.com/science/article/abs/pii/S0305750X20303429. Acessado em: 23.03.2023.

FERRY, Mathieu *et al.* "Una tragedia humanitaria en ciernes". *Viento Sur*, 17 mai. 2020. Disponível em: https://vientosur.info/una-tragedia-humanitaria-en-ciernes/. Acessado em: 23.03.2023.

FILGUEIRAS, Luiz. "Que país é esse?" *BNews*, 08 abr. 2021. Disponível em: https://www.bnews.com.br/artigo/1431,que-pais-e-esse.html. Acessado em: 23.03.2023.

FINDLAY, Stephanie; PEEL, Michael; MANCINI, Donato. "India blocks vaccine exports in blow to dozens of nations". *Financial Times*, 25 mar. 2021. Disponível em: https://www.ft.com/content/5349389c-8313-41e0-9a67-58274e24a019. Acessado em: 23.03.2023.

FINE, Ben. "Financialisation from a Marxist Perspective". *International Journal of Political Economy*, vol. 42, nº 4, 2013.

FINE, Ben; SAAD FILHO, Alfredo. "Thirteen Things You Need to Know About Neoliberalism". *Critical Sociology*, vol. 43, nº 4-5, 2017.

FITZPATRICK, Patricia. "How Taiwan beat COVID-19 – new study reveals clues to its success". *The Conversation*, 15 abr. 2021. Disponível em: https://theconversation.com/how-taiwan-beat-covid-19-new-study-reveals-clues-to-its-success-158900. Acessado em: 23.03.2023.

FITZROY, Felix; SPENCER, David. "Economic Policy Response to the Pandemic: From COVID-19 Emergency to Economic Democracy". *IZA Policy Paper No. 160*, jun. 2020. Disponível em: https://www.iza.org/publications/pp/160/economic-policy-response-to-the-pandemic-from-covid-19-emergency-to-economic-democracy. Acessado em: 23.03.2023.

FOSTER, Peter; NEVILLE, Sarah. "How poor planning left the UK without enough PPE". *Financial Times*, 01 mai. 2020. Disponível em: https://www.ft.com/content/9680c20f-7b71-4f65-9bec-0e9554a8e0a7. Acessado em: 23.03.2023.

FRANCE24. "Israel health minister under fire over ultra-Orthodox COVID-19 crisis". *France24*, 08 abr. 2020. Disponível em: https://www.france24.com/en/20200408-israel-health-minister-under-fire-over-ultra-orthodox-covid-19-crisis. Acessado em: 23.03.2023.

FREEMAN, Hadley. "Billionaires, please back off – we can't all self-isolate on a giant yacht". *The Guardian*, 30 mar. 2020. Disponível em: https://www.theguardian.com/fashion/2020/mar/30/self-isolate-giant-yacht-david-geffen-social-media. Acessado em: 23.03.2023.

FREY, Isabel. "'Herd Immunity' is Epidemiological Neoliberalism". *The Quarentimes*, 19 mar. 2020. Disponível em: https://economicsociology.org/2020/04/24/herd-immunity-is-epidemiological-neoliberalism/. Acessado em: 23.03.2023.

FRIEDMAN, Lisa. "E.P.A., Citing Coronavirus, Drastically Relaxes Rules for Polluters". *The New York Times*, 26 mar. 2020. Disponível em: https://www.nytimes.com/2020/03/26/climate/epa-coronavirus-pollution-rules.html. Acessado em: 23.03.2023.

FRITZE, John; COLLINS, Michael. "As Trump touts increased production, coronavirus swabs made during his Maine factory tour will be tossed in the trash". *USA Today*, 05 jun. 2020. Disponível em: https://eu.usatoday.com/story/news/politics/2020/06/05/trump-maine-puritan-throw-away-coronavirus-swabs/3153622001/. Acessado em: 23.03.2023.

FUNDO MONETÁRIO INTERNACIONAL – FMI. *Fiscal Monitor April 2021*: a fair shot. Washington, 2021.

_____. *World Economic Outlook*, January 2021 Update. Washington, 2021.

GARCIA, Leila Posenato; SILVA, Gabriela Drummond Marques da. "Doenças Transmissíveis e Situação Socioeconômica no Brasil: Análise Espacial". *Texto para Discussão No. 2263 - IPEA*, Brasília, dez. 2016. Disponível em: https://www.ipea.gov.br/portal/index.php?option=com_content&view=article&id=29193%3Atd-2263-doencas-transmissiveis-e-situacao-socioeconomica-no-brasil-analise-espacial&catid=390%3A2016&directory=1&Itemid=1. Acessado em: 23.03.2023.

GENT, Craig. "When Logistics Run Out of Time". *Novara Media*, 23 mar. 2020. Disponível em: https://novaramedia.com/2020/03/23/when-logistics-run-out-of-time/. Acessado em: 23.03.2023.

GENTILINI, Ugo *et al.* "Social Protection and Jobs Responses to COVID-19: a Real-Time Review of Country Measures". *World Bank*,

Washington, 2020. Disponível em: https://openknowledge.worldbank.org/handle/10986/33635. Acessado em: 23.03.2023.

GEOGHEGAN, Peter. "Cronyism and Clientelism". *London Review of Books*, vol. 42, nº 21, 05 nov. 2020. Disponível em: https://www.lrb.co.uk/the-paper/v42/n21/peter-geoghegan/cronyism-and-clientelism. Acessado em: 23.03.2023.

GETTLEMAN, Jeffrey *et al.* "As covid-19 Devastates India, Deaths Go Undercounted". *The New York Times*, 24 abr. 2021. Disponível em: https://www.nytimes.com/2021/04/24/world/asia/india-coronavirus-deaths.html?referringSource=articleShare. Acessado em: 23.03.2023.

GHOSH, Jayati. "A critique of the Indian government's response to the COVID-19 pandemic". *Journal of Industrial and Business Economics*, vol. 47, 2020.

______. "Covid-19 in India – profits before people". *Social Europe*, 27 abr. 2021. Disponível em: https://www.socialeurope.eu/covid-19-in-india-profits-before-people. Acessado em: 23.03.2023.

______. "The Pandemic and the Global Economy". *Dissent Magazine*, 20 abr. 2020. Disponível em: https://www.dissentmagazine.org/online_articles/the-pandemic-and-the-global-economy. Acessado em: 23.03.2023.

GILES, G. "Deaths from Coronavirus Far Higher in England than First Reported". *Financial Times*, 07 abr. 2020. Disponível em: https://www.ft.com/content/c07e267b-7bca-418f-ad9e-8631a29854cb. Acessado em: 23.03.2023.

GINDIN, Sam. "The Coronavirus and the Crisis This Time". *Socialist Project - The Bullet*, 10 abr. 2020. Disponível em: https://socialistproject.ca/2020/04/coronavirus-and-the-crisis-this-time. Acessado em: 23.03.2023.

GISSELQUIST, Rachel M.; SOLANKI, Durgesh. "Coronavirus: five ways some states have used the pandemic to curtail human rights and democracy". *The Conversation*, 08 dez. 2020. Disponível em: https://theconversation.com/coronavirus-five-ways-some-states-have-used-the-pandemic-to-curtail-human-rights-and-democracy-151618. Acessado em: 23.03.2023.

GLASSER, S. B. "How Did the U.S. End Up with Nurses Wearing Garbage Bags?" *The New Yorker*, 09 abr. 2020. Disponível em: https://www.newyorker.com/news/letter-from-trumps-washington/

the-coronavirus-and-how-the-united-states-ended-up-with-nurses-wearing-garbage-bags. Acessado em: 23.03.2023.

GLENZA, Jessica. "States use coronavirus to ban abortions, leaving women desperate: 'You can't pause a pregnancy'". *The Guardian*, 30 abr. 2020. Disponível em: https://www.theguardian.com/world/2020/apr/30/us-states-ban-abortions-coronavirus-leave-women-desperate. Acessado em: 23.03.2023.

GONZALEZ, Mike. "Coronavirus in Latin America". *RS21*, 02 mai. 2020. Disponível em: https://www.rs21.org.uk/2020/05/02/coronavirus-in-latin-america/. Acessado em: 23.03.2023.

GORDON, Robert J. "Secular Stagnation: a Supply-Side View". *American Economic Review*, vol. 105, nº 5, 2015.

GOURINCHAS, Pierre-Olivier. "Flattening the Pandemic and Recession Curves". *Clausen Center*, 13 mar. 2020. Disponível em: https://clausen.berkeley.edu/flattening-the-pandemic-and-recession-curves/. Acessado em: 23.03.2023.

GOWAN, Peter. *The Global Gamble*: Washington's Faustian Bid for World Dominance. Londres: Verso, 1999.

GREY, Stephen; MACASKILL, Andrew. "Johnson listened to his scientists about coronavirus – but they were slow to sound the alarm". *Reuters*, 07 abr. 2020. Disponível em: https://www.reuters.com/article/us-health-coronavirus-britain-path-speci-idUSKBN21P1VF. Acessado em: 23.03.2023.

GUIDA, Victoria. "Companies shed workers, paid dividends after getting Fed aid, panel finds". *Politico*, 23 set. 2020. Disponível em: https://www.politico.com/news/2020/09/23/companies-shed-workers-paid-dividends-after-getting-fed-aid-panel-finds-420537. Acessado em: 23.03.2023.

GUL, Rahul. "Explained: the legal framework behind the lockdown". *National Herald*, 06 mai. 2020. Disponível em: https://www.nationalheraldindia.com/india/explained-the-legal-framework-behind-the-lockdown. Acessado em: 23.03.2023.

GUPTA, Joyeeta *et al*. "COVID-19, poverty and inclusive development". *World Development*, vol. 145, set. 2021. Disponível em: https://doi.org/10.1016/j.worlddev.2021.105527. Acessado em: 23.03.2023.

GUSSEN, Ana Flávia. "O que há por trás do lobby de Bolsonaro pelo uso da cloroquina". *Carta Capital*, 01 mar. 2021. Disponível em: https://

www.cartacapital.com.br/politica/o-que-ha-por-tras-do-lobby-de-bolsonaro-pelo-uso-da-cloroquina/. Acessado em: 23.03.2023.

HALL, David *et al*. "Privatised and unprepared: the NHS supply chain". *PSIRU Working Paper*, University of Greenwich, mai. 2020. Disponível em: https://gala.gre.ac.uk/28230. Acessado em: 23.03.2023.

HANIEH, Adam. "This is a Global Pandemic – Let's Treat it as Such". *Verso*, 27 mar. 2020. Disponível em: https://www.versobooks.com/blogs/4623-this-is-a-global-pandemic-let-s-treat-it-as-such. Acessado em: 23.03.2023.

HARRIS, B.; SCHIPANI, A. "Jair Bolsonaro triggers furore by firing Brazil's health minister". *Financial Times*, 16 abr. 2020. Disponível em: https://www.ft.com/content/5c362cbc-aadf-4849-94a6-ed9b19ef0a29. Acessado em: 23.03.2023.

HARRIS, John. "Homeworking sounds good – until your job takes over your life". *The Guardian*, 07 mar. 2021. Disponível em: https://www.theguardian.com/commentisfree/2021/mar/07/homeworking-job-takes-over-life-office-grind-remote-working. Acessado em: 23.03.2023.

HARVEY, David. "Interview: Exploring the Logic of Capital". *Socialist Review*, 07 abr. 2009. Disponível em: https://socialistworker.co.uk/socialist-review-archive/interview-david-harvey-exploring-logic-capital/. Acessado em: 08.05.2023.

HATTENSTONE, Simon. "'The virus piggybacked on racism': why did Covid-19 hit BAME families so hard?" *The Guardian*, 08 ago. 2020. Disponível em: https://www.theguardian.com/world/2020/aug/08/the-virus-piggybacked-on-racism-why-did-covid-19-hit-bame-families-so-hard. Acessado em: 23.03.2023.

HAUSERMANN, Silja *et al*. "Transformation of the left: the myth of voter losses to the radical right". *Friedrich Ebert Stiftung*, International Policy Analysis, Alemanha, jan. 2021. Disponível em: http://www.fes.de/cgi-bin/gbv.cgi?id=17385&ty=pdf. Acessado em: 23.03.2023.

HEALY, Jack. "Workers Fearful of the Coronavirus Are Getting Fired and Losing Their Benefits". *The New York Times*, 10 jun. 2020. Disponível em: https://www.nytimes.com/2020/06/04/us/virus-unemployment-fired.html?referringSource=articleShare. Acessado em: 23.03.2023.

HEFFER, Greg. "Coronavirus: Experts once said 20,000 deaths was a 'good outcome' - So where is the UK headed now?" *Sky News*, 27 abr. 2020. Disponível em: https://news.sky.com/story/

coronavirus-experts-once-said-20-000-deaths-was-a-good-outcome-so--where-is-the-uk-headed-now-11978609. Acessado em: 23.03.2023.

HENDRIKSE, Reijer. "Neo-illiberalism". *Geoforum*, vol. 95, 2018.

HENLEY, Jon. "Female-led countries handled coronavirus better, study suggests". *The Guardian*, 18 ago. 2020. Disponível em: https://www.theguardian.com/world/2020/aug/18/female-led-countries-handled--coronavirus-better-study-jacinda-ardern-angela-merkel. Acessado em: 23.03.2023.

HENWOOD, Doug. "A few ambitious points on fighting the crisis". *LBO News from Doug Henwood*, 20 mar. 2020. Disponível em: https://lbo-news.com/2020/03/20/a-few-ambitious-points-on-fighting-the-crisis/?fbclid=IwAR2k5vz91AwG7hl_foOmbWVGEEPwn0WdQivEmX-WGGfaeNBWBGPFloo0-UKY. Acessado em: 23.03.2023.

HERMAN, Bob. "Coronavirus likely forced 27 million off their health insurance". *Axios*, 13 mai. 2020. Disponível em: https://www.axios.com/coronavirus-27-million-lost-employer-health-insurance-c77fe46a-691d--49b3-9cd2-3ad6d19df159.html. Acessado em: 23.03.2023.

HOEN, Ellen't *et al*. "Scaling-up vaccine production capacity: Legal challenges and recommendations". *Background paper* 6, comissionado pelo The Independent Panel for Pandemic Preparedness and Response, mai. 2021. Disponível em: https://theindependentpanel.org/wp-content/uploads/2021/05/Background-paper-6-Scaling-up-vaccinationlegal-aspects.pdf. Acessado em: 23.03.2023.

HOLPUCH, Amanda. "'I don't make enough': the financial cost of having Covid in the US". *The Guardian*, 12 fev. 2021. Disponível em: https://www.theguardian.com/us-news/2021/feb/12/us-financial-cost-covid--coronavirus. Acessado em: 23.03.2023.

HOOK, Leslie; KUCHLER, Hannah. "How coronavirus broke America's healthcare system". *Financial Times*, 30 abr. 2020. Disponível em: https://www.ft.com/content/3bbb4f7c-890e-11ea-a01c-a28a3e3fbd33. Acessado em: 23.03.2023.

HOPKINS, Nick. "Revealed: UK ministers were warned last year of risks of coronavirus pandemic". *The Guardian*, 24 abr. 2020. Disponível em: https://www.theguardian.com/world/2020/apr/24/revealed-uk--ministers-were-warned-last-year-of-risks-of-coronavirus-pandemic. Acessado em: 23.03.2023.

INDIA TODAY. "We are in the endgame of Covid-19 pandemic in India: Health Minister Harsh Vardhan". *India Today*, 07 mar. 2021. Disponível em: https://www.indiatoday.in/coronavirus-outbreak/story/we-are-in-the-endgame-of-covid-19-pandemic-in-india-vardhan-1776697-2021-03-07. Acessado em: 24.03.2023.

INTERNATIONAL CRISIS GROUP – ICG. "COVID-19 and Conflict: Seven Trends to Watch". *Crisis Group Special Briefing No.4*, 24 mar. 2020. Disponível em: https://d2071andvip0wj.cloudfront.net/B004-covid-19-seven-trends.pdf. Acessado em: 23.03.2023.

INTERNATIONAL LABOUR ORGANIZATION – ILO. "Covid-19 and the world of work: impact and policy responses". *ILO Monitor*, 18 mar. 2020. Disponível em: https://www.ilo.org/wcmsp5/groups/public/---dgreports/---dcomm/documents/briefingnote/wcms_738753.pdf. Acessado em: 23.03.2023.

ITKOWITZ, Colby. "Trump again uses racially insensitive term to describe coronavirus". *The Washington Post*, 23 jun. 2020. Disponível em: https://www.washingtonpost.com/politics/trump-again-uses-kung-flu-to-describe-coronavirus/2020/06/23/0ab5a8d8-b5a9-11ea-aca5-ebb63d27e1ff_story.html. Acessado em: 23.03.2023.

JACOB, Jeemon. "Why Kerala is not following Covid protocols". *India Today*, 26 abr. 2021. Disponível em: https://www.indiatoday.in/india-today-insight/story/why-kerala-is-not-following-covid-protocols-1795236-2021-04-26. Acessado em: 23.03.2023.

JACOBS, Andrew. "Despite Claims, Trump Rarely Uses Wartime Law in Battle Against Covid". *The New York Times*, 22 set. 2020. Disponível em: https://www.nytimes.com/2020/09/22/health/Covid-Trump-Defense-Production-Act.html. Acessado em: 23.03.2023.

JEFFERY, Lynsey. "German, French Officials Accuse U.S. of Diverting Supplies". *NPR*, 04 abr. 2020. Disponível em: https://www.npr.org/2020/04/04/827321294/german-french-officials-accuse-u-s-of-diverting-supplies?t=1586817225869. Acessado em: 23.03.2023.

JENKINS, David; RAM, Lipin. "Kerala's Pandemic Response Owes Its Success to Participatory Politics". *Novara Media*, 07 ago. 2020. Disponível em: https://novaramedia.com/2020/08/07/keralas-pandemic-response-owes-its-success-to-participatory-politics/. Acessado em: 23.03.2023.

JOHNSON, Sarah. "Cambodia accused of using Covid to edge towards 'totalitarian dictatorship'". *The Guardian*, 19 abr. 2021. Disponível em: https://www.theguardian.com/global-development/2021/apr/19/cambodia-accused-of-using-covid-to-edge-towards-totalitarian-dictatorship. Acessado em: 23.03.2023.

JOLLEY, Rachael. "The regimes using coronavirus as an excuse to attack press freedom". *The New Statesman*, 25 mar. 2020. Disponível em: https://www.newstatesman.com/world/africa/2020/03/regimes-using-coronavirus-excuse-attack-press-freedom. Acessado em: 23.03.2023.

JONES, Owen. "It's not 'greed' behind the Covid vaccine success. It's state finance and the NHS". *The Guardian*, 24 mar. 2021. Disponível em: https://www.theguardian.com/commentisfree/2021/mar/24/greed-covid-vaccine-success-state-finance-nhs. Acessado em: 23.03.2023.

JORGE, Manuela da Rosa. "Bolsonaro's Brazil in Times of COVID-19: a Necropolitical Pharmakon". *E-International Relations*, 19 mai. 2020. Disponível em: https://www.e-ir.info/2020/05/19/bolsonaros-brazil-in-times-of-covid-19-a-necropolitical-pharmakon/. Acessado em: 23.03.2023.

KAUL, Nitasha. "COVID in India: a tragedy with its roots in Narendra Modi's leadership style". *The Conversation*, 12 mai. 2021. Disponível em: https://theconversation.com/covid-in-india-a-tragedy-with-its-roots-in-narendra-modis-leadership-style-160552. Acessado em: 23.03.2023.

KAVANAGH, Matthew M.; SINGH, Renu. "Democracy, Capacity, and Coercion in Pandemic Response: COVID-19 in Comparative Political Perspective". *Journal of Health Politics, Policy and Law*, vol. 45, nº 6, 2020.

KENDI, Ibram X. "What the Racial Data Show". *The Atlantic*, 06 abr. 2020. Disponível em: https://www.theatlantic.com/ideas/archive/2020/04/coronavirus-exposing-our-racial-divides/609526/. Acessado em: 23.03.2023.

KERMANI, Secunder. "Coronavirus: Whitty and Vallance faced 'herd immunity' backlash, emails show". *BBC News*, 23 set. 2020. Disponível em: https://www.bbc.co.uk/news/uk-politics-54252272. Acessado em: 23.03.2023.

KIELY, Ray. *The Neoliberal Paradox*. Cheltenham: Edward Elgar, 2018.

KINDER, T.; PLIMMER, G. "UK government paid £1.7bn to private groups for coronavirus contracts". *Financial Times*, 04 jun. 2020. Disponível em: https://www.ft.com/content/7fe7c2d5-24df-431b-9149-50417fa0236a. Acessado em: 23.03.2023.

KLEIN, Alice. “Why New Zealand decided to go for full elimination of the coronavirus”. *New Scientist*, 23 jun. 2020. Disponível em: https://www.newscientist.com/article/2246858-why-new-zealand-decided-to--go-for-full-elimination-of-the-coronavirus. Acessado em: 23.03.2023.

KLEIN, Naomi. *This Changes Everything*: Capitalism vs. the Climate. Nova York: Simon and Schuster, 2015.

KOLHATKAR, Sonali. “India’s Pandemic Disaster: the Responsibility of Modi and the BJP”. *Socialist Project - The Bullet*, 03 mai. 2021. Disponível em: https://socialistproject.ca/2021/05/india-pandemic-disaster-modi-bjp/. Acessado em: 23.03.2023.

KOLLEWE, Julia. “Pfizer forecasts $26bn from annual sales of Covid-19 vaccine”. *The Guardian*, 04 mai. 2021. Disponível em: https://www.theguardian.com/business/2021/may/04/pfizer-forecasts-26bn-annual--sales-covid-vaccine. Acessado em: 23.03.2023.

KONINGS, Martijn. “From Hayek to Trump: the Logic of Neoliberal Democracy”. *Socialist Register*, 2018.

KONTOPANTELIS, Evangelos *et al.* “Excess mortality in England and Wales during the first wave of the COVID-19 pandemic”. *Journal of Epidemiology and Community Health*, vol. 75, nº 3, 2020.

KRIPPNER, Greta. “The financialization of the American economy”. *Socio-Economic Review*, vol. 3, 2005.

______. *Capitalizing on Crisis*: the Political Origins of the Rise of Finance. Cambridge: Harvard University Press, 2011.

KRISHNA, Yadul. “India’s Kerala Is Combating COVID-19 Through Participatory Governance”. *Socialist Project*, 28 mai. 2020. Disponível em: https://socialistproject.ca/2020/05/india-kerala-combating-covid-19-participatory-governance/. Acessado em: 23.03.2023.

KRISHNAN, Murali. “Police excesses for lockdown violation led to 12 deaths: study”. *Hindustan Times*, 26 mai. 2020. Disponível em: https://www.hindustantimes.com/india-news/police-excesses-for-lockdown--violation-led-to-12-deaths-study/story-qj5dZ68nxPBc3B0HbSBg3L.html. Acessado em: 23.03.2023.

KURIAN, Oommen. “How the Indian state of Kerala flattened the coronavirus curve”. *The Guardian*, 21 abr. 2020. Disponível em: https://www.theguardian.com/commentisfree/2020/apr/21/kerala-indian-state-flattened-coronavirus-curve. Acessado em: 23.03.2023.

LAKHANI, Somya. "Shaheen Bagh sit-in protest cleared amid coronavirus lockdown". *The Indian Express*, 24 mar. 2020. Disponível em: https://indianexpress.com/article/cities/delhi/shaheen-bagh-protests-delhi-coronavirus-6328815/. Acessado em: 23.03.2023.

LASCO, Gideon. "Medical Populism and the COVID-19 Pandemic". *Global Public Health*, vol. 15, nº 10, 2020.

LAWRENCE, Felicity *et al.* "How a decade of privatisation and cuts exposed England to coronavirus". *The Guardian*, 31 mai. 2020. Disponível em: https://www.theguardian.com/world/2020/may/31/how-a-decade-of-privatisation-and-cuts-exposed-england-to-coronavirus. Acessado em: 23.03.2023.

LEBLANC, Paul. "GOP congressman says letting more Americans die of coronavirus is lesser of two evils compared to economy tanking". *CNN*, 14 abr. 2020. Disponível em: https://edition.cnn.com/2020/04/14/politics/trey-hollingsworth-coronavirus/index.html. Acessado em: 23.03.2023.

LEE, Bruce Y. "Steve Bannon Suggests Beheading Fauci, What To Do About Threats To Health Experts". *Forbes*, 06 nov. 2020. Disponível em: https://www.forbes.com/sites/brucelee/2020/11/06/twitter-bans-steve-bannon-account-after-talk-of-a-beheaded-anthony-fauci-wray/?sh=358ea96a4ac8. Acessado em: 23.03.2023.

LERNER, Sharon. "Coronavirus numbers reflect New York City's deep economic divide". *The Intercept*, 09 abr. 2020. Disponível em: https://theintercept.com/2020/04/09/nyc-coronavirus-deaths-race-economic-divide/. Acessado em: 23.03.2023.

LEVENSON, Thomas. "The Truth About Isaac Newton's Productive Plague". *The New Yorker*, 06 abr. 2020. Disponível em: https://www.newyorker.com/culture/cultural-comment/the-truth-about-isaac-newtons-productive-plague. Acessado em: 23.03.2023.

LEVENSON, Zachary. "An organic crisis is upon us: when gramsci goes viral". *Spectre Journal*, 20 abr. 2020. Disponível em: https://spectrejournal.com/an-organic-crisis-is-upon-us/. Acessado em: 23.03.2023.

LEVEY, Noam N.; CHRISTENSEN, Kim; PHILLIPS, Anna M. "A disaster foretold: Shortages of ventilators and other medical supplies have long been warned about". *Los Angeles Times*, 20 mar. 2020. Disponível em: https://www.latimes.com/politics/story/2020-03-20/disaster-foretold-shortages-ventilators-medical-supplies-warned-about. Acessado em: 23.03.2023.

LEVY YEYATI, Eduardo; FILIPPINI, Federico. "Social and economic impact of COVID-19". *Brookings Global Working Paper No. 158*, jun. 2021. Disponível em: https://www.think-asia.org/bitstream/handle/11540/13776/Social-and-economic-impact-COVID.pdf?sequence=1. Acessado em: 23.03.2023.

LEWIS, Paul; CONN, David. "UK scientists condemn 'Stalinist' attempt to censor Covid-19 advice". *The Guardian*, 08 mai. 2020. Disponível em: https://www.theguardian.com/world/2020/may/08/revealed-uk-scientists-fury-over-attempt-to-censor-covid-19-advice. Acessado em: 23.03.2023.

LEWIS, Tanya. "How the U.S. Pandemic Response Went Wrong – and What Went Right – during a Year of COVID". *Scientific American*, 11 mar. 2021. Disponível em: https://www.scientificamerican.com/article/how-the-u-s-pandemic-response-went-wrong-and-what-went-right-during-a-year-of-covid/. Acessado em: 23.03.2023.

LEYS, Colin. "100,000 Deaths and a White Paper: what we need instead in Britain". *Socialist Project – The Bullet*, 02 mar. 2021. Disponível em: https://socialistproject.ca/2021/03/100000-deaths-and-a-white-paper/. Acessado em: 23.03.2023.

______. "How Market Reforms Made the NHS Vulnerable to Pandemics". *Socialist Project – The Bullet*, 25 mar. 2020. Disponível em: https://socialistproject.ca/2020/03/how-market-reforms-made-the-nhs-vulnerable-to-pandemics. Acessado em: 23.03.2023.

LEYS, Colin; PLAYER, Stewart. *The Plot against the NHS*. Londres: Merlin Press, 2011.

LIN, Faqin; WANG, Xiaosong; ZHOU, Mohan. "How trade affects pandemics? Evidence from severe acute respiratory syndromes in 2003". *The World Economy*, 22 abr. 2021. Disponível em: https://www.ncbi.nlm.nih.gov/pmc/articles/PMC8251059/. Acessado em: 23.03.2023.

LINTERN, Shaun. "Chief nurse dropped from Downing Street coronavirus briefing 'after refusing to back Dominic Cummings'". *The Independent*, 12 jun. 2020. Disponível em: https://www.independent.co.uk/news/uk/politics/coronavirus-chief-nurse-dominic-cummings-ruth-may-daily-briefing-downing-street-a9562741.html. Acessado em: 23.03.2023.

LIPTON, Eric *et al*. "Brazil President Embraces Unproven 'Cure' as Pandemic Surges". *The New York Times*, 13 jun. 2020. Disponível em:

https://www.nytimes.com/2020/06/13/world/americas/virus-brazil-bolsonaro-chloroquine.html. Acessado em: 23.03.2023.

______. "He could have seen what was coming: behind Trump's failure on the virus". *The New York Times*, 11 abr. 2020. Disponível em: https://www.nytimes.com/2020/04/11/us/politics/coronavirus-trump-response.html#click=https://t.co/njIugzJ3bq. Acessado em: 23.03.2023.

LOH, Jennifer Ung; WILSON, Kalpana; PUREWAL, Navtej. "Weaponising the COVID-19 crisis in India". *Feminist Review*, 08 mai. 2020. Disponível em: https://femrev.wordpress.com/2020/05/08/weaponising-the-covid-19-crisis-in-india-a-view-from-feminist-review-issue-119/. Acessado em: 23.03.2023.

LONDOÑO, Ernesto; ANDREONI, Manuela; CASADO, Letícia. "'A Family Business:' Graft Investigation Threatens Brazil's Bolsonaro". *The New York Times*, 28 ago. 2020. Disponível em: https://www.nytimes.com/2020/08/28/world/americas/brazil-bosonaro-corruption.html. Acessado em: 23.03.2023.

LONDRES, Mariana; AGUIAR, Plínio. "Congresso Nacional aprova a PEC que recria auxílio emergencial". *R7*, 12 mar. 2021. Disponível em: https://noticias.r7.com/prisma/r7-planalto/congresso-nacional-aprova-a-pec-que-recria-auxilio-emergencial-12032021. Acessado em: 23.03.2023.

LOUREIRO, Pedro Mendes; SAAD FILHO, Alfredo. "The Limits of Pragmatism: the Rise and Fall of the Brazilian Workers' Party (2002-2016)". *Latin American Perspectives*, vol. 46, nº 1, 2019.

LUCE, Edward. "Inside Trump's coronavirus meltdown". *Financial Times*, 13 mai. 2020. Disponível em: https://www.ft.com/content/97dc7de6-940b-11ea-abcd-371e24b679ed. Acessado em: 23.03.2023.

MACFARLANE, Laurie. "Covid has forced a neoliberal retreat. But state intervention isn't always progressive". *The Guardian*, 29 abr. 2021. Disponível em: https://www.theguardian.com/commentisfree/2021/apr/29/neoliberalism-authoritarian-capitalism-covid-crisis-state-intervention. Acessado em: 23.03.2023.

MACKENZIE, Debora. *COVID-19*: the pandemic that never should have happened, and how to stop the next one. Londres: The Bridge Street Press, 2020.

MACKEY, C. *et al.* "Racial and ethnic disparities in COVID-19-related infections, hospitalizations, and deaths: a systematic review". *Annals of Internal Medicine*, vol. 174, nº 3, 2021.

MADAD, Syra; NUZZO, Jennifer; BOURDEAUX, Margaret. "The missing piece in America's COVID-19 isolation and quarantine strategy: Wraparound services". *Health Affairs*, 10 dez. 2020. Disponível em: https://www.healthaffairs.org/do/10.1377/hblog20201207.458415/full/. Acessado em: 23.03.2023.

MAIA, Gustavo. "Quem tem 'bom preparo' não tem que se preocupar com Covid-19, diz Bolsonaro". *O Globo*, 02 set. 2020. Disponível em: https://oglobo.globo.com/sociedade/quem-tem-bom-preparo-nao-tem-que-se-preocupar-com-covid-19-diz-bolsonaro-24620080. Acessado em: 23.03.2023.

MALTUR, Rohini *et al.* "Ethnic differences in SARS-CoV-2 infection and COVID-19-related hospitalisation, intensive care unit admission, and death in 17 million adults in England: an observational cohort study using the OpenSAFELY platform". *The Lancet*, vol. 397, nº 10286, 2021.

MAQBOOL, Aleem. "Coronavirus: Pastor who decried 'hysteria' dies after attending Mardi Gras". *BBC News*, 06 abr. 2020. Disponível em: https://www.bbc.co.uk/news/world-us-canada-52157824. Acessado em: 23.03.2023.

MARAZZI, Christian. *The Violence of Financial Capitalism*. Los Angeles: Semiotext(e), 2010.

MARCETIC, Branko. "Give me liberty – no, wait, give me death". *Jacobin*, 13 mai. 2020. Disponível em: https://jacobinmag.com/2020/05/republicans-conservatives-coronavirus-economy-terrorism. Acessado em: 23.03.2023.

MARINHO, Fátima *et al.* "Disparidades raciais no excesso de mortalidade em tempos de Covid-19 em São Paulo". *Informativo Desigualdades raciais e Covid-19*, nº 8, Cebrap, 2021. Disponível em: https://cebrap.org.br/pesquisas/desigualdades-raciais-e-covid-19/. Acessado em: 23.03.2023.

MARINO, Aluizio *et al.* "Circulação para trabalho explica concentração de casos de Covid-19". *Carta Maior*, 02 jul. 2020. Disponível em: https://www.cartamaior.com.br/?/Editoria/Sociedade-e-Cultura/Circulacao-para-trabalho-explica-concentracao-de-casos-de-Covid-19/52/48008. Acessado em: 23.03.2023.

MARMOT, Michael *et al*. *Build Back Fairer*: the COVID-19 Marmot Review. Londres: Institute of Health Equity, 2020. Disponível em: https://www.health.org.uk/publications/build-back-fairer-the-covid-19-marmot-review. Acessado em: 23.03.2023.

______. *Fair Society, Healthy Lives*: the Marmot Review. Londres: Institute of Health Equity, 2010. Disponível em: https://www.instituteofhealthequity.org/resources-reports/fair-society-healthy-lives-the-marmot-review. Acessado em: 23.03.2023.

______. *Health Equity in England*: the Marmot Review 10 Years On. Londres: Institute of Health Equity, 2020. Disponível em: https://www.health.org.uk/publications/reports/the-marmot-review-10-years-on. Acessado em: 23.03.2023.

MARS, Amanda; GUIMÓN, Pablo. "Los 100.000 muertos de Estados Unidos: así ha fracasado el país más poderoso del mundo". *El País*, 26 mai. 2020. Disponível em: https://elpais.com/internacional/2020-05-26/los-100000-muertos-de-estados-unidos-asi-ha-fracasado-el-pais-mas-poderoso-del-mundo.html?s%E2%80%A6. Acessado em: 23.03.2023.

MARX, Karl. *O Capital*, volume 1. Harmondsworth: Penguin, 1976.

______. *O Capital*, volume 3. Harmondsworth: Penguin, 1981.

______. *The Eighteenth Brumaire of Louis Bonaparte*. Works of Marx & Engels, 1852. Disponível em: https://www.marxists.org/archive/marx/works/1852/18th-brumaire/. Acessado em: 23.03.2023.

MATHRUBHUMI. "COVID vaccination: Kerala focuses on frontline workers in 2nd phase". *Mathrubhumi*, 11 fev. 2021. Disponível em: https://english.mathrubhumi.com/news/kerala/covid-vaccination-kerala-focuses-on-frontline-workers-in-2nd-phase-1.5429845. Acessado em: 22.03.2023.

MATTOSO, C. "Vice do Amazonas diz que política de imunidade de rebanho apoiada por Bolsonaro levou Manaus ao colapso". *Folha de São Paulo*, 05 mai. 2021. Disponível em: https://www1.folha.uol.com.br/colunas/painel/2021/05/vice-do-amazonas-diz-que-politica-de-imunidade-de-rebanho-apoiada-por-bolsonaro-levou-manaus-ao-colapso.shtml. Acessado em: 23.03.2023.

MAXMEN, Amy. "How the world failed to curb COVID-19". *Nature*, 12 mai. 2021. Disponível em: https://www.nature.com/articles/d41586-021-01284-5. Acessado em: 23.03.2023.

MBEMBE, Achille. *Necropolitics*. Durham: Duke University Press, 2019.

______. "Necropolitics". *Public Culture*, vol. 15, nº 1, 2003.

MCCARTHY, Tom. "No leadership and no plan: is Trump about to fail the US on coronavirus testing?" *The Guardian*, 02 mai. 2020. Disponível em: https://www.theguardian.com/us-news/2020/may/02/donald-trump-us-coronavirus-testing. Acessado em: 23.03.2023.

______. "Trump claims 'total authority' and attacks media in chaotic coronavirus briefing". *The Guardian*, 13 abr. 2020. Disponível em: https://www.theguardian.com/world/2020/apr/13/trump-us-coronavirus-briefing-latest-media. Acessado em: 23.03.2023.

MCNALLY, Alan. "Backers of 'herd immunity' shouldn't have been allowed near Boris Johnson". *The Guardian*, 14 dez. 2020. Disponível em: https://www.theguardian.com/commentisfree/2020/dec/14/herd-immunity-boris-johnson-coronavirus. Acessado em: 23.03.2023.

MCNALLY, David. "From financial crisis to world-slump: Accumulation, financialisation, and the global slowdown". *Historical Materialism*, vol. 17, nº 2, 2009.

______. *Global Slump*: the Economics and Politics of Crisis and Resistance. Oakland: PM Press, 2011.

MENON, Shruti. "Covid-19: how India missed its vaccination target". *BBC News*, 31 dez. 2021. Disponível em: https://www.bbc.co.uk/news/world-asia-india-55571793. Acessado em: 23.03.2023.

MERCIER, Daniela; GORTÁZAR, Naiara Galarraga. "Bolsonaro da alas al golpismo en un acto contra la cuarentena". *El País*, 20 abr. 2020. Disponível em: https://elpais.com/internacional/2020-04-20/el-presidente-bolsonaro-da-alas-al-golpismo-en-un-acto-con-seguidores.html. Acessado em: 23.03.2023.

MERRICK, Jane. "Health experts 'banished' from Downing Street briefing after failing to toe Government line". *INews*, 12 jun. 2020. Disponível em: https://inews.co.uk/news/politics/coronavirus-latest-health-experts-banished-downing-street-briefings-explained-dominic-cummings-445004. Acessado em: 23.03.2023.

MERRICK, Rob; WOODCOCK, Andrew. "Downing Street fails to deny report that Boris Johnson said UK should 'ignore' threat from Covid". *The Independent*, 16 mar. 2021. Disponível em: https://www.independent.

co.uk/news/uk/politics/covid-boris-johnson-ignore-pandemic-b1817719.html. Acessado em: 23.03.2023.

MESQUITA, Judith Bueno de; KAPILASHRAMI, Anuj; MEIER, Benjamin Mason. "Human rights dimensions of the COVID-19 pandemic". *Background paper 11*, comissionado por The Independent Panel for Pandemic Preparedness and Response, mai. 2021. Disponível em: https://theindependentpanel.org/wp-content/uploads/2021/05/Background-paper-11-Human-rights.pdf. Acessado em: 22.03.2023.

MICHELL, Jo. "Coronavirus Reveals the Cost of Austerity". *Tribune*, 10 abr. 2020. Disponível em: https://tribunemag.co.uk/2020/04/coronavirus-reveals-the-cost-of-austerity. Acessado em: 23.03.2023.

MICHIE, Susan. "This UK lockdown must be the last. Here's how we can achieve that". *The Guardian*, 21 fev. 2021. Disponível em: https://www.theguardian.com/commentisfree/2021/feb/21/uk-lockdown-health-livelihoods-2021-sage-committee. Acessado em: 23.03.2023.

MIKHAILOVA, Anna *et al.* "Government scientist Neil Ferguson resigns after breaking lockdown rules to meet his married lover". *The Telegraph*, 05 mai. 2020. Disponível em: https://www.telegraph.co.uk/news/2020/05/05/exclusive-government-scientist-neil-ferguson-resigns-breaking/. Acessado em: 23.03.2023.

MILAN, Stefania; TRERÉ, Emiliano. "A widening data divide: COVID-19 and the Global South". *Open Democracy*, 03 abr. 2020. Disponível em: https://www.opendemocracy.net/en/openmovements/widening-data-divide-covid-19-and-global-south/. Acessado em: 23.03.2023.

MILMAN, Oliver. "Scientists alarmed as Trump embraces fringe views and extreme theories amid pandemic". *The Guardian*, 03 jun. 2020. Disponível em: https://www.theguardian.com/us-news/2020/jun/03/trump-coronavirus-conspiracy-theories-pandemic. Acessado em: 23.03.2023.

MIROWSKI, Philip. *Never let a serious crisis go to waste*: how neoliberalism survived the financial meltdown. Londres: Verso, 2013.

MIROWSKI, Philip; PLEHWE, Dieter (Coord.). *The road from Mont Pèlerin*: the making of the neoliberal thought collective. Cambridge: Harvard University Press, 2009.

MONTGOMERIE, Johnna. "The Pursuit of (Past) Happiness? Middle-class Indebtedness and American Financialisation". *New Political Economy*, vol. 14, nº 1, 2009.

MOODY, Kim. "How 'Just in Time' Capitalism Spread COVID-19: Trade Routes, Transmission, And International Solidarity". *Spectre Journal*, 08 abr. 2020. Disponível em: https://spectrejournal.com/how-just-in-time-capitalism-spread-covid-19/. Acessado em: 23.03.2023.

MORALES, Daniel R.; ALI, Sarah N. "COVID-19 and disparities affecting ethnic minorities". *The Lancet*, vol. 397, nº 10286, 2021.

MORMINA, Maru; NSOFOR, Ifeanyi M. "What developing countries can teach rich countries about how to respond to a pandemic". *The Conversation*, 15 out. 2020. Disponível em: https://theconversation.com/what-developing-countries-can-teach-rich-countries-about-how-to-respond-to-a-pandemic-146784. Acessado em: 23.03.2023.

MUGABI, Isaac. "COVID-19: Security forces in Africa brutalizing civilians under lockdown". *DW*, 20 abr. 2020. Disponível em: https://www.dw.com/en/covid-19-security-forces-in-africa-brutalizing-civilians-under-lockdown/a-53192163. Acessado em: 23.03.2023.

MUMBAI MIRROR. "PM Narendra Modi: Amid Covid-19 pandemic, India has become world's pharmacy". *Mumbai Mirror*, 07 mar. 2021. Disponível em: https://mumbaimirror.indiatimes.com/news/india/pm-narendra-modi-amid-covid-19-pandemic-india-has-become-worlds-pharmacy/articleshow/81375010.cms. Acessado em: 23.03.2023.

NASSIF-PIRES, Luiza; CARVALHO, Laura; RAWET, Eduardo. "Multidimensional Inequality and COVID-19 in Brazil". *Public Policy Brief*, nº 153, 2020. Disponível em: http://www.levyinstitute.org/files/download.php?file=ppb_153.pdf&pubid=2690. Acessado em: 23.03.2023.

NATIONAL AUDIT OFFICE – NAO. "The government's approach to test and trace in England – interim report". *National Audit Office*, dez. 2020. Disponível em: https://www.nao.org.uk/report/the-governments-approach-to-test-and-trace-in-england-interim-report/. Acessado em: 23.03.2023.

NEDERGAARD, Peter; SNAITH, Holly. "'As I Drifted on a River I Could Not Control': The Unintended Ordoliberal Consequences of the Eurozone Crisis". *Journal of Common Market Studies*, vol. 53, nº 5, 2015.

NERI, Marcelo; SOARES, Wagner. "Desigualdade social e saúde no Brasil". *Cadernos de Saúde Pública*, vol. 18, 2002. Disponível em: https://www.scielo.br/scielo.php?script=sci_arttext&pid=S0102-311X2002000700009. Acessado em: 23.03.2023.

NEWSCLICK. "COVID 19 lockdown has exposed major gaps in social protection systems, says report". *Newsclick*, 06 mai. 2020. Disponível em: https://www.newsclick.in/India-Lockdown-COVID-19-Migrant--Workers-Housing-Land-Rights. Acessado em: 22.03.2023.

NEWTON, Francesca. "The 'Chumocracy' Is Just British Capitalism in Action". *Tribune*, 23 abr. 2021.

NICOLELIS, Miguel. "Brazil's Pandemic Is a 'Biological Fukushima' That Threatens the Entire Planet". *Scientific American*, 07 mai. 2021. Disponível em: https://www.scientificamerican.com/article/brazils-pandemic--is-a-lsquo-biological-fukushima-rsquo-that-threatens-the-entire-planet/. Acessado em: 23.03.2023.

NOKO, Karsten. "In Africa, social distancing is a privilege few can afford". *Al Jazeera*, 22 mar. 2020. Disponível em: https://www.aljazeera.com/indepth/opinion/africa-social-distancing-privilege-afford-200318151958670.html. Acessado em: 23.03.2023.

NOLAN, Hamilton. "There Is No Plan (For You)". *In These Times*, 14 jul. 2020. Disponível em: https://inthesetimes.com/article/covid-19-coronavirus-unemployment-eviction-healthcare-united-states. Acessado em: 23.03.2023.

NORDLING, Linda. "A ticking time bomb: scientists worry about coronavirus spread in Africa". *Science*, 15 mar. 2020. Disponível em: https://www.sciencemag.org/news/2020/03/ticking-time-bomb-scientists-worry-about-coronavirus-spread-africa. Acessado em: 23.03.2023.

NUNES, João. "The COVID-19 pandemic: securitization, neoliberal crisis, and global vulnerabilization". *Cadernos de Saúde Pública*, vol. 36, nº 4, 2020.

O'BRIEN, Hettie. "What's behind the headlines demanding a return to the office?" *The Guardian*, 01 set. 2020. Disponível em: https://www.theguardian.com/commentisfree/2020/sep/01/office-workers. Acessado em: 23.03.2023.

OECD. "Income inequality". *OECD*. Disponível em: https://data.oecd.org/inequality/income-inequality.htm. Acessado em: 27.04.2023.

OFFICE FOR NATIONAL STATISTICS – ONS. "Coronavirus (COVID-19) related deaths by occupation, England and Wales: deaths registered between 9 March and 28 December 2020". *Estatísticas oficiais*, 25 jan. 2021. Disponível em: https://www.gov.uk/government/statistics/coronavirus-covid-19-related-deaths-by-occupation-england-and-wales-

-deaths-registered-between-9-march-and-28-december-2020. Acessado em: 23.03.2023.

OLADIPO, Gloria. "'It's like they're waiting for us to die': why Covid-19 is battering Black Chicagoans". *The Guardian*, 23 out. 2020. Disponível em: https://www.theguardian.com/us-news/2020/oct/23/covid-19-battering-black-chicagoans. Acessado em: 23.03.2023.

OLIU-BARTON, Miquel *et al.* "SARS-CoV-2 elimination, not mitigation, creates best outcomes for health, the economy, and civil liberties". *The Lancet*, vol. 397, nº 10291, jun. 2021. Disponível em: https://www.thelancet.com/journals/lancet/article/PIIS0140-6736(21)00978-8/fulltext. Acessado em: 23.03.2023.

OLSEN, Niklas; ZAMORA, Daniel. "Pandemics show how the free market fails us". *Jacobin*, 26 mar. 2020. Disponível em: https://jacobinmag.com/2020/03/coronavirus-covid-19-capitalism-free-market-crisis. Acessado em: 23.03.2023.

OLSON, Walter. "Are the Lockdown Orders Constitutional?" *CATO Institute*, 02 mai. 2020. Disponível em: https://www.cato.org/publications/commentary/are-lockdown-orders-constitutional. Acessado em: 23.03.2023.

OLTERMANN, Philip. "'Everyone was drenched in the virus': was this Austrian Ski Resort a COVID-19 ground zero?" *The Guardian*, 05 set. 2020. Disponível em: https://www.theguardian.com/world/2020/sep/05/everyone-was-drenched-in-the-virus-was-this-austrian-ski-resort-a-covid-19-ground-zero. Acessado em: 23.03.2023.

______. "Angela Merkel draws on science background in Covid-19 explainer". *The Guardian*, 16 abr. 2020. Disponível em: https://www.theguardian.com/world/2020/apr/16/angela-merkel-draws-on-science-background-in-covid-19-explainer-lockdown-exit. Acessado em: 23.03.2023.

OPPEL JUNIOR, Richard A. *et al.* "The Fullest Look Yet at the Racial Inequity of Coronavirus". *The New York Times*, 05 jul. 2020. Disponível em: https://www.nytimes.com/interactive/2020/07/05/us/coronavirus-latinos-african-americans-cdc-data.html. Acessado em: 23.03.2023.

OPRYSKO, Caitlin. "'I don't take responsibility at all': Trump deflects blame for coronavirus testing fumble". *Politico*, 13 mar. 2020. Disponível em: https://www.politico.com/news/2020/03/13/trump-coronavirus-testing-128971. Acessado em: 23.03.2023.

ORTEGA, Francisco; ORSINI, Michael. "Governing COVID-19 without government in Brazil: Ignorance, neoliberal authoritarianism, and the collapse of public health leadership". *Global Public Health*, vol. 15, nº 9, 2020.

OUR WORLD IN DATA. *Brazil*: Coronavirus Pandemic Country Profile. Disponível em: https://ourworldindata.org/coronavirus/country/brazil. Acessado em: 27.04.2023.

OXFAM. "A pandemia de coronavírus escancara desigualdades brasileiras". *Oxfam Brasil*, 23 abr. 2020. Disponível em: https://www.oxfam.org.br/noticias/pandemia-de-coronavirus-escancara-desigualdades-brasileiras/. Acessado em: 23.03.2023.

PANDEY, Geeta. "Coronavirus: is social distancing an oxymoron in India?" *BBC News*, 24 abr. 2020. Disponível em: https://www.bbc.co.uk/news/world-asia-india-52393382. Acessado em: 23.03.2023.

PANITCH, Leo; GINDIN, Sam. *The Making of Global Capitalism*: the Political Economy of American Empire. Londres: Verso, 2012.

PANITCH, Leo; GINDIN, Sam; ALBO, Greg. *In and out of crisis*: the global financial meltdown and left alternatives. Oakland: PM Press, 2010.

PARTON, Heather Digby. "How Trump's chaotic incompetence – and the 'deconstruction' of the 'deep state' – got us here". *RawStory*, 27 mar. 2020. Disponível em: https://www.rawstory.com/2020/03/how-trump-s-chaotic-incompetence-and-the-deconstruction-of-the-deep-state-got-us-here/. Acessado em: 23.03.2023.

PAYNE, Adam. "Boris Johnson told Italy's prime minister the UK had been aiming for coronavirus herd immunity, new documentary reveals". *Insider*, 03 jun. 2020. Disponível em: https://www.businessinsider.com/boris-johnson-told-italian-pm-conte-coronavirus-herd-immunity-plan-2020-6?r=US&IR=T. Acessado em: 23.03.2023.

PECK, Jamie; TICKELL, Adam. "Neoliberalizing Space". *Antipode*, vol. 34, nº 3, 2002.

PEEL, Michael. "Belgium's fight against Covid hindered by regional rivalries". *Financial Times*, 04 nov. 2020. Disponível em: https://www.ft.com/content/fb00d2ff-a56b-4327-9dfd-695dc4c741f7. Acessado em: 23.03.2023.

PEGG, David; BOOTH, Robert; CONN, David. "Revealed: the secret report that gave ministers warning of care home coronavirus crisis".

The Guardian, 07 mai. 2020. Disponível em: https://www.theguardian.com/world/2020/may/07/revealed-the-secret-report-that-gave-ministers-warning-of-care-home-coronavirus-crisis. Acessado em: 23.03.2023.

PELLEGRINI, Aline. "O cenário trágico nos hospitais do Brasil que chega a 300 mil mortos". *Nexo*, 24 mar. 2021. Disponível em: https://www.nexojornal.com.br/expresso/2021/03/24/O-cen%C3%A1rio-tr%C3%A1gico-nos-hospitais-do-Brasil-que-chega-a-300-mil-mortos. Acessado em: 23.03.2023.

PEREIRA, Filipe. "Bolsonaro: 'tem idiota que diz 'vai comprar vacina'. só se for na casa da tua mãe!'" *O Povo*, 04 mar. 2021. Disponível em: https://www.opovo.com.br/noticias/politica/2021/03/04/bolsonaro---tem--idiota-que-diz--vai-comprar-vacina---so-se-for-na-casa-da-tua-mae.html. Acessado em: 23.03.2023.

PEREZNIETO, Paola; OEHLER, Ilse. "Social costs of the COVID-19 pandemic". *Background paper 9*, comissionado por The Independent Panel for Pandemic Preparedness and Response, mai. 2021. Disponível em: https://theindependentpanel.org/wp-content/uploads/2021/05/Background-paper-9-Social-impact.pdf. Acessado em: 23.03.2023.

PHILLIPS, Tom; PHILLIPS, Dom. "Bolsonaro dragging Brazil towards coronavirus calamity, experts fear". *The Guardian*, 12 abr. 2020. Disponível em: https://www.theguardian.com/world/2020/apr/12/bolsonaro-dragging-brazil-towards-coronavirus-calamity-experts-fear. Acessado em: 23.03.2023.

POLITI, James; FONTANELLA-KHAN, James; ALIAJ, Ortenca. "Why the US pandemic response risks widening the economic divide". *Financial Times*, 17 jun. 2020. Disponível em: https://www.ft.com/content/d211f044-ecf9-4531-91aa-b6f7815a98e3. Acessado em: 23.03.2023.

POLLOCK, Allyson. "Test-and-trace workers are paying the price for the government's outsourcing zeal". *The Guardian*, 12 mai. 2021. Disponível em: https://www.theguardian.com/commentisfree/2021/may/12/test-trace-workers-government-outsourcing. Acessado em: 23.03.2023.

PUBLIC HEALTH ENGLAND – PHE. "COVID-19: review of disparities in the risk and outcomes of COVID-19". *Pesquisa e análise*, ago. 2020. Disponível em: https://www.gov.uk/government/publications/covid-19-review-of-disparities-in-risks-and-outcomes. Acessado em: 23.03.2023.

PURDY, Jedediah. "The Roberts Court v. America". *Democracy A Journal of Ideas*, nº 23, inverno 2012. Disponível em: https://democracyjournal.org/magazine/23/the-roberts-court-v-america/. Acessado em: 23.03.2023.

PUREWAL, Navtej. "COVID in India: how the Modi government prioritised politics over public health". *The Conversation*, 30 abr. 2021. Disponível em: https://theconversation.com/covid-in-india-how-the-modi-government-prioritised-politics-over-public-health-160016?fbclid=IwAR23zk8dHlfhI7g5JsWrNjRAOqEsd6CLRGo51QVovodtLE-gDQH3i6pg-™. Acessado em: 23.03.2023.

QURESHI, Kasstan *et al.* "Submission of evidence on the disproportionate impact of COVID-19, and the UK government response, on ethnic minorities in the UK". *Working Paper*, Global Health Policy Unit, abr. 2020. Disponível em: https://ghpu.sps.ed.ac.uk/ethnic-minorities-covid-19-uk/. Acessado em: 23.03.2023.

RACHMAN, Gideon. "Narendra Modi and the perils of Covid hubris". *Financial Times*, 26 abr. 2021. Disponível em: https://www.ft.com/content/fa3096ff-4325-4a02-97fd-89095e44d5c1. Acessado em: 23.03.2023.

RANDALL, Ian. "Countries led by women have NOT fared significantly better in the COVID-19 pandemic than those led by men, study finds". *Daily Mail*, 31 dez. 2020. Disponível em: https://www.dailymail.co.uk/sciencetech/article-9102585/COVID-19-Countries-led-women-NOT-fared-significantly-better-pandemic.html. Acessado em: 23.03.2023.

RAO, Ankita. "India is hiding its Covid crisis – and the whole world will suffer for it". *The Guardian*, 06 mai. 2021. Disponível em: https://www.theguardian.com/commentisfree/2021/may/06/india-covid-crisis-narenda-modi-government-hiding. Acessado em: 23.03.2023.

REICH, Robert. "Donald Trump rushed to reopen America – now Covid is closing in on him". *The Guardian*, 05 jul. 2020. Disponível em: https://www.theguardian.com/commentisfree/2020/jul/05/donald-trump-reopen-america-covid-19-coronavirus. Acessado em: 23.03.2023.

RIBEIRO, Matheus. "Brasil, 200 mil mortes por Covid: 200 frases de Bolsonaro minimizando a pandemia". *Yahoo Notícias*, 07 jan. 2021. Disponível em: https://br.noticias.yahoo.com/200-frases-de-bolsonaro-minimizando-a-pandemia-do-coronavirus-203647435.html. Acessado em: 23.03.2023.

RICARDO, Luis. "Sinpro condena falta de investimento do governo na saúde pública". *SinPro*, 19 mar. 2020. Disponível em: https://www.

sinprodf.org.br/sinpro-condena-falta-de-investimento-do-governo-na--saude-publica/. Acessado em: 23.03.2023.

RICHMOND, Matthew Aaron. "'A Little Flu' Could Be Fatal for Jair Bolsonaro". *Jacobin*, 31 mar. 2020. Disponível em: https://jacobinmag.com/2020/03/jair-bolsonaro-coronavirus-covid-political-crisis. Acessado em: 23.03.2023.

RIESS, Rebekah. "Bishop who said 'God is larger than' Covid-19 has died from the disease". *CNN*, 14 abr 2020. Disponível em: https://edition.cnn.com/2020/04/14/us/bishop-gerald-glenn-god-larger-coronavirus-dies/index.html. Acessado em: 23.03.2023.

ROBERTS, Micahel. "The Virus, Capitalism, and the Long Depression: Interview with Michael Roberts". *Spectre Journal*, 24 mar. 2020. Disponível em: https://spectrejournal.com/the-virus-capitalism-and-the--long-depression/. Acessado em: 28.03.2023.

______. *The Long Depression*. Londres: Haymarket Books, 2016.

ROBINSON, William I. "Global capitalist crisis and twenty-first century fascism: beyond the Trump hype". *Science and Society*, vol. 83, nº 2, 2019.

ROCHA, Camila. "Os vetos de Bolsonaro à lei de proteção de indígenas e quilombolas". *Nexo*, 08 jul. 2020. Disponível em: https://www.nexojornal.com.br/expresso/2020/07/08/Os-vetos-de-Bolsonaro-%C3%A0-lei--de-prote%C3%A7%C3%A3o-de-ind%C3%ADgenas-e-quilombolas. Acessado em: 23.03.2023.

ROCHA, Rudi *et al.* "Effect of socioeconomic inequalities and vulnerabilities on health-system preparedness and response to COVID-19 in Brazil: a comprehensive analysis". *The Lancet*, vol. 9, nº 6, jun. 2021. Disponível em: https://www.thelancet.com/journals/langlo/article/PIIS2214-109X(21)00081-4/fulltext. Acessado em: 23.03.2023.

ROEDIGER, David. *The Sinking Middle Class*: a Political History. Nova York: OR Books, 2020.

ROMEI, Valentina. "How the pandemic is worsening inequality". *Financial Times*, 30 dez. 2020. Disponível em: https://www.ft.com/content/cd075d91-fafa-47c8-a295-85bbd7a36b50. Acessado em: 23.03.2023.

ROMEI, Valentina; GILES, Chris. "UK suffers biggest drop in economic output in 300 years". *Financial Times*, 12 fev. 2021. Disponível em:

https://www.ft.com/content/96e19afd-88b3-4e8d-bc3e-a72bd1f60d3c. Acessado em: 23.03.2023.

ROSA, Sophie K. "Two-Thirds of Coronavirus Deaths Are of People With Disabilities". *Novara Media*, 24 jul. 2020. Disponível em: https://novaramedia.com/2020/07/24/two-thirds-of-coronavirus-deaths-are--people-with-a-disability/. Acessado em: 23.03.2023.

ROSSI, Amanda; BUONO, Renata. "As mortes incógnitas da pandemia". *Piauí*, 15 jun. 2020. Disponível em: https://piaui.folha.uol.com.br/as-mortes-incognitas-da-pandemia/. Acessado em: 23.03.2023.

ROTHWELL, Jonathan. "The Unequal Distribution of Economic Damage From COVID-19". *Gallup Blog*, 01 jun. 2020. Disponível em: https://news.gallup.com/opinion/gallup/311714/unequal-distribution-economic-damage-covid.aspx. Acessado em: 23.03.2023.

ROUBINI, Nouriel. "Coronavirus pandemic has delivered the fastest, deepest economic shock in history". *The Guardian*, 25 mar. 2020. Disponível em: https://www.theguardian.com/business/2020/mar/25/coronavirus--pandemic-has-delivered-the-fastest-deepest-economic-shock-in-history. Acessado em: 23.03.2023.

ROY, Arundhati. "We are witnessing a crime against humanity". *The Guardian*, 28 abr. 2021. Disponível em: https://www.theguardian.com/news/2021/apr/28/crime-against-humanity-arundhati-roy-india-covid-catastrophe?CMP=Share_AndroidApp_Other. Acessado em: 23.03.2023.

RUDAN, Igor. "A cascade of causes that led to the COVID-19 tragedy in Italy and in other European Union countries". *Journal of Global Health*, vol. 10, nº 1, 2020. Disponível em: https://www.ncbi.nlm.nih.gov/pmc/articles/PMC7125421/. Acessado em: 23.03.2023.

RUDE, Christopher. "The role of financial discipline in Imperial strategy". *In*: PANITCH, L.; KONINGS, M. (Coord.). *American Empire and the Political Economy of Global Finance*. Londres: Palgrave Macmillan, 2005.

RUKMINI, S. "India had one of the world's strictest lockdowns. Why are cases still rising?" *The Guardian*, 04 jul. 2020. Disponível em: https://www.theguardian.com/commentisfree/2020/jul/04/india-lockdowns--cases-rising-. Acessado em: 23.03.2023.

RUSHE, Dominic. "Making billions v making ends meet: how the pandemic has split the US economy in two". *The Guardian*, 16 ago. 2020. Disponível em: https://www.theguardian.com/us-news/2020/aug/16/

us-inequality-coronavirus-pandemic-unemployment. Acessado em: 23.03.2023.

RYNER, Magnus. "Europe's ordoliberal iron cage: critical political economy, the euro area crisis and its management". *Journal of European Public Policy*, vol. 22, nº 2, 2015.

SAAD FILHO, Alfredo. "Coronavirus, crisis, and the end of Neoliberalism". *Socialist Project – The Bullet*, 17 abr. 2020. Disponível em: https://socialistproject.ca/2020/04/coronavirus-crisis-and-the-end-of-neoliberalism/#more. Acessado em: 23.03.2023.

______. "Coronavirus: how Brazil became the second worst affected country in the world". *The Conversation*, 29 jun. 2020. Disponível em: https://theconversation.com/coronavirus-how-brazil-became-the-second-worst-affected-country-in-the-world-141102. Acessado em: 23.03.2023.

______. "Crisis in Neoliberalism or Crisis of Neoliberalism?" *Socialist Register*, 2011.

______. "Endgame: from crisis in Neoliberalism to crises of Neoliberalism". *Human Geography*, vol. 14, nº 1, 2021.

______. "From COVID-19 to the end of Neoliberalism". *Critical Sociology*, vol. 46, nº 4-5, 2020.

______. "How is the Pandemic Going for You? Trump, Johnson and Bolsonaro in the Swamp". *Progress in Political Economy*, 23 jul. 2020. Disponível em: https://www.ppesydney.net/how-is-the-pandemic-going-for-you-trump-johnson-and-bolsonaro-in-the-swamp/. Acessado em: 23.03.2023.

______. "Marxian and Keynesian Critiques of Neoliberalism". *Socialist Register*, 2008.

______. "Monetary Policy and Neoliberalism". *In*: CAHILL, Damien; COOPER, Melinda; KONINGS, Martijn (Coord.). *SAGE Handbook of Neoliberalism*. Londres: Sage, 2018.

______. "Monetary Policy in the Neoliberal Transition: a Political Economy Review of Keynesianism, Monetarism and Inflation Targeting". *In*: ALBRITTON, Robert; JESSOP, Bob; WESTRA, Richard (Coord.). *Political Economy and Global Capitalism*. Londres: Anthem Press, 2007.

______. "Neoliberalism". *In*: BRENNAN, David M.; KRISTJANSON-GURAL, David; MULDER, Catherine; OLSEN, Erik (Coord.). *The Routledge Handbook of Marxian Economics*. Londres: Routledge, 2017.

______. *Growth and Change in Neoliberal Capitalism*: Essays in the Political Economy of Late Development. Leiden: Brill, 2021.

______. *Progressive Policies for Economic Development*: Economic Diversification and Social Inclusion after Climate Change. Londres: Routledge, 2021.

______. *Value and Crisis*: Essays on Labour, Money and Contemporary Capitalism. Leiden: Brill e Chicago: Haymarket, 2019.

SAAD FILHO, Alfredo; AYERS, Alison. "A ticking time bomb: the global south in a time of coronavirus". *Journal of Australian Political Economy*, vol. 85, 2020.

SAAD FILHO, Alfredo; BOFFO, Marco. "Authoritarian Neoliberalism, Covid-19, and the Future of Democracy". *In*: REGELMANN, Ada-Charlotte (Coord.). *The Crisis and the Future of Democracy*. Brussels: Rosa Luxemburg Foundation, 2021.

______. "The corruption of democracy: corruption scandals, class alliances, and political authoritarianism in Brazil". *Geoforum*, vol. 124, ago. 2021. Disponível em: https://www.sciencedirect.com/science/article/pii/S0016718520300373. Acessado em: 23.03.2023.

SAAD FILHO, Alfredo; FEIL, Fernanda. "COVID-19 in Brazil: how Jair Bolsonaro created a calamity". *The Conversation*, 23 abr. 2021. Disponível em: https://theconversation.com/covid-19-in-brazil-how-jair-bolsonaro-created-a-calamity-159066. Acessado em: 23.03.2023.

SAAD FILHO, Alfredo; MORAIS, Lecio. *Brazil*: Neoliberalism Versus Democracy. Londres: Pluto, 2018.

SAFI, Michael. "Oxford/AstraZeneca Covid vaccine research 'was 97% publicly funded'". *The Guardian*, 15 abr. 2021. Disponível em: https://www.theguardian.com/science/2021/apr/15/oxfordastrazeneca-covid-vaccine-research-was-97-publicly-funded. Acessado em: 24.03.2023.

SAFI, Michael; DHILLON, Amrit. "Ganges crowds highlight distancing challenges as Covid cases soar in India". *The Guardian*, 12 abr. 2021. Disponível em: https://www.theguardian.com/world/2021/apr/12/ganges-crowds-highlight-distancing-challenges-as-covid-cases-soar-in-india. Acessado em: 24.03.2023.

SAKAMOTO, Leonardo. "Coronavírus: Brasil mostra que é projetado para matar pobre em pandemia". *Uol*, 06 mai. 2020. Disponível em: https://noticias.uol.com.br/colunas/leonardo-sakamoto/2020/05/06/

coronavirus-brasil-mostra-que-e-projetado-para-matar-pobre-em-pandemia.htm?cmpid=copiaecola. Acessado em: 24.03.2023.

SALETAN, William. "The Trump Pandemic". *Slate*, 09 ago. 2020. Disponível em: https://slate.com/news-and-politics/2020/08/trump-coronavirus-deaths-timeline.html. Acessado em: 24.03.2023.

SALLUH, Jorge Ibrain Figueira; LISBOA, Thiago. "Critical Care in Brazil". *ICU Management and Practice*, vol. 16, nº 3, 2016. Disponível em: https://healthmanagement.org/c/icu/issuearticle/critical-care-in-brazil-1. Acessado em: 24.03.2023.

SAMPLE, Ian; DAVIS, Nicola. "What do we know about the Indian coronavirus variant?" *The Guardian*, 19 abr. 2021. Disponível em: https://www.theguardian.com/world/2021/apr/19/what-do-we-know-about-the-indian-coronavirus-variant. Acessado em: 24.03.2023.

SANDBU, Martin. "Huge Fiscal Spending is Needed to Fight the Coronavirus Downturn". *Financial Times*, 17 mar. 2020. Disponível em: https://www.ft.com/content/9963f71e-67b2-11ea-800d-da70cff6e4d3. Acessado em: 24.03.2023.

SAPHIR, Ann; DUNSMUIR, Lindsay. "Timeline: Fed's response – pandemic downturn vs financial crisis". *Reuters*, 09 abr. 2020. Disponível em: https://www.reuters.com/article/us-health-coronavirus-fed-timeline/timeline-feds-response-pandemic-downturn-vs-financial-crisis-idUSKCN21R2BC. Acessado em: 24.03.2023.

SAUNDERS, Robert. "'There is such a thing as society': Has Boris Johnson repudiated Thatcherism?" *The New Statesman*, 31 mar. 2020. Disponível em: https://www.newstatesman.com/politics/uk/2020/03/boris-johnson-thatcher-society-no-such-thing-policies. Acessado em: 24.03.2023.

SCALDAFERRI, Lucas Ribeiro. "Bolsonaro promove genocídio contra os povos indígenas". *Esquerda Online*, 06 ago. 2020. Disponível em: https://esquerdaonline.com.br/2020/08/06/bolsonaro-promove-genocidio-contra-os-povos-indigenas/. Acessado em: 24.03.2023.

SCHEIBER, Noam; SCHWARTZ, Nelson D.; HSU, Tiffany. "'White collar quarantine' over virus spotlights class divide". *The New York Times*, 27 mar. 2020. Disponível em: https://www.nytimes.com/2020/03/27/business/economy/coronavirus-inequality.html. Acessado em: 24.03.2023.

SCHIPANI, Andres; HARRIS, Bryan. "Drug gangs in Brazil's favelas enforce coronavirus lockdown". *Financial Times*, 31 mai. 2020. Disponível em:

https://www.ft.com/content/aaef1591-2fc5-4e6f-ab84-0e83b5a146ca. Acessado em: 24.03.2023.

SCHWARTSMAN, Hélio. "Bolsonaro é louco?" *Folha de São Paulo*, 23 jan. 2021. Disponível em: https://www1.folha.uol.com.br/colunas/helioschwartsman/2021/01/bolsonaro-e-louco.shtml. Acessado em: 24.03.2023.

SEBENIUS, Isaac; SEBENIUS, James K. "How many needless Covid-19 deaths were caused by delays in responding? Most of them". *Stat*, 19 jun. 2020. Disponível em: https://www.statnews.com/2020/06/19/faster-response-prevented-most-us-covid-19-deaths/. Acessado em: 24.03.2023.

SELL, Susan K. "What COVID-19 reveals about twenty-first century capitalism: adversity and opportunity". *Development*, vol. 63, nov. 2020.

SEVASTOPULO, D.; SHUBBER, K. "Trump cheers as anti-lockdown protests spread". *Financial Times*, 19 abr. 2020. Disponível em: https://www.ft.com/content/c8f6f413-39c4-47ce-b1ff-0e02969cb612. Acessado em: 24.03.2023.

SHARMA, Ruchir. "The billionaire boom: how the super-rich soaked up Covid cash". *Financial Times*, 13 mai. 2021. Disponível em: https://www.ft.com/content/747a76dd-f018-4d0d-a9f3-4069bf2f5a93. Acessado em: 24.03.2023.

SHEAR, M. D.; MERVOSH, S. "Trump Encourages Protest Against Governors Who Have Imposed Virus Restrictions". *The New York Times*, 17 abr. 2020. Disponível em: https://www.nytimes.com/2020/04/17/us/politics/trump-coronavirus-governors.html. Acessado em: 24.03.2023.

SHERIDAN, Danielle. "No 10 forced to deny claims Dominic Cummings said 'if some pensioners die, too bad'". *Telegraph*, 22 mar. 2020. Disponível em: https://www.telegraph.co.uk/politics/2020/03/22/no-10-forced-deny-claims-dominic-cummings-said-pensioners-die/. Acessado em: 24.03.2023.

SIDDIQUE, Haroon. "Despite PM's praise of nurses, it's Tory policies that made them suffer". *The Guardian*, 13 abr. 2020. Disponível em: https://www.theguardian.com/society/2020/apr/13/despite-pms-praise-of-nurses-its-tory-policies-that-made-them-suffer. Acessado em: 24.03.2023.

SIDERA, Alba. "Bérgamo, la masacre que la patronal no quiso evitar". *Contexto y Acción*, 10 abr. 2020. Disponível em: https://ctxt.es/es/20200401/Politica/31884/Alba-Sidera-Italia-coronavirus-lombardia-patronal-economia-muertes.htm. Acessado em: 24.03.2023.

SILVA, Rafael; PASTI, Daniel. "Da 'gripezinha' ao 'e daí?': as falas de Bolsonaro em cada fase da pandemia". *A Gazeta*, 05 mai. 2020. Disponível em: https://www.agazeta.com.br/es/politica/da-gripezinha-ao-e--dai-as-falas-de-bolsonaro-em-cada-fase-da-pandemia-0520. Acessado em: 24.03.2023.

SINCLAIR, Ian; READ, Rupert. "'A National Scandal': a Timeline of the UK Government's Woeful Response to the Coronavirus Crisis". *Byline Times*, 11 abr. 2020. Disponível em: https://bylinetimes.com/2020/04/11/a-national-scandal-a-timeline-of-the-uk-governments-woeful-response-to--the-coronavirus-crisis/. Acessado em: 24.03.2023.

SIROTA, David. "The US Public Paid to Develop This COVID-19 Drug. It Will Cost $3,000 a Dose". *Jacobin*, 03 jun. 2020. Disponível em: https://www.jacobinmag.com/2020/06/gilead-remdesivir-drug-coronavirus-treatment-cost-pharma. Acessado em: 24.03.2023.

SIVAKUMARAN, Shanya; DAVIES, Gwyneth; AL SALLAKH, Mohammad. "Coronavirus can cause lasting lung damage – but the effects may ease over time". *The Conversation*, 18 jun. 2020. Disponível em: https://theconversation.com/coronavirus-can-cause-lasting-lung-damage-but-the-effects-may-ease-over-time-140398. Acessado em: 24.03.2023.

SLATTERY, Gram; EISENHAMMER, Stephen; PEROBELLI, Amanda. "Imported by the rich, coronavirus now devastating Brazil's poor". *Reuters*, 01 mai. 2020. Disponível em: https://www.reuters.com/article/us-health-coronavirus-brazil-poor/imported-by-the-rich-coronavirus-now-devastating-brazils-poor-idUSKBN22D549. Acessado em: 24.03.2023.

SLOBODIAN, Quinn. *Globalists*: the end of Empire and the Birth of Neoliberalism. Cambridge: Harvard University Press, 2018.

SMITH, David. "Trump reverts to media-bashing and blame-casting in latest press conference". *The Guardian*, 19 mar. 2020. Disponível em: https://www.theguardian.com/us-news/2020/mar/19/trump-us-coronavirus-briefing-media. Acessado em: 24.03.2023.

SNOWDEN, Frank Martin. *Epidemics and Society*: from the Black Death to the Present. New Haven: Yale University Press, 2020.

SOLTY, Ingar. "The Bio-Economic Pandemic and the Western Working Classes". *Socialist Project – The Bullet*, 24 mar. 2020. Disponível em: https://socialistproject.ca/2020/03/bioeconomic-pandemic-and-western-working-classes/. Acessado em: 24.03.2023.

SOTIRIS, Panagiotis. "Thinking beyond the lockdown: on the possibility of a democratic biopolitics". *Historical Materialism*, vol. 28, nº 3, 2020.

SPEED, Ewen; MANNION, Russell. "Populism and health policy: three international case studies of right-wing populist policy frames". *Sociology of Health & Illness*, vol. 42, nº 8, 2020.

SPINNEY, Laura. "The coronavirus slayer! How Kerala's rock star health minister helped save it from Covid-19". *The Guardian*, 14 mai. 2020. Disponível em: https://www.theguardian.com/world/2020/may/14/the-coronavirus-slayer-how-keralas-rock-star-health-minister-helped-save-it-from-covid-19?CMP=share_btn_tw. Acessado em: 24.03.2023.

SPRING, Jake. "Brazil minister calls for environmental deregulation while public distracted by COVID". *Reuters*, 22 mai. 2020. Disponível em: https://www.reuters.com/article/us-brazil-politics-environment-idUSKBN22Y30Y. Acessado em: 24.03.2023.

SRIDHAR, Devi. "Here are five ways the government could have avoided 100,000 Covid deaths". *The Guardian*, 27 jan. 2021. Disponível em: https://www.theguardian.com/commentisfree/2021/jan/27/five-ways-the-government-could-have-avoided-100000-covid-deaths. Acessado em: 24.03.2023.

STASAVAGE, David. "Democracy, Autocracy, and Emergency Threats: Lessons for COVID-19 From the Last Thousand Years". *International Organization*, vol. 74, 2020.

STATISTA. "Monthly unemployment rate in the United States from March 2021 to March 2023". *Statista*. Disponível em: https://www.statista.com/statistics/273909/seasonally-adjusted-monthly-unemployment-rate-in-the-us/. Acessado em: 28.04.2023.

STEIN, Rob; WROTH, Carmel; HURT, Alyson. "U.S. Coronavirus Testing Still Falls Short. How's Your State Doing?" *NPR*, 07 mai. 2020. Disponível em: https://www.npr.org/sections/health-shots/2020/05/07/851610771/u-s-coronavirus-testing-still-falls-short-hows-your-state-doing?t=1591694986359. Acessado em: 24.03.2023.

STEVANO, Sara; ALI, Rosimina; JAMIESON, Merle. "Essential for what? a global social reproduction view on the re-organisation of work during the COVID-19 pandemic". *Canadian Journal of Development Studies*, vol. 42, nº 1-2, 2020. Disponível em: https://www.tandfonline.com/doi/full/10.1080/02255189.2020.1834362. Acessado em: 24.03.2023.

STONE, Judy. "The people's vaccine – Moderna's coronavirus vaccine was largely funded by taxpayer dollars". *Forbes*, 03 dez. 2020. Disponível em: https://www.forbes.com/sites/judystone/2020/12/03/the-peoples-vaccine-modernas-coronavirus-vaccine-was-largely-funded-by-taxpayer-dollars/?sh=3ccf47146303. Acessado em: 24.03.2023.

STUBBS, Paul; LENDVAI-BAINTON, Noémi. "Authoritarian Neoliberalism, Radical Conservatism and Social Policy within the European Union: Croatia, Hungary and Poland". *Development and Change*, vol. 51, nº 2, 2019.

STUBBS, Thomas *et al*. "Whatever it takes? the global financial safety net, Covid-19, and developing countries". *World Development*, vol. 137, jan. 2021. Disponível em: https://www.sciencedirect.com/science/article/abs/pii/S0305750X20302989. Acessado em: 24.03.2023.

STUBLEY, Peter. "Coronavirus: Indians self-isolate in trees to protect relatives". *The Independent*, 30 mar. 2020. Disponível em: https://www.independent.co.uk/news/world/asia/coronavirus-india-trees-quarantine-lockdown-vangidi-purulia-bengal-modi-a9434966.html. Acessado em: 24.03.2023.

SUMMERS, Hannah. "UK government 'failed to consider gender' in its response to Covid pandemic". *The Guardian*, 08 mai. 2021. Disponível em: https://www.theguardian.com/world/2021/may/08/uk-government-failed-to-consider-gender-in-its-response-to-covid-pandemic. Acessado em: 24.03.2023.

SUMMERS, Lawrence H. "Demand Side Secular Stagnation". *American Economic Review*, vol. 105, nº 5, 2015.

______. "The Age of Secular Stagnation. What it is and what to do about it". *Foreign Affairs*, mar./abr. 2016. Disponível em: https://www.foreignaffairs.com/articles/united-states/2016-02-15/age-secular-stagnation. Acessado em: 24.03.2023.

SUMNER, Andy; ORTIZ-JUAREZ, Eduardo. *Global Monetary Poverty, 1981-2030*. Artigo escrito para United Nations Virtual Inter-Agency Expert Group Meeting on the Implementation of the Third United Nations Decade for the Eradication of Poverty. Nova York: UNDESA, 2021.

SUMNER, Andy; ORTIZ-JUAREZ, Eduardo; HOY, Chris. "Estimates of the impact of COVID-19 on global poverty". *WIDER Working Paper 2020/43*, United NAtions University, abr. 2020. Disponível em: https://

www.wider.unu.edu/sites/default/files/Publications/Working-paper/PDF/wp2020-43.pdf. Acessado em: 24.03.2023.

SUR, Priyali; MITRA, Esha. "Social distancing is a privilege of the middle class: for india's slum dwellers it will be impossible". *CNN*, 30 mar. 2020. Disponível em: https://edition.cnn.com/2020/03/30/india/india-coronavirus-social-distancing-intl-hnk/index.html. Acessado em: 24.03.2023.

SYAL, Rajeev. "Chief nurse was dropped from briefings after refusing to back Cummings". *The Guardian*, 20 jul. 2020. Disponível em: https://www.theguardian.com/politics/2020/jul/20/englands-chief-nurse-dropped-from-covid-19-briefing-after-refusing-to-back-cummings-ruth-may. Acessado em: 24.03.2023.

_____. "Government ignored warning to stockpile PPE as Covid-19 spread". *The Guardian*, 12 jun. 2020. Disponível em: https://www.theguardian.com/world/2020/jun/12/government-ignored-warning-to-stockpile-ppe-as-covid-19-spread. Acessado em: 24.03.2023.

TANEJA, Pradeep; BALI, Azad Singh. "India's staggering COVID crisis could have been avoided. But the government dropped its guard too soon". *The Conversation*, 23 abr. 2021. Disponível em: https://theconversation.com/indias-staggering-covid-crisis-could-have-been-avoided-but-the-government-dropped-its-guard-too-soon-159538. Acessado em: 24.03.2023.

TANSEL, Cemal Burak (Coord.). *States of Discipline*: Authoritarian Neoliberalism and the Contested Reproduction of Capitalist Order. Londres: Rowman & Littlefield, 2017.

TCHERNEVA, Pavlina. "When a rising tide sinks most boats: trends in U.S. income inequality". *Policy Note 2015/4*, Levy Economics Institute, mar. 2015.

TEJANI, Sheba; FUKUDA-PARR, Sakiko. "Gender and Covid-19: Workers in global value chains". *Working Papers 2104*, New School for Social Research, Departamento de Economia, 2021. Disponível em: https://ideas.repec.org/p/new/wpaper/2104.html. Acessado em: 24.03.2023.

TETT, Gillian. *Fool's Gold*: how Unrestrained Greed Corrupted a Dream. Londres: Little, Brown & Co, 2009.

TEULINGS, Coen; BALDWIN, Richard (Coord.). *Secular stagnation*: facts, causes and cures. Londres: CEPR Press, 2014. Disponível em:

https://voxeu.org/content/secular-stagnation-facts-causes-and-cures. Acessado em: 24.03.2023.

THE ECONOMIST. "Capitalism at bay". *The Economist*, 18 out. 2008. Disponível em: https://www.economist.com/node/12429544. Acessado em: 22.03.2023.

______. "India is struggling with a catastrophic second wave". *The Economist*, 24 abr. 2021. Disponível em: https://www.economist.com/asia/2021/04/24/india-is-struggling-with-a-catastrophic-second-wave. Acessado em: 23.03.2023.

______. "INDIA'S bureaucrats are fighting covid-19 with red tape". *The Economist*, 13 jun. 2020. Disponível em: https://www.economist.com/asia/2020/06/11/indias-bureaucrats-are-fighting-covid-19-with-red-tape?utm_campaign=coronavirus-special-edition&u%E2%80%A6. Acessado em: 23.03.2023.

THE GUARDIAN. "Our key findings about US healthcare worker deaths in the pandemic's first year". *The Guardian*, 22 dez. 2021. Disponível em: https://www.theguardian.com/us-news/ng-interactive/2020/dec/22/lost-on-the-frontline-our-findings-to-date. Acessado em: 23.03.2023.

______. "The Guardian view on Jair Bolsonaro: a danger to Brazil, and the world". *The Guardian*, 05 abr. 2021. Disponível em: https://www.theguardian.com/commentisfree/2021/apr/05/the-guardian-view-on-jair-bolsonaro-a-danger-to-brazil-and-the-world. Acessado em: 24.03.2023.

______. "The Guardian view on Modi's mistakes: a pandemic that is out of control". *The Guardian*, 23 abr. 2021. Disponível em: https://www.theguardian.com/world/commentisfree/2021/apr/23/the-guardian-view-on-modis-mistakes-a-pandemic-that-is-out-of-control. Acessado em: 24.03.2023.

THE INDEPENDENT PANEL. "COVID-19: the authoritative chronology, december 2019-March 2020". *Background Paper 2a*, Artigo comissionado pelo The Independent Panel for Pandemic Preparedness and Response, 2021. Disponível em: https://theindependentpanel.org/wp-content/uploads/2021/05/COVID-19-The-Authoritative-Chronology_final.pdf. Acessado em: 24.03.2023.

______. *COVID-19*: Make it the last pandemic. Artigo comissionado pelo The Independent Panel for Pandemic Preparedness and Response, 2021. Disponível em: https://theindependentpanel.org/wp-content/

uploads/2021/05/COVID-19-Make-it-the-Last-Pandemic_final.pdf. Acessado em: 24.03.2023.

THE INDEPENDENT SCIENTIFIC ADVISORY GROUP FOR EMERGENCIES – SAGE. *A closer look at Sweden's response to COVID-19*: Independent SAGE Report 15. set. 2020. Disponível em: https://www.independentsage.org/wp-content/uploads/2020/09/Sweden_case-study-v2.pdf. Acessado em: 24.03.2023.

______. *COVID-19 and health inequality*: Independent SAGE Report 21. nov. 2020. Disponível em: https://www.independentsage.org/covid-19-and-health-inequality/. Acessado em: 24.03.2023.

THE INDEPENDENT. "Will the US ever have a national COVID-19 testing strategy?" *The Independent*, 06 dez. 2020. Disponível em: https://www.independent.co.uk/news/will-the-us-ever-have-a-national-covid19-testing-strategy-donald-trump-strategy-people-joe-biden-us-b1767005.html. Acessado em: 24.03.2023.

THE IRISH TIMES. "'One day, it's like a miracle, it will disappear': Trump on Covid-19". *The Irish Times*, 02 out. 2020. Disponível em: https://www.irishtimes.com/news/world/us/one-day-it-s-like-a-miracle-it-will-disappear-trump-on-covid-19-1.4370294. Acessado em: 23.03.2023.

THORBECKE, Catherine; MITROPOULOS, Arielle. "'Extreme inequality was the preexisting condition': how COVID-19 widened America's wealth gap". *ABC News*, 28 jun. 2020. Disponível em: https://abcnews.go.com/Business/extreme-inequality-preexisting-condition-covid-19-widened-americas/story?id=71401975&cid=social_twitter_abcn. Acessado em: 24.03.2023.

TILLEY, Lisa. "Saying the quiet part out loud: Eugenics and the 'aging population' in conservative pandemic governance". *Discover Society*, 06 abr. 2020. Disponível em: https://archive.discoversociety.org/2020/04/06/saying-the-quiet-part-out-loud-eugenics-and-the-aging-population-in-conservative-pandemic-governance/. Acessado em: 24.03.2023.

TNI. "Coronavirus: the need for a progressive internationalist response". *Transnational Institute*, 26 mar. 2020. Disponível em: https://www.tni.org/en/article/coronavirus-the-need-for-a-progressive-internationalist-response. Acessado em: 22.03.2023.

TOOZE, Adam. "Shockwave: Adam Tooze on the pandemic's consequences for the world economy". *London Review of Books*, vol. 42, nº 8, 16 abr. 2020. Disponível em: https://www.lrb.co.uk/the-paper/v42/n08/adam-tooze/shockwave. Acessado em: 24.03.2023.

______. *Crashed*: how a decade of Financial Crises Changed the World. Nova York: Viking, 2018.

TORRES, Ella. "30-year-old dies after attending 'COVID party' thinking virus was a 'hoax'". *ABC 15*, 12 jun. 2020. Disponível em: https://www.abc15.com/news/coronavirus/30-year-old-dies-after-attending-covid-party-thinking-virus-was-a-hoax. Acessado em: 24.03.2023.

TOUSSAINT, Éric. "The Capitalist Pandemic, Coronavirus and the Economic Crisis". *International Viewpoint*, 20 mar. 2020. Disponível em: http://internationalviewpoint.org/spip.php?article6458. Acessado em: 24.03.2023.

TRADES UNION CONGRESS – TUC. *COVID-19 and insecure work*. Relatório – 16 abr. 2021. Disponível em: https://www.tuc.org.uk/sites/default/files/2021-04/Covid-19%20and%20Insecure%20Work%20TUC%20template%20report%20130421.pdf. Acessado em: 24.03.2023.

TRADING ECONOMICS. "India Unemployment Rate". *Trading Economics*. Disponível em: https://tradingeconomics.com/india/unemployment-rate. Acessado em: 19.04.2023.

TURSE, Nick. "'Exceptionally dire: secondary impacts of Covid-19 could increase global poverty and hunger". *The Intercept*, 03 mai. 2020. Disponível em: https://theintercept.com/2020/05/03/exceptionally-dire-secondary-impacts-of-covid-19-could-increase-global-poverty-and-hunger/. Acessado em: 24.03.2023.

UK HOME OFFICE. "Statistics relating to passenger arrivals since the COVID-19 outbreak, August 2020". *Estatísticas oficiais*, 27 ago. 2020. Disponível em: https://www.gov.uk/government/statistics/statistics-relating-to-passenger-arrivals-since-the-covid-19-outbreak-august-2020/statistics-relating-to-passenger-arrivals-since-the-covid-19-outbreak-august-2020. Acessado em: 24.03.2023.

UNITED NATIONS. *COVID-19 in Africa*: protecting lives and economies. abr. 2020. Disponível em: https://repository.uneca.org/handle/10855/43756. Acessado em: 24.03.2023.

UOL. "Bolsonaro: brasileiro tem que ser estudado. Pula no esgoto e nada acontece". *Uol*, 26 mar. 2020. Disponível em: https://noticias.uol.com.br/politica/ultimas-noticias/2020/03/26/bolsonaro-brasileiro-tem-que-ser-estudado-cai-no-esgoto-e-nada-acontece.htm. Acessado em: 20.03.2023.

UPADHYAY, Harsh. "Aarogya Setu app enters 150 Mn user club in 4 months". *Entracker*, 12 ago. 2020. Disponível em: https://entrackr.com/2020/08/aarogya-setu-app-enters-150-mn-user-club-in-4-months/. Acessado em: 24.03.2023.

USBORNE, Simon. "End of the office: the quiet, grinding loneliness of working from home". *The Guardian*, 14 jul. 2020. Disponível em: https://www.theguardian.com/money/2020/jul/14/end-of-the-office-the-quiet--grinding-loneliness-of-working-from-home. Acessado em: 24.03.2023.

USP. "Com poucos testes de covid-19, mortes por todas as causas viram dado crucial". *Jornal da USP*, 08 mai. 2020. Disponível em: https://jornal.usp.br/atualidades/calculo-do-pico-da-covid-19-deve-levar-em--conta-quantidade-de-mortes/. Acessado em: 22.03.2023.

VALENTINO-DEVRIES, Jennifer; LU, Denise; DANCE, Gabriel. "Location data says it all: staying at home during coronavirus is a luxury". *The New York Times*, 03 abr. 2020. Disponível em: https://www.nytimes.com/interactive/2020/04/03/us/coronavirus-stay-home-rich-poor.html. Acessado em: 24.03.2023.

VAN WAGTENDONK, Anya. "The UK backs away from 'herd immunity' coronavirus proposal amid blowback". *Vox*, 15 mar. 2020. Disponível em: https://www.vox.com/world/2020/3/15/21180414/coronavirus-uk--herd-immunity-vallance-johnson. Acessado em: 24.03.2023.

VANAIK, Achin. "India's Paradigmatic Communal Violence". *Socialist Register*, vol. 45, 2009.

VARGHESE, Sanjana. "Why has Kerala been so successful in tackling coronavirus?" *The New Statesman*, 21 mai. 2020. Disponível em: https://www.newstatesman.com/world/asia/2020/05/kerala-coronavirus-cases--response-india-KK-Shailaja. Acessado em: 24.03.2023.

VIDAL, John. "Human impact on wildlife to blame for spread of viruses, says study". *The Guardian*, 08 abr. 2020. Disponível em: https://www.theguardian.com/environment/2020/apr/08/human-impact-on-wildlife-to--blame-for-spread-of-viruses-says-study-aoe. Acessado em: 24.03.2023.

VIKRAM, Kumar. "Not many takers for Aarogya Setu app, Delhi and Chandigarh see highest users". *New Indian Express*, 21 mar. 2021. Disponível em: https://www.newindianexpress.com/nation/2021/mar/21/not-many-takers-for-aarogya-setu-appdelhi-and-chandigarh-see-highest-users-2279311.html. Acessado em: 24.03.2023.

VYAS, Mahesh. "The jobs bloodbath of April 2020". *Centre for Monitoring Indian Economy Pvt. Ltd.*, 05 mai. 2020. Disponível em: https://cmie.com/kommon/bin/sr.php?kall=warticle&dt=2020-05-05%2008:22:21&msec=776. Acessado em: 25.04.2023.

WACQUANT, Loïc. *Punishing the Poor*: the Neoliberal Government of Social Insecurity. Durham: Duke University Press, 2009.

WADE, Nicholas. "The origin of COVID: did people or nature open Pandora's box at Wuhan?" *Bulletin of the Atomic Scientists*, 05 mai. 2021. Disponível em: https://thebulletin.org/2021/05/the-origin-of-covid-did-people-or-nature-open-pandoras-box-at-wuhan/. Acessado em: 24.03.2023.

WALKER, Peter. "Call centre staff to be monitored via webcam for home-working 'infractions'". *The Guardian*, 26 mar. 2021. Disponível em: https://www.theguardian.com/business/2021/mar/26/teleperformance-call-centre-staff-monitored-via-webcam-home-working-infractions. Acessado em: 24.03.2023.

WALKER, Shaun; SMITH, Helena. "Why has eastern Europe suffered less from the coronavirus that the west?" *The Guardian*, 05 mai. 2020. Disponível em: https://www.theguardian.com/world/2020/may/05/why-has-eastern-europe-suffered-less-from-coronavirus-than-the-west. Acessado em: 24.03.2023.

WALLACE, Rob. *Big farms make big flu*: dispatches on infectious disease, agribusiness, and the nature of science. Nova York: Monthly Review Press, 2016.

______. *Dead Epidemiologists*: on the Origins of COVID-19. Nova York: Monthly Review Press, 2020.

WALLACE, Rob *et al.* "COVID-19 and the Circuits of Capital". *Monthly Review*, 01 mai. 2020. Disponível em: https://monthlyreview.org/2020/05/01/covid-19-and-circuits-of-capital/. Acessado em: 24.03.2023.

WALLACE-WELLS, David. "We had the vaccine the whole time". *New York Magazine*, 07 dez. 2020. Disponível em: https://nymag.com/intelligencer/2020/12/moderna-covid-19-vaccine-design.html. Acessado em: 24.03.2023.

WALSH, Nick Paton; KREVER, Mick. "The UK's 'coronavirus dashboard' may be under-reporting deaths significantly". *CNN*, 07 abr. 2020. Disponível em: https://edition.cnn.com/2020/04/07/uk/coronavirus-uk-deaths-intl-gbr/index.html. Acessado em: 24.03.2023.

WANG, Ming *et al.* "Food markets with live birds as source of avian influenza". *Emerging Infectious Diseases*, vol. 12, nº 11, 2006.

WEARMOUTH, Rachel. “Lockdown a week earlier would have halved UK coronavirus death toll, says Neil Ferguson”. *Huffington Post*, 10 jun. 2020. Disponível em: https://www.huffingtonpost.co.uk/entry/lockdown-week-earlier-coronavirus-death-neil-ferguson_uk_5ee0f82ec5b66552b9a6e912. Acessado em: 24.03.2023.

WENHAM, Clare. “The UK was a global leader in preparing for pandemics. What went wrong with coronavirus?” *The Guardian*, 01 mai. 2020. Disponível em: https://www.theguardian.com/commentisfree/2020/may/01/uk-global-leader-pandemics-coronavirus-covid-19-crisis-britain. Acessado em: 24.03.2023.

WEST, Cornel. “Goodbye, American neoliberalism. A new era is here”. *The Guardian*, 17 nov. 2016. Disponível em: https://www.theguardian.com/commentisfree/2016/nov/17/american-neoliberalism-cornel-west--2016-election. Acessado em: 24.03.2023.

WHYTE, David (Coord.). *How Corrupt is Britain?* Londres: Pluto Press, 2015.

WILPERT, Gregory. “Over 40% of US households are one paycheck away from poverty”. *The Real News*, 02 fev. 2019. Disponível em: https://therealnews.com/over-40-of-us-households-are-one-paycheck-away--from-poverty. Acessado em: 24.03.2023.

WINLOW, Simon; HALL, Steve; TREADWELL, James. *The Rise of the Right*: English Nationalism and the Transformation of Working-Class Politics. Bristol: Policy Press, 2017.

WOLF, Martin. “Is America the new Russia?” *Financial Times*, 14 abr. 2009. Disponível em: https://www.ft.com/content/09f8c996-2930-11de--bc5e-00144feabdc0. Acessado em: 24.03.2023.

______. “Larry Summers: ‘I'm concerned that what is being done is substantially excessive’”. *Financial Times*, 11 abr. 2021. Disponível em: https://www.ft.com/content/380ea811-e927-4fe1-aa5b-d213816e9073. Acessado em: 24.03.2023.

______. “The world economy is now collapsing”. *Financial Times*, 14 abr. 2020. Disponível em: https://www.ft.com/content/d5f05b5c-7db8-11ea--8fdb-7ec06edeef84. Acessado em: 24.03.2023.

WOOD, Zoe. “Tesco defends £635m dividend payout after coronavirus tax break”. *The Guardian*, 08 abr. 2020. Disponível em: https://www.theguardian.com/business/2020/apr/08/tesco-sales-up-30-per-cent-because-of-pre-lockdown-stockpiling-coronavirus. Acessado em: 24.03.2023.

WORLD HEALTH ORGANIZATION – WHO. “New WHO estimates: Up to 190,000 could die of COVID-19 in Africa if not controlled”.

Notícias, 07 mai. 2020. Disponível em: https://www.afro.who.int/news/new-who-estimates-190-000-people-could-die-covid-19-africa--if-not-controlled. Acessado em: 24.03.2023.

______. Disponível em: https://covid19.who.int/region/amro/country/br. Acessado em: 27.04.2023.

______. *WHO Coronavirus (COVID-19) Dashboard*. Disponível em: https://covid19.who.int/. Acessado em: 27.04.2023.

WREN-LEWIS, Simon. "Who still thinks austerity was a good idea?" *Mainly Macro*, 07 abr. 2020. Disponível em: https://mainlymacro.blogspot.com/2020/04/who-still-thinks-austerity-was-good-idea.html?m=1. Acessado em: 24.03.2023.

WRIGHT, Bruce. "U.S. Accused of Stealing Ventilators from Barbados as Coronavirus Spreads in the Caribbean". *Newsone*, 06 abr. 2020. Disponível em: https://newsone.com/3924158/barbados-accuses-us--ventilators-seized/. Acessado em: 24.03.2023.

YADAV, Prashant *et al*. "India's COVID-19 testing capacity must grow by a factor of 10: here's how that can happen". *Center for Global Development*, 04 jun. 2020. Disponível em: https://www.cgdev.org/publication/indias-covid-19-testing-capacity-must-grow-factor-10-heres-how-can-happen. Acessado em: 24.03.2023.

YOUN, Soo. "40% of Americans don't have $400 in the bank for emergency expenses: Federal Reserve". *ABC News*, 24 mai. 2019. Disponível em: https://abcnews.go.com/US/10-americans-struggle-cover-400-emergency-expense-federal/story?id=63253846:~:text=Almost%2040%25%20of%20American%20adults,a%20Federal%20Reserve%20survey%20finds. Acessado em: 24.03.2023.

YOUNGE, Gary. "We can't breathe". *The New Statesman*, 03 jun. 2020. Disponível em: https://www.newstatesman.com/politics/uk/2020/06/we-cant-breathe. Acessado em: 24.03.2023.

ZAHOOR, Bilal. "Health: why new viruses continue to spread". *Dawn*, 05 abr. 2020. Disponível em: https://www.dawn.com/news/1546447. Acessado em: 24.03.2023.

NOTAS

A Editora Contracorrente se preocupa com todos os detalhes de suas obras! Aos curiosos, informamos que este livro foi impresso no mês de junho de 2023, em papel Pólen Natural 80g, pela Gráfica Grafilar.